国际问题文丛
INTERNATIONAL ISSUSES BOOKS

国家社科基金项目（12BGJ015）成果

# 中国与中亚
# 区域经济合作路径研究

## Research on the Path of Regional Economic Cooperation between China and Central Asia

王海燕 著

世界知识出版社

Contents

# 目 录

# 第一章

# 区域经济合作理论与中亚研究综述

从历史的长河看，自有人类以来，经济全球化就伴随着人类文明和科学技术的发展不断向前推进，中间出现过倒退曲折，但总体趋势是人类的联系越来越紧密，经济上越来越相互依赖。近年来，尽管逆全球化已严重冲击全球贸易增长和区域合作趋势，但全球化总是在波浪起伏中向前发展，阶段性波折不会改变历史进程，科技带来的互联网技术的发展和交通运输体系的突飞猛进，使世界由大到小，世界经济一体化成为难以逆转的趋势，各国都难以置身事外，包括中国与中亚国家在内越来越多的国家都不同程度地参与到区域经济合作的进程当中。

## 一、问题的提出

第二次世界大战（简称：二战）结束以来，世界各区域的经济合作出现过三次大的一体化高潮。[①]第一次是20世纪50—60年代，其标志是1956年欧洲经济共同体成立；第二次是20世纪80年代中后期和90年代初期，其标志是欧洲统一市场形成、北美自由贸易区和亚太经合组织成

① 杨洁勉等著：《大整合：亚洲区域经济合作的趋势》，天津人民出版社，2007，第1—9页。

立；第三次高潮出现于世纪之交至今，其标志是区域贸易协定，特别是双边自由贸易协定在全球各地涌现。

区域经济合作已成为当今世界经济发展的主要趋势之一，区域正在成为国际关系中有着自主利益诉求和独立的国际力量，是世界经济一体化的重要组成部分。①亚洲的区域经济合作也紧随欧洲和美洲的脚步进入了大合作的新时代，并开启了跨区域、跨领域以及超越政治体制和意识形态、超越地区发展水平和文化差异的创新发展阶段。区域经济合作组织已成为区域经济合作的主要载体，区域经济合作的地域范围向横向的跨国、跨区域与纵向的次区域方向发展，并与政治、安全、人文等各个领域相互交织，密不可分。

自中国国家主席习近平2013年在哈萨克斯坦提出与周边国家共建“丝绸之路经济带”倡议以来，中国与中亚的区域经济合作已成为双方参与世界经济一体化的重要组成部分。这一进程正在并将继续长远而深刻地影响亚洲乃至世界经济发展的格局和走向。

中国与中亚区域经济合作具备怎样的基础？在哪些领域进行合作？合作的模式与路径选择有哪些？这是本课题将要深入探讨的问题。

### 1. 研究背景

（1）世界各国和地区经济的相互依赖不断加深

20世纪90年代以来，经济全球化、一体化成为世界经济发展的潮流。其主要特征是全球范围内各国各地区经济的日益融合和生产要素特别是资本在全球范围内的全面、自由流动，各国各地区经济的发展与外部世界经济的变动日益相互影响和相互制约，贸易与投资日益一体化。经济全球化的迅猛发展主要归因于90年代初东西方敌对的结束使市场经济制度基本上一统全球，真正的全球市场得以形成，而科技进步所带来的信息革命、通信与交通的迅速发展、国际分工的深化、世界贸易组织（WTO）的建立等则起着推动作用。经济全球化极大地促进了世界经济和贸易的发展。随着经济全球化的加速和世界市场的合作，世界各国和地区经济的相互依赖不断加深，经济全

① 张华：《新地区主义与欧盟——地中海自由贸易区》，《世界经济与政治论坛》2005年第4期。

球化削弱了国家的边界和市场的分割，使各国企业进入世界市场的机会大大增加。无论是发达国家，还是发展中国家和地区，几乎没有一个国家和地区能长期游离于国际区域经济合作的浪潮之外。区域经贸安排已突破传统的地缘概念，出现了越来越多的跨洲和跨地区的自由贸易协定以及其他形式的合作机制（如亚太经合组织、亚欧会议等）把更多经济体纳入区域经济合作框架内，以充分地扩大区域经济合作的影响。国际区域经济合作正向更高层次和更广范围发展，并已成为当代世界经济发展的主要趋势之一。为此，绝大多数国家都在从自身的现实利益出发，积极寻求建立或参与双边或多边区域经济合作组织。

国际区域经济合作可以优化中国企业开展跨国经营的环境，使我国企业在“走出去”时得到制度保障，从而加快我国“走出去”战略的实施步伐，拓展对外合作的空间，进一步提高企业对外直接投资的成功机率。作为 WTO 成员，中国一直致力于推进“三管齐下”的经贸发展战略——在推进多边自由贸易合作的同时，推进区域自由贸易合作和双边自由贸易合作。2001 年，中国在“十五”计划纲要中明确将“积极参与多边贸易体系和国际区域经济合作”确定为提高对外开放水平的重要途径之一。[①]2005 年 10 月 11 日，《中共中央关于制定国民经济和社会发展第十一个五年规划的建议》指出，“中国将积极参与多边贸易谈判，推动区域和双边经济合作，促进全球贸易和投资自由化便利化”，“积极发展与周边国家的经济技术合作”。[②]2006 年 9 月 11 日，世界经济论坛发布的《中国与世界：展望 2025》报告首次预测：“未来中国将把发展重点转为建设国内市场和改善同亚洲邻国的关系，引导亚洲形成区域内商品、资金、劳动力可以自由流通的亚洲经济区。”[③]2013 年 9

① 温耀庆:《入世五年来中国参与区域经济合作的观察与思考》,《国际贸易》2006 年第 12 期，第 31—36 页。

② 《中共中央关于制定国民经济和社会发展第十一个五年规划的建议》，https://baike.baidu.com/item/ %E4%B8%AD%E5%85%B1%E4%B8%AD%E5%A4%AE%E5%85%B3%E4%BA%8E%E5%88%B6%E5%AE%9A%E5%9B%BD%E6%B0%91%E7%BB%8F%E6%B5%8E%E5%92%8C%E7%A4%BE%E4%BC%9A%E5%8F%91%E5%B1%95%E7%AC%AC%E5%8D%81%E4%B8%80%E4%B8%AA%E4%BA%94%E5%B9%B4%E8%A7%84%E5%88%92%E7%9A%84%E5%BB%BA%E8%AE%AE/8702195。

③ 《世界经济论坛猜想：未来 20 年中国平均增速 9%》，《21 世纪经济报道》网，http://biz.163.com/06/0907/15/2QE8CCFP00020S2J.html。

月7日，中国国家主席习近平在中亚国家哈萨克斯坦纳扎尔巴耶夫大学发表题为《弘扬人民友谊　共创美好未来》的重要演讲中，首倡“用创新的合作模式，共同建设‘丝绸之路经济带’，以点带面，从线到片，逐步形成区域大合作”，[①]开启中国与世界共建“一带一路”区域经济合作新时代。2018年，习近平主席在博鳌亚洲论坛上再次强调，中国要“坚持走开放融通、互利共赢之路，构建开放型世界经济，加强二十国集团、亚太经合组织等多边框架内合作，推动贸易和投资自由化便利化，维护多边贸易体制，共同打造新技术、新产业、新业态、新模式，推动经济全球化朝着更加开放、包容、普惠、平衡、共赢的方向发展”。[②]中国参与区域经济合作建设从无到有，稳步推进，不断取得新进展。作为一个处于快速成长期的发展中大国，随着对外开放向纵深发展，中国正在从成为世界区域经济一体化的积极参与者向推动者和引领者发展。

（2）中国与中亚具备促进区域经济合作的经济基础

中国经济实力趋强，中国已连续多年位居全球经济增长率最高国家的行列。改革开放40多年来，按照可比价格计算，中国国内生产总值居世界第二位，年均增长约9.5%，连续多年对世界经济增长贡献率超过30%，成为世界经济增长的主要稳定器和动力源；以美元计算，中国对外贸易额年均增长14.5%；中国人民生活从短缺走向充裕、从贫困走向小康，现行联合国标准下的7亿多贫困人口成功脱贫，占同期全球减贫人口总数70%以上。[③]中国在亚洲经济中的火车头作用已日益凸显：中国经济凭借其外部性，通过为亚洲发展提供更多的公共产品，已经为周边地区带来了巨大好处。中国的发展无疑给世界特别是亚洲带来了重要机遇。中国近年来成为东南亚、东北亚和中亚等周边国家最主要的商品进口国与投资国，是这些国家出口增长和经济发展的重要伙伴。实际上，强劲的进口势头已经将中国推动成为其他经济体

① 《习近平发表重要演讲　呼吁共建“丝绸之路经济带”》，新华网，http://www.xinhuanet.com//politics/2013-09/07/c_117272280.htm。

② 《习近平在博鳌亚洲论坛2018年年会开幕式上的主旨演讲》，新华网，http://www.xinhuanet.com/politics/2018-04/10/c_1122659873.htm。

③ 同上。

“需求拉动”的主要因素，并对本地区各经济体发挥着越来越显著的有力支持作用。事实证明，中国在发展自己的同时，也充分利用了其经济发展的外部性，带动周边国家和地区的产业发展与对外贸易，使他国能够分享自己的经济增长成果，推动区域共同发展和繁荣。

进入21世纪，中亚国家经济实力普遍提升。从历史发展的视角看，从1992年中亚国家相继独立以来，各国生产总值都有了近10倍以上的增长，在世界的排名呈现不断增长的势头。尤其是哈萨克斯坦，在世界的排名已步入中等发达国家行列，成为中亚经济实力最强的国家。2013年，世界经济论坛专家对全球148个国家竞争力进行了研究，在《世界经济论坛全球竞争力报告》中，中亚国家在全球竞争力排名大大改善。其中，哈萨克斯坦2012年在全球竞争力中的排名大幅上升（上升了21位），排名51位；而2013年虽然只上升了1位，但这1位十分关键，使哈萨克斯坦进入全球最具竞争力国家前50名。2014年9月2日，世界经济论坛公布的《2014—2015年度全球竞争力报告》中，哈萨克斯坦在世界144个国家中以4.42分与上年一样排名第50位，位居独联体国家首位，超过得分4.37排名第53位的俄罗斯；塔吉克斯坦得分3.93，排名从100位上升到91位，超过颜色革命前一直比其发展好的吉尔吉斯斯坦；从2005年颜色革命以来动荡不断的吉尔吉斯斯坦得分3.73，排名由上年的121位上升到108位。世界银行公布的世界190个国家按照购买力评价法得出的乌兹别克斯坦国内生产总值（GDP）超1560亿美元，排名第66位。[①]目前，中亚国家经济发展差距已经拉大，区域内部合作的能力不足。由于开放度较高，尽管目前中亚国家面临经济下行的压力，但是，我们仍然有理由相信：中亚国家仍然具备参与中国与中亚区域经济合作的经济基础。

（3）中国与中亚区域经济合作符合双方的战略选择

在经济全球化不断深入发展的今天，一方面，对有限世界资源的全球配置和对世界统一大市场的追求不仅已成为全球化的目标，而且成为世界经济

① 世界银行：《2013年乌兹别克斯坦按购买力平价法计算的GDP排名世界第66位》，http://uz.mofcom.gov.cn/article/jmxw/201407/20140700659441.shtml。

发展的大趋势；另一方面，由于现存不合理的国际经济秩序以及资源占有的不平等，使各国在力图抓住全球化机遇的同时也在不同程度上遇到了全球化带来的各种矛盾和冲突。在此背景下，区域经济合作浪潮迅猛发展，世界主要经济体都在积极进行区域经济合作，构筑有利于自身发展的地区依托。可以说，区域经济合作已经成为世界各国适应经济全球化的现实选择。对于正在实现工业化的中国来说，能源资源安全、粮食安全等在国家经济安全中占有举足轻重的地位。中亚国家作为能源资源出口国和农产品生产区，也亟须找到稳定的市场与合作伙伴，中亚国家与中国在产业结构上存在广泛的互补性。因此，通过与包括中亚地区国家在内的世界油气富产国、粮食生产大国，特别是我国周边的产油国、产粮国进行区域经济合作，加强政府及大企业之间的交流与合作，建立彼此间稳定的协作关系和利益纽带，既是达到互利双赢战略目标的有效途径，也有助于为中国产品和企业"走出去"建造良好的环境。

除中立国土库曼斯坦之外，中国与中亚国家都是上海合作组织创始成员国，区域经济合作是上海合作组织成立之初所确定的重要任务之一。中亚自由贸易区试点实施项目——"中国与哈萨克斯坦霍尔果斯国际边境合作中心"的启动，使中国与中亚经济合作走在了中亚区域经济合作的前列。广义上讲，中国与中亚的经济合作属于国际经济合作的范畴，因为这种合作是在中国与中亚国家（特别是塔吉克斯坦、吉尔吉斯斯坦、哈萨克斯坦、乌兹别克斯坦）及俄罗斯于2001年6月15日建立的上海合作组织框架协议基础上自上而下在政治、经济、人文等领域所开展的双边或多边合作。从狭义上讲，中亚国家各州和中国各省地方层面更希望在"一带一路"区域、上海合作组织的合作协议框架基础上自下而上开展更高层次、更广领域的合作。该种合作应属区域和次区域兼有的经济合作，其性质大多应界定为新型双边区域合作模式（这是区域经济合作的一种新的表现形式）。

（4）"一带一路"倡议将促进中国与中亚区域经济合作

2013年9月，习近平主席在哈萨克斯坦纳扎尔巴耶夫大学发表演讲时提出与中亚国家共建"丝绸之路经济带"，造福沿线各国人民的倡议；2013年

9月13日，在上海合作组织成员国元首理事会第十三次会议上，习近平主席再次谈到“丝绸之路经济带”，指出：上海合作组织六个成员国和五个观察员国都位于古丝绸之路沿线，我们有责任把丝绸之路精神传承下去，发扬光大。[①] 为了使欧亚各国经济联系更加紧密、相互合作更加深入、发展空间更加广阔，我们可以用创新的合作模式，共同建设“丝绸之路经济带”。全面推进实施“一带一路”倡议，成为我国建国以来最宏大的对外发展构想，中亚国家积极参与“一带一路”建设，与中国开展区域经济合作，将对我国未来在世界经济体系格局的地位产生重大而深远的影响。

总体来看，世界经济深度融合的今天，中国参与区域经济合作刻不容缓；按照先易后难、保障国家核心利益的原则，中亚国家作为我国重要近邻和能源资源供应区，应当是我国合作的重点区域和突破口，中国应加快与中亚区域经济合作进程。中国与中亚国家存在贸易结构和投资结构广泛的互补性，从政治、经济、人文等各领域都已具备良好合作基础。2013年，中国提出“一带一路”倡议以来，充分利用上海合作组织这一平台，加强与中亚国家合作，通过在上海合作组织及亚行中亚行动计划等其他机制上的各种创新，加快推进区域经济合作进程。由于经济、社会制度等条件不同，并考虑到长远可持续发展需要，中国与中亚区域经济合作应基于该地区发展特点，制定出可行的多元化宏观战略并予以分阶段有步骤地开展。

未来，共建“一带一路”，尤其是“丝绸之路经济带”将是中国与中亚国家开展区域经济合作的重要目标与方向，本研究将围绕这一目标展开。

### 2. 研究意义、范畴与路径

（1）本研究既有现实意义又有理论意义

2008年全球金融危机爆发以来，单个国家应对危机的能力越显薄弱，各国更加积极地寻求区域机制框架下的互利合作，多边和双边区域经济合作以前所未有的速度发展、叠加、裂变、融合，区域经济合作机制的创新日新月

① 《习近平在上海合作组织成员国元首理事会第十三次会议上的讲话》，新华网，http://www.xinhuanet.com//politics/2013-09/13/c_117365545.htm。

异。积极参与国际区域经济合作已成为中国经济发展的重要战略方向之一，其中，“周边是首要”。中国与周边国家的区域经济合作面临前所未有的严峻挑战，亟须机制创新，突破困境。随着中国与中亚国家能源合作不断深入发展以及中国周边外交环境的整体变化，中亚地区在中国对外战略中的重要性日益凸显。中亚油气管道开通等大项目不断落实为中国与中亚区域经济合作提供了难得的历史机遇，但也面临欧美俄不断扩大其在中亚的影响以及发展沿边经济对国家安全所带来的诸多挑战。我国“一带一路”倡议提出并实施之际，正值中亚国家相继独立20多年、上海合作组织首次扩员，也是中国与中亚区域经济合作何去何从的关键时刻。研究中国参与中亚区域经济合作的路径与战略选择不仅关系到我国对外区域合作和能源资源进口多元化战略的实施，而且关系到我国周边安全和西部大开发以及未来我国的战略发展空间。因此，本课题研究具有很现实的应用意义。

本研究将综合运用国际关系、国际政治、国际经济、国际金融、国际法学等多学科交叉方法，探讨中亚地区转型国家又是后发达地区与中国的区域合作，力求对中国与中亚区域经济合作的路径、战略选择、发展趋势等作出有益探索，既可深化转型国家及区域经济合作理论中后发达地区区域合作理论，又可丰富上海合作组织在当代地缘经济学中的实证研究。这对于开辟多学科交叉研究视角进行国际经济、社会研究的新范式具有创新意义。

通过对中国与中亚区域经济合作概况的系统梳理，找出制约中国与中亚区域经济合作的主要因素并提出战略战术对策，不仅可以为有关高层决策部门和相关企业提供战略性、前瞻性决策的理论依据，而且可用作我国参与“一带一路”建设及未来向西开放战略规划的重要参考依据之一。

本课题将在研究视角和观点上有所创新。力争深化地缘经济、政治、文化等理论，同时在国际贸易、区域经济学等理论和研究方法上，以及对后发达地区经济合作的新模式、区域经济合作的制度安排、路径选择等方面有所创新和突破。

（2）研究范畴

由于中亚区域划分有多种，本课题将研究范畴界定如下。

“中亚”是地理概念，它是“中亚细亚”的简称，有广义和狭义之分。

广义中亚

广义的中亚泛指亚洲中部，包括中国新疆、西藏、内蒙古三个自治区以及蒙古国和苏联中亚地区，俄文名称是 Центральная Азия，英文名称 Central Asia。Центральная Азия 如直译，则为“中央亚细亚”，苏联时期权威的解释是“中国和蒙古人民共和国的自然地区”。根据苏联学者的研究，Центральная Азия 只是最近一百多年才出现于书籍和文章的标题中。在 19 世纪 70 年代以前的俄文著作中，对亚洲内部地区使用过两个术语，即 Средняя Азия 和 Центральная Азия，其中 Средняя Азия 一语出现较早，使用也较广。“Центральная Азия”是从东方史料进入西欧语言的，译成西欧语言就是“中央的”（Central），而译成俄语就是“中部的”（Средняя）。它只是在洪堡的著作问世后才在俄国广泛使用。对当时的（至少在李希霍芬的著作在 19 世纪 70 年代末出现之前）大多数俄国学者来说，这两个术语所指的是从西部里海到东部蒙古的内亚（Внутренная Азия）这块辽阔地区。俄国汉学家俾丘林，首先把有关古代中亚民族的一部中国史料译成俄文。他在译本前言中说，这里所指的是“从西部东洋到里海的中亚整个地带”。“Центральная Азия”和“Средняя Азия”在汉语中都可简缩为“中亚”，但如上所述，苏联时期权威的解释有确切的区分，虽然在众多文献学者那里，这种区分并不十分严格。中亚国家独立以来，一个明显的趋势是：“Центральная Азия”不再特指“中国和蒙古人民共和国的自然地区”，它被更加频繁地使用，与“Средняя Азия”很难有什么区别了。

19 世纪以来，随着西方地理、地质、文化史学者的积极参与，形形色色的“大中亚”概念出现于书籍和文章的标题中，而学者们几乎都以为这是一个“难有精确定义”的地理概念，最含糊而浪漫的说法是：“沙漠和草原终止的地方，也就是中亚终止的地方。”常用的有 Central Asia、Central Eurasia 和最近出现的 Greater Central Asia。其中，Central Asia 是英文著述的最一般表述，与俄文中的 Центральная Азия 和 Средняя Азия 基本对应。在 1978 年联合国教科文组织的一次会议上，与会者一致认为 Central Asia 的研究应针对有关阿富汗、伊朗东北部地区、巴基斯坦、印度北部地区、中国西部地区、蒙古国和苏联的几个中亚共和国的文明，并据此组织出版了《中亚文明史》（*History of Civilization of Central Asia*）。这与《大英百科全书》（1980年版）的界定相吻合。中国的历史学者王治来著有多种中亚史著作，他批评广狭"两界说"，"不是失之太广，即是失之太窄"；马曼丽从"特定的历史文化区域"角度倾向于《大英百科全书》所界定的广义中亚概念，但她主张甘肃的河西和叶尼塞河上游应在中亚范围内，而西藏不宜列入。Central Eurasia一词的出现是由于有的历史学家主张将欧亚大陆的内陆部分进行整体考察[如当代美国著名历史学者塞诺（Denis Sinor）就提出了超越语言、人种和经济生产方式分类局限的Central Eurasia（中央欧亚）文化区概念]。[①]

近年美国人提出的大中亚（Greater Central Asia）概念非常值得关注。美国人提出的所谓"大中亚计划"就是打算从土耳其和阿富汗两头开始，像穿糖葫芦一样将土耳其、高加索三国、中亚五国、阿富汗串在一起。而且来自多方面的信息显示，未来美国还有可能把巴基斯坦、印度等诸多国家扯进"大中亚"的队伍中来。美国地缘学的终极策略是要让"大中东"和"大中亚"两大计划合流。大中亚这一地理概念的划分含有更加重要的政治意义，已引起有关国家的高度关注和警惕。

中亚国家学者对中亚的概念界定也有很大分歧，也包括广义中亚和狭义中亚之分。

狭义中亚

狭义的中亚仅包括阿姆河和锡尔河"两河流域"（覆盖乌兹别克斯坦、吉尔吉斯斯坦、塔吉克斯坦和土库曼斯坦以及哈萨克斯坦的南部），俄文称Средняя Азия。20世纪70年代，苏联曾将全国划为十八个大经济区，其中"哈萨克区"和"中亚区"单独列出，也可称作"中亚和哈萨克区"。苏联时期关于Средняя Азия权威的解释是："苏联亚洲的一部分，西起里海，东到中苏边界，北起咸海—额尔齐斯分水线，南达苏联同伊朗和阿富汗边界。"因此，

① 潘志平、石岚：《新疆和中亚及有关的地理概念》，《中国边疆史地研究》2008年第5期，第114—122页。

苏联时期，又常将这五个共和国统称为中亚和哈萨克斯坦（Средняя Азия и Казакстан）。最近十几年来，人们为了叙述和研究的方便，把哈萨克斯坦共和国（俄文名称：Республика Казахстан）、乌兹别克斯坦共和国（俄文名称：Республика Узбекистан）、吉尔吉斯斯坦共和国（俄文名称：Кыргызская Республика）、塔吉克斯坦共和国（俄文名称：Республика Таджикистан）和土库曼斯坦（俄文名称：Туркменистан）看作一个整体，称作“中亚地区”或“中亚五国”，也就是苏联学者所主张的地理范畴。其地理坐标为：东经46度28分至87度29分，北纬35度08分至55度25分。这一广大地区，东西长约3000千米，南北宽约2400千米，区域总面积$4.008 \times 10^6$平方千米，[①] 总人口7141万（2019年）。[②] 当代国际政治学者和国际问题观察家认为中亚（Central Asia）在苏联时代指乌兹别克斯坦、吉尔吉斯斯坦、塔吉克斯坦、土库曼斯坦和哈萨克斯坦这五个加盟共和国；苏联解体后则指这五个新独立的共和国。只要检索一下当代各国的国际政治图书，就可以证明这一点。

本项目所研究的“中亚”指狭义中亚所涉及的地区，即“中亚五国”。该区域土地面积辽阔，矿产资源丰富，是苏联的燃料动力和有色金属工业基地，也是苏联粮食、棉花、蔬菜、瓜果以及畜牧产品的主要产区；目前是国际石油天然气的主要供应区之一。同时，社会人文资源也非常丰富，由于历史上的民族地区行政区划多次变动和人口迁移，中亚成为典型的多民族地区。目前，中亚地区共有130多个民族，其中主要有乌兹别克、哈萨克、吉尔吉斯、塔吉克、土库曼、俄罗斯、乌克兰、白俄罗斯等民族，还有鞑靼、卡拉卡尔帕克、朝鲜、犹太、阿塞拜疆、亚美尼亚、维吾尔、巴什基尔、土耳其、东干、格鲁吉亚和俾路支等民族。乌兹别克族是中亚地区人口最多的民族，其次是哈萨克族、塔吉克族、土库曼族、吉尔吉斯族、俄罗斯族等。

（3）研究思路和方法

本研究是一项关系到中国经济发展和经济安全且有重大意义的基础研究与应用研究相结合的综合课题。研究的基本思路是，以马克思列宁主义、毛

① 王海燕：《新地缘经济：中国与中亚》，世界知识出版社，2012，第7页。

② 王海燕：《中国与中亚国家共建数字丝绸之路：基础、挑战与路径》，《国际问题研究》2020年第2期。

泽东思想、邓小平理论、“三个代表”重要思想和科学发展观及习近平新时代中国特色社会主义思想[①]为指导，站在国家利益和民族崛起的高度，从经济学、政治学、法学等多学科角度，在全面梳理中亚国家相继独立以来参与区域经济合作的历史渊源基础上，全面、系统、深入地研究经济全球化条件下2008年国际金融危机爆发以来的新时期，中国与中亚国家区域经济合作的可行性、优劣势，重点产业和功能领域的合作路径与战略选择和新的发展趋势，并提出咨政思考。本研究的出发点和落脚点是发展中国经济，其中包括落实“一带一路”倡议的路径选择。重点和难点在分析中国与中亚区域经济合作的模式选择、制度安排与策略制定上。

考虑到本文属基础性与应用性兼有的研究，而且国际区域经济合作涉及多学科，本研究以国际关系学、国际经济学、区域经济学、国际贸易、国际投资理论、统计学、国际法学等多学科的相关理论为指导，在对中国与中亚相关口岸和国家进行实地调研基础上，采用多种研究方法进行研究，力求使分析更客观、公正，结论更可靠。

*历史学方法*

把中国与中亚区域经济合作放到中亚各国独立建国以来20多年的具体时空中，梳理中国与中亚区域经济合作的脉络与路径。

*比较研究方法*

该方法在本课题中将会运用到对中国与中亚国家参与的国际区域经济合作组织进行比较研究中。

*实证研究与规范研究相结合方法*

这种经济学中的主要研究方法将在本研究中更多地运用。实证分析主要采用叙述法、列表法、图形法、模型法等，其主要通过运用静态分析与动态分析、局部均衡与一般均衡分析、定性分析与定量分析、统计分析与计量分析相结合的分析工具进行研究。

*实证研究法*

---

① 《中国共产党》，https://baike.baidu.com/item/%E4%B8%AD%E5%9B%BD%E5%85%B1%E4%BA%A7%E5%85%9A/117227。

第一，宏观与微观相结合。本研究宏观方面主要涉及分析中国与中亚国家在贸易投资领域的总体合作及未来发展战略等内容。微观方面主要涉及双方在海关、出入境检验检疫、交通运输等具体领域的制度安排与功能合作等内容。二者紧密结合，互相影响。

第二，静态与动态相结合。本研究采用的静态分析主要涉及比较静态分析。它强调的是对变化的不同阶段的一些既定结果加以比较分析（如比较利益学说本身就是一种静态分析）。动态分析主要强调对事物变化过程以及变化中各个变量对过程影响进行分析（如对贸易结构变化的分析）。

第三，定性与定量相结合。本研究的定性和定量分析是借鉴国际经济学中的定性和定量分析。定性分析主要强调的是结构性联系；定量分析主要是对事物数量关系的变换进行分析。国际经济学更为强调二者的结合。

第四，局部均衡与一般均衡相结合。本研究的局部均衡分析是指进行单个国家或地区、对单项产业或技术的分析。一般均衡分析强调的是考察全部市场、全部产品的供求变化。在这里，我们有时会对中国与中亚国家作一局部均衡分析，有时会把中国与中亚作为一个整体进行一般均衡分析。

定性分析法

在本课题中，定性分析法将包括典型调研法（如对中国与中亚口岸等典型地区进行实地调研，掌握第一手资料）、文献资料整理归纳法（尽可能全面收集、整理国内外相关的文献资料，在前人研究的基础上将该领域研究综合化、系统化，并力求在理论上有所提高）、抽象分析法（以上述研究为基础，从大量资料中去粗取精，去伪存真，分析出中国与中亚区域经济合作的真实现状、发展趋势及对中国经济可能产生的影响，制定出相应策略）等具体研究法。

定量分析法

查阅国内外第一手有关统计资料，在取得相关资料数据基础上，对大量数据资料进行计算、加工、提炼，并运用图表等形式对事物特征进行客观反映和排列、组合，以得出客观、理性的结论；同时力求做到时效性与可靠性相结合，突出原创性，并以客观数据说话，使分析论证更科学、更具说服力。

SWOT 分析法

这是本课题重点运用的框架分析方法。基于理论和实证基础研究，本课题将集中研究分析与研究对象密切相关的各种内部优势、劣势因素和外部机会和威胁因素。其中，内部因素是研究主体在其发展中自身存在的积极和消极因素，属主观因素；外部因素是外部环境对研究主体的发展直接有影响的有利和不利因素，属于客观因素。在调查分析这些因素时，不仅要考虑到历史与现状，更要考虑未来发展问题。通过研究找出影响发展的有利的积极因素和不利的消极因素，发现存在的问题，找出解决办法并明确今后的战略发展方向。

## 二、区域经济合作理论

### 1. 概念界定

（1）区域经济合作

按照梅尔尼克（W. H. Miernyk）的定义，区域科学（Regional Science）或区域研究（Regional Studies）是社会、经济、政治及行为等现象中，含有空间概念研究的科学。[①] 在区域科学中，以经济观点研究的部分即为区域经济学。区域经济学是以经济学观点来研究，在资源分配不均又无法完全自由移动的世界中，各个地区的差异及地区间关系的科学。因此，区域经济学是一门具备科际合作特性的学科。就区域经济研究的对象而言，区域经济包括两个范畴的研究：A. 针对单一国家内部区域经济不平衡发展的问题，寻求缩小区域间经济发展差距的策略研究（例如，财政转移支付制度等）；B. 超越国家地理概念的区域经济合作（例如，东盟和欧盟等）。

区域性经济合作是指某一个区域内两个或两个以上的国家，为了维护共同的经济和政治利益，实现专业化分工和进行产品交换而采取共同的经济政策，实行某种形式的经济联合或组成区域性经济团体。区域性经济合作是世界经济生活越来越国际化的产物和表现。它是生产社会化和经济生活国际化

① W. H. Miernyk, "The Tools of Regional Development Policy," *Growth & Change*, Vol.11, No.2 , pp.2-6.

发展的历史趋势，有其深刻的现实基础和客观必然性。

（2）区域贸易协定

区域贸易协定（Regional Trade Agreement）是指两个或两个以上的国家或者不同关税地区之间，为了消除成员间的各种贸易壁垒，规范彼此之间贸易合作关系而缔结的国际条约，是一种具有法律约束力、贸易自由化程度较高的区域经济合作形式。从法学角度分析，区域贸易协定具有以下内在特征。

条约的支撑性

首先，条约在缔约各方之间就是法律。因为条约的基本定义是“具有缔约能力的至少两个国际法主体意在按照国际法产生、改变或废止相互权利义务的意思表示的一致”。所以，条约可以说是缔约各方根据国际法上的“意思自主原则”为自己立法。其次，条约所具有的造法性功能和契约性功能可以为区域贸易协定的有效运作提供法律支持。而作为国际合作模式之一，区域贸易协定通常同时运用条约的上述两种性质，为成员方提供他们必须遵守的行为规则的造法性条约，以及为具有不同目的和利益就某一具体事项而确立权利和义务的契约性条约。最后，因为其数量和调整的范围广大，国际条约在国际社会已被认为是支配国际关系的数量倍增的成文法。作为跨国家或跨地区的经济合作方式——区域贸易协定当然也需要条约的法律支持。

领域的特定性

目前，区域贸易协定所涉及的领域，从货物贸易发展到服务贸易以及与服务贸易有关的范围（如非关税壁垒、知识产权保护、投资措施等）。区域贸易协定的领域范围主要来自成员方相互间达成的意愿，同时也受到成员方意志因素的制约。如发达国家倾向于服务贸易自由化，而发展中国家则倾向于农产品和纺织品贸易的自由化，这是因为这些行业分别是两种类型国家经济的优势部门。其范围是有限和循序渐进的。当然成员方的意愿与当时的国际政治、经济、环境等因素是紧密相连的。

机构的必备性

区域贸易协定的实施往往是实现成员方经济利益的重要举措，因此需要设置具有立法职能的机构、有执行最高权力机关决定的机构以及处理区域贸易协定中的争端解决的司法或准司法功能的机构。这些永久性机构包括立法、行政、执法、司法或具有司法性质等方面的职能，具有制度性场所、相当的稳定性和相对持久性的特征。这些永久性机构的设置，一方面体现了参与区域贸易协定成员方的意志，另一方面是完成该区域贸易协定任务或宗旨的必要手段。

规则的导向性

首先，以规则为导向的区域贸易协定可以较公正、公平地分配以货物、服务贸易及资本流动为主要内容的世界或区域的经济利益（货物服务贸易及资本流动最终的实现是以合同的履行、财产的保护所表现出来的，这就有了对具有保护功能的法律制度的需求）。其次，以规则为导向的区域贸易协定往往具有可操作性、可预见性以及稳定性等功能（这为人们提供了合理性预期）。再次，实施这些统一规则和法律制度有固定的、永久性的机构或一定机制作保障因而具有一定的强制性。同时，这些规则和法律制度又具有一些内在的价值观或特定的机制（如公平、效率、成本效益以及市场经济机制、国家经济优先增长机制等）。

机制的强制性

这不仅体现在上述的机构设置、条约方式、法律规则的适用等方面，更重要的是在这些形式里贯穿一些带有强制性的机制于其中（如欧盟的欧盟法优先原则、主权让渡原则；北美自由贸易区和东盟的争端解决机制；WTO的争端解决机制以及各成员方的承诺兑现区域贸易协定制度的机制；等等）。

（3）区域经济一体化

区域经济一体化亦称“区域经济集团化”，是指同一地区的两个以上国家逐步让渡部分甚至全部经济主权，采取共同的经济政策并形成排他性的经济集团过程；是伙伴国家之间市场一体化的过程，即从产品市场生产要素市场向经济政策的统一逐步深化。也有人将一体化描述为一种多国经济区域的形成。在这个多国经济区域内，贸易壁垒被削弱或消除，生产要素趋于自由流动。

区域经济一体化是区域经济合作更紧密的目标，已经成为当今世界经济发展中的重要趋势之一。尤其是进入20世纪90年代以来，国际区域经济一体化组织更是取得了长足的进展。从20世纪90年代至今，区域经济一体化组织如雨后春笋般地在全球涌现，形成了一股强劲的新浪潮。这股新浪潮推进之迅速、合作之深入、内容之广泛、机制之灵活、形式之多样都是前所未有的。此轮区域经济一体化浪潮不仅反映了经济全球化深入发展的新特点，而且反映了世界多极化曲折发展的新趋势。WTO发布《世界贸易统计报告》，截至2016年8月仍生效并通报的区域贸易协定（RTAs）约有423个（其中最大的区域贸易协定为欧盟、北美自由贸易区和东盟）。[①] 绝大多数的WTO成员都已经加入一个以上的自由贸易区（FTA）或其他优惠区域贸易安排。区域贸易协定的激增正在深刻改变着世界经济格局。

区域经济一体化的形式根据不同标准可分为不同类别。美国著名经济学家巴拉萨把区域经济一体化的进程分为四个阶段：A. 贸易一体化，即取消对商品流动的限制；B. 要素一体化，即实行生产要素的自由流动；C. 政策一体化，即在集团内达到国家经济政策的协调一致；D. 完全一体化，即所有政策的全面统一。

与这四个阶段相对应，区域经济一体化组织可以根据市场融合的程度，分为以下六类。

A. 优惠贸易安排。即在成员国间，通过协定或其他形式，对全部商品或一部分商品给予特别的关税优惠。这是经济一体化中最低级和最松散的一种形式（典型的有1932年英国与其曾所属一些殖民地国家之间实行的英联邦特惠制）。

B. 自由贸易区。即由签订有自由贸易协定的国家组成一个贸易区，在区内各成员国之间废除关税和其他贸易壁垒，实现区内商品的完全自由流动，但每个成员国仍保留对非成员国的原有壁垒。

① 《世贸组织发布区域贸易协定的贸易情况》，中国常驻世界贸易组织代表团网，http://wto.mofcom.gov.cn/article/slfw/201609/20160901400445.shtml。

C. 关税同盟。即成员国之间完全取消关税或其他壁垒，同时协调其相互之间的贸易政策，建立对外的统一关税。这在自由贸易区的基础上又更进了一步，开始带有超国家的性质（典型的有欧洲经济共同体）。

D. 共同市场。即成员国在关税同盟的基础上进一步消除对生产要素流动的限制，使成员国之间不仅实现贸易自由化，而且实现技术、资本、劳动力等生产要素的自由流动（典型的如欧洲统一市场）。

E. 经济同盟。即在共同市场的基础上又进了一步，成员国之间不但实现商品和生产要素的自由流动，建立起对外的共同关税，而且制定和执行某些共同经济政策和社会政策，逐步废除政策方面的差异，形成一个庞大的经济实体(典型的如目前的欧洲联盟)。

F. 完全经济一体化。这是经济一体化的最高阶段。成员国在经济、金融、财政等政策上完全统一，在国家经济决策中采取同一立场，区域内商品、资本、人员等完全自由流动，使用共同货币。

经济一体化是关于成员间贸易壁垒的撤除和各种合作互助关系的建立。贸易壁垒的撤除被称为一体化中“消极”的一面，合作关系的建立则被称为“积极”的一面，因为合作的建立往往要求参加者改变现有的制度或机构，或建立新的制度和机构以使一体化地区的市场能适当而有效率地运转。

全球范围内区域经济一体化迅速发展主要依靠三条途径：A. 不断深化、升级现有形式；B. 扩展现有集团成员；C. 缔结新的区域贸易协定或重新启动沉寂多年的区域经济合作谈判。

### 2. 区域经济合作分类

从成员国角度，区域经济合作可分为三类。

（1）北北型合作

北北型区域经济合作（发达国家型合作）是世界上出现最早的区域经济合作形式。其中比较著名的有欧洲经济联盟、美加自由贸易区、欧洲自由贸易联盟、澳新自由贸易区等。

相比而言，北北型区域经济合作紧密程度较高。主要是因为：第一，发达国家经济发达，国内市场需求大，具有较强的相互吸纳对方产品的能力；第二，发达国家产业现代化水平高，规模经济性强，相互之间可以通过产业内分工来分享更高的效率；第三，发达国家财力雄厚，可以设立充足的共同基金，给因市场开放受冲击的企业和农民以补偿。以欧盟为例，尽管英国脱欧对欧盟一体化有很大的打击，但欧盟仍是目前世界上发展最快，一体化程度最高的区域经济合作组织。欧盟已经达到了经济联盟阶段，实行了统一的货币，建立了统一的中央银行。

北北型区域经济合作也存在诸多问题。例如，即便过去发展最为顺利的欧盟目前也面临重重困难。如在应对外部冲击、对待难民等问题上各成员国分歧加重，多数欧洲大陆国家主张贸易保护。欧盟要实现完全经济一体化，恐怕还会有很长的道路要走。2004 年 5 月 1 日，随着东欧 10 国的加入，欧盟由北北型转变为南北型的区域经济一体化组织。

（2）南南型合作

南南型区域经济合作就是发展中国家型合作，出现的时间比北北型区域经济合作稍晚，但数量众多（占区域经济合作总数的一半以上）。比较著名的南南型区域经济合作组织有：拉丁美洲的中美洲共同市场、安第斯条约集团、加勒比共同体、拉丁美洲一体化联盟、南方共同市场；非洲的中非关税与经济同盟、西非经济共同体、西非国家经济共同体、大湖国家经济共同体、东南非洲共同市场、马格里布联盟；亚洲的阿拉伯共同市场、东南亚国家联盟、海湾合作委员会和经济合作组织；等等。

尽管发展中国家追求内部经济一体化的热情很高，南南型区域经济合作组织众多，但对成员国贸易和经济的促进作用非常有限。根据世界银行世界发展指标提供的数据，目前绝大部分南南型区域经济组织的内部贸易占各成员对外贸易的比重都不超过 15%；只有经济发展水平较高的东南亚国家联盟、南方共同市场和中美洲四国集团的这一比重超过了 20%，其中东盟最高。大多数南南型组织内部贸易的比重在组织成立后上升幅度很小，有的甚至是下降的。

南南型区域经济合作有限的根本原因在于它不具备像北北型组织那样成功的条件：首先，大多数发展中国家的经济不发达，人均收入水平低，国内市场狭小，对其他成员的产品吸纳能力很低；其次，发展中国家经济结构单一并且雷同，生产链条也短，无法形成紧密的产业分工；最后发展中国家财政普遍困难，根本无力建立共同基金来补偿受市场开放冲击的企业和农民。同时，关税收入是发展中国家很重要的财政收入来源，如果取消关税，政府财政收入将受到严重影响。因此，在南南型区域贸易协定中，大部分都没有得到真正的实施。

（3）南北型合作：未来新主流

南北型合作即发达国家与发展中国家之间的合作。按照传统理论，发达国家主导的世界经济体系是发达国家剥削发展中国家的工具，发展中国家不可能与发达国家发展经济一体化。但自 20 世纪 90 年代以来，这种理论开始被打破，以 1994 年墨西哥加入北美自由贸易区为开端，越来越多的南北型区域经济一体化组织建立了起来。

从目前情况来看，南北型区域经济合作效果普遍良好。以北美自由贸易区为例，其区内贸易的比重占一半左右。北美自由贸易协定使成员国普遍受益，但国际上公认墨西哥是最大的受益者。东欧 10 国加入欧盟后，贸易和经济也普遍获得了较快发展。

当前区域经济合作发展的突出特点是跨区域的双边或区域贸易协定发展迅速，其中南北型、南南型贸易协定的数目不断增加。已有多个成员签署了或正准备签署跨区域或跨洲贸易协定。从未来发展趋势看，南北型区域经济合作将成为今后世界各国开展区域经济合作的主要形式。尤其是对于发展中国家来说，发达国家是其最主要的出口市场与资本和先进技术来源，参与南北型区域经济合作，对于发展中国家的贸易和经济发展具有至关重要的意义。

### 3. 马克思主义共同体理论

区域经济合作的本质是构建区域经济共同体。共同体是人类生存的基本方式，共同体是马克思政治哲学和社会哲学的一个重要概念，也是马克思考察人类历史的一种崭新范式。共同体思想是马克思关切人的存在、探究社会发展的理论结晶，渗透于唯物史观的创立和发展全过程，并和马克思主义其他具体思想理论紧密联系、相互贯通。这一思想，是马克思对从古希腊柏拉图、亚里士多德等哲学家的共同体思想萌芽到19世纪上半叶黑格尔和费尔巴哈等德国古典哲学家的共同体思想元素进行系统性总结和超越性批判基础上逐步形成的，并同唯物史观的创立、发展过程具有同构性。真正的共同体最终将建立在生产力高度发达基础上，但是其形成必然有一个历史过程并呈现出不同形态。[①]

共同体最初来自古代社会人们自发地生活在一起的历史事实。它先是以亲属化的血缘共同体形式呈现，其后随着生产力水平的提高，人们交往实践的半径扩大，血缘共同体发展为更大的邻里化地缘共同体。血缘与地缘的纽带关系形成了马克思所说的“自然形成的共同体”，其主要形式有亚细亚式、古典古代式以及日耳曼式等。[②]在1845年《德意志意识形态》中，马克思提出，交往有利于促进世界历史性的发展，世界历史从区域史走向世界史，共产主义理想从一国走向多国，将人类命运紧密联系在一起。[③]“正是由于特殊利益和共同利益之间的这种矛盾，共同利益才采取国家这种与实际的单个利益和全体利益相脱离的独立形式，同时采取虚幻的共同体的形式”，虚幻的共同体必然会被超越，进入马克思所说的“真正的共同体”。“在真正的共同体的条件下，各个人在自己的联合中并通过这种联合获得自己的自由”，呈现出“自由人的联合体”。此时，组成共同体的成员不仅追求利益的真正实现，而且追求自我自由与全面发展，人人的利益与共同体的利益一致，人的本质由此得到真正实现。也正是如此，马克思得出了“人的本质是人的真正的共

① 刘伟：《马克思主义共同体思想发展的新境界》，《学习时报》2018年1月3日。

② 胡为雄：《全面把握马克思的共同体理论——基于〈政治经济学批判（1857—1858年手稿）〉研究》，《毛泽东邓小平理论研究》2020年第1期。

③ 王阁：《人类命运共同体思想是马克思世界历史理论的当代发展》，《刊授党校》2018年第5期。

同体”的著名论断。

2012年12月5日，习近平与在华工作的外国专家代表座谈时指出：“国际社会日益成为一个你中有我、我中有你的命运共同体。”[①] 这是他首次谈到命运共同体。2013年3月23日，他在莫斯科国际关系学院正式向世界提出了命运共同体理念，确立了人类文明走向的新航标。[②] 他提出的人类命运共同体恰是21世纪世界呈现出的新形态。他在继承马克思“真正的共同体”思想精髓的基础上，关注国家之间的本质关系，强调国家与国家之间结成的共同体如何运转，思考“建设一个什么样的世界、怎样建设世界”这一关乎人类前途命运的重大课题，回答了新时代下世界各国在地球村这个共同体内部如何相处的国际难题，对世界和平发展与繁荣进步具有重大指导意义。[③] 在中共十九大报告中，他明确指出：要坚持和平发展道路，推动构建人类命运共同体，共同创造人类的美好未来！人类命运共同体思想是以习近平同志为核心的党中央为解决人类问题而提供的“中国智慧”和“中国方案”，具有重大历史意义。这是新时代下对马克思主义共同体思想的新发展，是马克思“真正的共同体”思想的当代实践。

人类命运共同体超越了传统共同体模式的局限，彰显了中国特色社会主义的世界历史意义。中国特色社会主义的成功开创，破除了我们对传统社会主义的教条式理解，打破了我们对共产主义乌托邦式的幻想，不仅极大地改变了中国历史的发展进程，使中国人民的生活由贫困进入小康，而且对世界历史发展产生了重大影响：它丰富和发展了马克思主义理论，为人类文明探索出了一种新的发展模式；为国际共产主义运动注入了新的发展活力；对落后国家的发展起到了积极的示范效应；进一步彰显了社会主义的优越性和生命力；改变了世界历史发展的进程；通过贸易、合作、援助等方式为世界各国的发展和世界人民生活的改善作出了新贡献。[④]

① 杜尚泽、宋宇、曲颂：《习近平致力倡建“人类命运共同体”》，《人民日报》2018年10月7日。

② 李忠发、白洁、崔文毅：《习近平主席推动构建人类命运共同体的时代启示》，http://news.china.com.cn/2018-03/23/content_50741734.htm。

③ 徐世甫：《马克思“真正的共同体”与当代实践》，《中国社会科学报》2018年1月12日。

④ 徐斌、巩永丹：《马克思共同体理论的历史逻辑及其当代表现》，《马克思主义与现实》2019年第2期。

## 4. 区域经济合作传统理论[①]

（1）关税同盟理论

对关税同盟理论研究最有影响的是美国经济学家范纳（Jacok Viner）和李普西（K. G. Lipsey）。完全形态的关税同盟应具备以下三个特征：完全取消各成员国间关税；对来自成员国以外的国家和地区进口设置统一关税；通过协商方式在成员国间分配关税收入。这种自由贸易和保护贸易相结合的结构，使得关税同盟对整个世界经济福利的影响呈现贸易创造和贸易转移并存的双重性。

关税同盟的静态效应

假定在经济资源总量不变、技术条件没有改进的情况下，关税同盟对集团内外国家、经济发展以及物质福利的影响。关税同盟的静态效应主要是指贸易创造效应和贸易转移效应。

第一，贸易创造效应。由于关税同盟内实行自由贸易后，产品从成本较高的国内生产转往成本较低的成员国生产，从成员国的进口量增加，新的贸易得以“创造”。此外，一国由原先从同盟外国家的高价购买转而从结盟成员国的低价购买也属于贸易创造。

第二，贸易转移效应。假定缔结关税同盟前关税同盟国因不生产某种商品而采取自由贸易的立场，无税（或关税很低）地从世界上生产效率最高、成本最低的国家进口产品。关税同盟建立后，同盟成员国所需某产品转由同盟内生产效率最高的国家进口。这时，如果同盟内生产效率最高的国家不是世界上生产效率最高的国家，则进口成本较同盟成立前增加，消费开支扩大，使同盟国的社会福利水平下降。

次优理论与关税同盟的其他静态效应

第一，次优理论。范纳认为关税同盟的建立既可能增加也可能减少成员国和世界其他国家的福利，而这取决于产生关税同盟的环境。如果福利最大

① 〔意〕罗伯塔·卡佩罗著：《区域经济学》，赵文、陈飞译，经济管理出版社，2014。

化或者帕累托最优①所需要的条件不能全部满足，那么尽量满足尽可能多的条件是没有必要的，并且这样做通常会导致次优情况的发生。因此，建立关税同盟不只是在成员国之间消除贸易壁垒，也不必然产生次优的福利状态。

第二，关税同盟的其他静态福利效应。关税同盟使得各成员国因海关人员、边境巡逻人员等减少而引起的行政费用的减少；贸易转移型关税同盟通过减少对同盟成员国之外的世界上其他国家的进口需求和出口供给，有可能使同盟成员国共同的贸易条件得到改善；任何一个关税同盟，在国际贸易投票中以一个整体来行动，较之任何一个独立行动的国家来说，可能具有更强大的讨价还价的能力；关税同盟建立后，可减少走私（由于关税同盟的建立，商品可在同盟成员国之间自由移动，在同盟内消除了走私产生的根源，这样，不仅可以减少查禁走私的费用支出，还有助于提高全社会的道德水平）。

关税同盟产生的动态效应

关税同盟对成员国贸易以及经济增长具有推动作用。表现在：关税同盟的建立使成员国间的市场竞争加剧，专业化分工向广度和深度拓展，使生产要素和资源配置更加优化；关税同盟建立后，成员国国内市场向统一的大市场转换，自由市场扩大，从而使成员国获取转移与规模经济效益；关税同盟的建立、市场的扩大、投资环境的大大改善，会吸引成员国厂商扩大投资，也能吸引非成员国的资本向同盟成员国转移；关税同盟建立以后，由于生产要素可在成员国间自由移动，市场趋于统一并且竞争加剧，从而有助于扩大投资规模、增加研发投入以及提高技术水平和促进各成员国经济发展。

（2）大市场理论

以前各国之间推行狭隘的只顾本国利益的贸易保护政策把市场分割得狭小而又缺乏适度的弹性。这样只能为本国生产厂商提供狭窄的市场，无法实现规模扩张和大批量生产。

（3）协议性国际分工理论

该理论由日本著名教授小岛清提出，是指一国放弃某种商品的生产并把

① 帕累托最优 (Pareto Optimality) 也称作帕累托效率 (Pereto Efficiency)，指资源分配的理想状态。假定固有人群与可分配资源从一种分配到另一种分配的变化中，若未使任何人境况变坏，却使至少一个人境况变得更好的情形。

国内市场提供给另一国，而另一国则放弃另外一种商品的生产并把国内市场提供给对方（两国达成相互提供市场的协议，实行协议性国际分工）。协议性分工不能指望通过价格机制自动地实现，而必须通过当事国的某种协议来加以实现，也就是通过经济一体化的制度把协议性分工组织化。如拉美中部共同市场的统一产业政策中，由国家间计划决定的分工就是典型的协议性国际分工。

（4）综合发展战略理论

经济一体化是发展中国家的一种发展战略，要求有强有力的共同机构和政治意志来保护较不发达国家的优势。所以，有效的政府干预对于经济一体化很重要，发展中国家的经济一体化是变革世界经济格局、建立国际经济新秩序的要素。

## 三、区域经济合作实践与研究

### 1. 区域经济合作原则

（1）符合客观规律原则

区域经济发展有其自身的客观规律，在发展经济过程中，任何地区的经济合作都要遵从一般经济发展的客观规律，同时又要考虑到不同地区有自身特有的条件，要充分尊重客观规律，让一般规律和具体情况有机结合，使区域经济合作合理、合规、合适。

（2）系统性原则

在区域合作过程中，要把各个区域看成不同的子系统、把合作的所有区域看成一个大系统。其中，大系统包括各个子系统，各子系统相互联系，互相影响。在相互联系、影响的过程中，利益相关方会由于利益的冲突出现摩擦。这时就要求在合作时必须尊重系统原则，一切以区域整体利益为重，对于利益损害方要给予适当的补偿和照顾，避免出现内耗过大、步调不一致并最终影响区域的合作进程，真正做到“1+1>2”的协同发展效应。

（3）市场机制与政府干预相结合原则

区域经济合作主要通过市场调节和政府干预这两个调节机制来实现（这两个调节机制有各自的优点和缺点，在区域经济合作过程中，有不同的用途和各自擅长的领域）。市场机制主要通过竞争机制、价格机制和供需关系等途径产生影响。在资源的合理配置及利用效率等方面，区域间通过供求关系建立起的经济技术联系有其独特的作用。政府干预在调节公共物品方面作用显著。比如，政府主要通过宏观经济杠杆和经济政策对区域经济进行干预和调节，以推动区域经济结构的合理化。其中，公共产品属性和外部性很强的部门、行业能发挥较大作用。因此，区域经济合作需要在两种机制的共同作用下发挥各自不同作用。两种调节机制要扬长避短，相互补充、相互制约、彼此配合，这样才能达到区域经济合作发展的目标。

（4）经济公正化原则

经济公正化原则有四重内涵。A.各国在管制国际经济交往时应当符合“非歧视”（Non-discrimination）要求。各国一方面要平等对待外国人，给予外国货物、资本和服务“最惠国待遇”和“国民待遇”；另一方面也应平等对待本国人。B. 允许一国在管制跨国经济活动中，对他国政府和企业扭曲自由经济的措施采取对应措施（例如，允许一国针对他国企业的倾销行为或他国政府的补贴行为征收反倾销税或反补贴税等）。C. 允许一国在管制跨国经济活动中，针对危及本国根本利益的事项，临时采取一些限制经济自由交往的措施（例如，WTO 协定中关于保障措施的规定，关于一般例外和安全例外的规定等）。D. 由于历史上西方列强对殖民地国家的侵略和掠夺，各国现实经济发展水平参差不齐，尤其是发达国家与发展中国家在经济发展上的巨大差异，要求发达国家在管制跨国经济交往中，单方地给予发展中国家更为优惠的措施（例如，发达国家单方面给予发展中国家的“普惠制待遇”）。

经济公正化原则中已经从另一个视角体现了经济主权原则的要求。允许各国为维护本国经济安全和本国的根本经济利益，采取管制甚至限制跨国经济活动的措施。然而，主权对跨国经济活动的限制必须符合经济公正化这一目标。这本身就是承认一国对涉外经济管理的自主权，也是一国经济主权的重要体现，可见，经济主权渗透在经济公正化原则当中，作为一个“安全阀”可以确保国际经济交往朝着互利的方向发展。

### 2. 区域经济合作阶段划分

区域经济合作的目的是通过区域内和区域间的合作优化使整个区域的经济结构互补，实现区域经济一体化。真正做到在更高层次上协调发展，应对国内国际发展的新变化。要想实现这个目的，既要重视当前区域亟须合作的内容，解决眼前主要问题，同时又要考虑区域的长期发展，实现区域经济的可持续发展。因此，在合作过程中，不能一步到位，急于求成；要分清轻重缓急，主次矛盾；在不同时间段，完成不同的工作和任务。

从区域经济合作的一般规律来看，可以把合作分为三个阶段。

第一阶段为近期，重点放在解决区域内和区域间存在的各种问题上。要认识到在区域合作过程中首先面临的主要问题，着重解决这些问题，防止和避免各种矛盾和冲突，为第二阶段的合作创造一个好的环境。

第二阶段为中期，重点放在区域内和区域间的合作上。要根据各区域自身的特点，把区域内各个要素有机地组合、协调起来，形成经济发展要素的优化配置，增强区域自身实力。同时加强区域间的合作互补和要素流动，通过区域内和区域间的经济合作，形成新的生产力。

第三阶段为较长期，重点放在区域经济一体化上。A. 区域经济一体化是区域经济合作的最高境界和最终目标，它包括市场的一体化，即从商品、服务到生产要素，形成一个真正开放、统一、有序的市场；B. 流通和组合的一体化，劳动力能自由流动，信息资源畅通无阻，资本、技术和人才市场彻底冲破区域界线，资源配置真正的市场化，其配置效率大幅提高；C. 产业一体化，是上述两个一体化的收获，意味着在区域内进而在更大范围直至世界性的产业分工和合作的一体化。这三个阶段，不是截然划分，而是先后交错、大体有序。先从小区域做起，逐步放大。

在达成经济一体化之前，区域经济合作组织按照合作程度的高低可归纳为：A. 优惠贸易协议；B. 自由贸易区；C. 关税同盟；D. 共同市场；E. 货币同盟；

F. 经济同盟等六个发展阶段。至于各阶段的区分则是以区域内贸易障碍和共同的对外贸易障碍的消弭、区域内生产要素自由流动、成员国间财政与货币政策的协调、共同货币与中央银行的设立等指针，作为各区域经济合作发展的阶段特性。

### 3. 区域经济一体化研究简述

（1）国外有关区域经济一体化的研究

国外有关区域经济一体化研究中，由美国经济学家贝拉巴拉萨 1961 年提出的“经济一体化”定义被广泛引用并得到首肯。该定义的具体表述是：经济一体化既是一个过程，又是一种状态。就过程而言，它包括旨在消除各国经济单位之间差别的种种举措；就状态而言，它表现为各国间各种形式的差别待遇的消失。但经济学家弗历次·马克鲁普则批评说：经济一体化只说明不同国家加入一个经济集团；事实上经济一体化可以有一国之内各个地区的，也可以有各国之间的（后者又分为区域性的和次区域性的）。还有一些经济学家也不同意经济一体化作为过程和状态的解释。

（2）中国学术界关于区域经济一体化的研究

我国学术界关于区域经济一体化的研究可以分为两个层次。第一个层次是对区域经济一体化理论概念的借鉴与演绎，主要是比较全面地总结国外关于一体化的理论概念，并阐述其对我国经济发展的影响。第二个层次是运用相关经济学、政治经济学理论，分析区域经济一体化的影响因素、发展过程、制度演变以及社会经济效应等。较全面地分析影响区域经济一体化进程的社会、政治、经济、民族等各方面的因素，或者对石油输出国组织（OPEC）或亚太经合组织（APEC）等进行效应分析。

APEC 是在经济全球化浪潮中比较成功地实施了贸易投资便利化的重要国际组织。其成立于 1989 年，宗旨是通过贸易投资自由化和经济技术合作，促进亚太地区的经济发展和共同繁荣。一般原则为全面性、与 WTO 一致性、可比性、非歧视性、透明度、不再提高保护水平、同时起步、持续进程和不同的时间表、灵活性、加强经济技术合作。该组织贸易投资便利化的 15 个领域包括关税、非关税措施、服务、投资、标准及合格认证、海关程序、知识产权、竞争政策、政府采购、放宽管制、原产地规则、争端调解、商务人员流动、乌拉圭回合结果的执行、信息收集与分析。执行框架规定，单边行动计划和集体行动计划是 APEC 推进贸易投资便利化的主渠道。

（3）中国参与全球区域经济一体化的战略选择

中国是一个发展中国家，为了充分利用区域化带来的有利条件，中国在参与全球，尤其是亚洲区域经济一体化的进程中需要设计适合我们国家发展的总体战略目标。总结学术界及各方设想，这一总体战略可以有三种选择：A. 建立双边和多边自由贸易区，中国已与多国建立了自由贸易区（可以说建立自由贸易区，应是 21 世纪中国区域经济一体化的首要选择）；B. 以亚洲为重点，积极推进和参与亚洲经济一体化进程，争取建立中国—东盟自由贸易区、中国—东南亚联盟、中国与中亚自由贸易区。这些目标的推进不仅将巩固和加强中国与三边相邻国家之间已存在的友好合作关系，而且将进一步促进相关各方的经济发展，扩大双边贸易和投资规模，提高地区整体竞争能力；C. 努力推动亚太地区以及其他次区域经济一体化进程，在重点发展周边地区区域经济一体化组织的同时，也要注重借助和参与到各种国际性组织、非正式会议和现有的区域组织中；同时，进一步参与 APEC 等国际区域经济组织有关规则制定的实质性活动，构筑中国全球性的经济合作网络。东南亚、东北亚、中西亚三边相邻国家是中国现在和未来相当长一段时间内最重要的贸易投资伙伴，所以促进与周边区域的经济合作对中国推进“一带一路”建设至关重要。上海合作组织是第一个由中国主导的集安全、经济、政治、文化交流于一体的区域性组织。该组织所倡导的在国际合作中重视平等对话与协商的“上海精神”已得到各方广泛接受，体现了中国在区域经济一体化理念上的创新。中国应继续倡导建立互利共赢和睦邻友好的新型区域经济合作模式，促进中国与中亚国家区域经济合作。

# 四、中亚研究综述

当代中亚学研究是指1991年苏联解体，哈萨克斯坦、乌兹别克斯坦、土库曼斯坦、塔吉克斯坦和吉尔吉斯斯坦相继独立至今的20多年，世界各国和中亚国家自身对中亚国家的研究。

随着上海合作组织的成立以及“一带一路”倡议的提出和实施，中亚地区在国际地缘政治经济中的地位逐渐凸显，国际中亚学研究方兴未艾，吸引越来越多的人投身其中。20多年来，中亚国家的学者、官员和媒体就中亚自身及相关国际问题发表了大量论文和专著，同时，中国国内对中亚国家自身如何研究和看待中亚问题进行了更系统的梳理和研究，成果颇丰。

## 1. 国外中亚研究①

中亚国家相继独立20多年来，国外研究人员对中亚的各类重大问题均予关注，有关中亚的各类文献越来越丰富且多种多样。在中亚国家独立和发展过程中，世界政治经济学领域逐步形成了一些研究该地区的视角和构想。这些方法、观点和构想因分属不同学派的研究者和迥异的政治观点而互不相同。按不同国家进行简单分类，对中亚研究的地区主要包括四类：A. 德国、英国、法国等欧洲国家和美国等西方发达国家（这些国家在20世纪90年代初曾占据主导地位）；B. 随后的土耳其、中国、印度、波兰、伊朗、巴基斯坦及其他一些亚洲国家对该地区及其周边现代政治进程和转型发展也进行了密集的研究；C. 俄罗斯及其他独联体国家有关中亚学的政治、经济著作一直不断，且自成体系；D. 中亚各国有关本国、本地区及其与国际关系的研究。当代中亚学呈现出研究不断深入和丰富，学科全球化的发展趋势，同时，一些持共同观点的西方国家、亚洲国家和中亚、独联体国家学者的合集著作也越来越多。

按内容划分，国际中亚研究可分为四大类：第一类是指有关中亚内部进程、该地区国家间关系和政治、经济、社会发展的著作；第二类是指有关该

---

① 由于资料搜集及课题完成时间所限，当代中亚学研究综述主要集中在1991—2015年。

地区国际状况、中亚周边地缘政治进程和该地区各国同世界及各区域大国间关系的著作；第三类著作具有国别性，即是针对该地区不同国家的跟踪研究；第四类是由形式多样的课题构成的综合型研究著作，其成为研究该地区最为普遍的形式，致力于相关问题研究的专家对中亚地区的不同专题进行了深入研究。可以说，在这些作品中，西方学者与亚洲学派的代表作同当代中亚学的代表作并驾齐驱。

有关当代中亚学研究经历了若干阶段，每个阶段均与该地区的形势紧密相联，并反映出中亚及其周边地区的政治经济发展进程。研究时间跨度从1991年苏联解体、冷战结束时起至今，由于这一时期经历了中亚各国独立建国时期、中亚国家加入上海合作组织时期和中亚国家纷纷参与“一带一路”建设时期，中国与中亚区域经济合作空间不断扩展。因此，中亚研究可分为两个重要阶段：第一阶段为1991—2000年，中亚研究时期；第二阶段为2001—2012年，中亚研究+上海合作组织研究时期；第三阶段2013年至今，中亚研究+上海合作组织+“一带一路”研究时期。由于第三阶段才刚刚展开，成果有限，本研究主要介绍第一和第二阶段。

（1）中亚国家独立建国时期（1991—2000年）

由于苏联解体而引发的地缘政治大震荡导致中亚各国相继独立进入世界政治舞台，这一个阶段的研究以地缘政治、中亚国家构建以及发展道路选择等方面的问题为主。这一时期，西方国家对中亚的研究成果较多，且主要关注中亚国家的建构模式、转轨路径与发展方向等中亚自身定位与发展等问题。在最初一些有关中亚的著作中明确了西方应与之斗争的威胁和挑战，包括俄罗斯恢复对中亚的控制、伊斯兰宗教激进主义的蔓延、民族或宗教基础的不稳定性、大规模杀伤性武器的扩散等。西方较为一致的观点是：尽管经历了叶利钦式外交政策的曲折，但俄罗斯是不会放弃中亚地区的。为此，西方应不惜一切代价支持中亚国家的独立，并将其引导到于己有利的发展轨道上。同时，由于中亚地区作为主要的能源基地和油气资源产地，对欧盟具有特别重要的战略意义，西方应更加积极地为该地区资源的命运而斗争。为实现这一目标，可以使用包括民主制度、政治经济、能源、交通等不同的工具。[①]这一时期，西方国家率先大举进入中亚能源领域，并为中国的进入设置了重重障碍，[②]中国与中亚国家的区域经济合作处于艰难的起步时期。

美国前国家安全事务助理布热津斯基的著作《大棋局：美国的首要地位及其地缘战略》非常具有代表性。该书以“制定一项全面和完整的欧亚大陆地缘战略为目的”，分析了美国作为全球唯一的、全面的超级大国的全球体系。其把欧亚作为大棋局，讨论在未来美国将如何继续保持自己的全球霸权地位，勾勒出了以欧亚大陆为轴心的美国全球战略框架。该书列出了欧亚大陆地缘战略国家和地缘政治支轴国家各5个，对它们在欧亚大陆的地位、发展前景、政策走向以及同美国的利害关系一一作出分析判断。谈到了美国对待欧洲一体化的两难态度；俄罗斯对加强同独联体国家区域经济一体化的战略需求及其“近邻外国”的优先政策；中国、日本等大国对欧亚大陆的可能影响及美国的策略。探讨了中亚国家在大国影响下未来的命运，以及美国在介入里海—中亚地区时如何处理与其他大国的关系，描绘出了美国中亚政策的框架。

20世纪90年代后期，俄罗斯在中亚地区的政策一直备受西方研究者们的关注，莫斯科的稳定作用及其对西方在中亚影响力的隔离能力尤为引人注目。土耳其曾被视为穆斯林世界的“领导者、火车头和老大”，成为被效仿的典范，西方重新审视伊朗和土耳其在中亚的作用和影响。这一时期，中亚国家对本国政治体制构建、经济转型发展、未来道路选择的关注更多。而中国的进入及其在中亚地区的政策也已成为主要的研究对象。一些西方学者发出警告，称中国已飞速地成为中亚地区“大角逐”的享有充分权利的参与者。在该阶段，在审视该地区内部政治发展时，一些专家得出结论，认为在该地区已经实现所谓的专制性稳定。一些著作曾毫不掩饰对西方在过去10年间在中亚政策的失望。这些学者将西方标准价值观与其地缘政治利益间的矛盾视为西方战略失败的主要原因，认为西方为达到具体目标而牺牲了既定标准。

① 此处主要援引哈萨克斯坦总统战略研究所2010年出版的《中亚：1991—2009》专著中第一章“中亚：区域问题研究的主要进程”部分观点，并综合欧美国家、哈萨克斯坦、乌兹别克斯坦总统战略研究所出版的其他著述、各相关机构网站等零星观点撰写而成。

② 中国能源企业1997年才进入哈萨克斯坦。

（2）中亚国家稳定发展时期（2001—2015 年）

这一时期是中国与中亚国家及俄罗斯共同创建上海合作组织的时期，也是 2001 年美国 9·11 事件发生后，世界各国共同反恐扩大安全合作的重要时期，以及 2008 年爆发世界金融危机和中国提出“一带一路”倡议时期。这一时期，西方国家、俄罗斯和包括中国在内的亚洲国家学者都对中亚地区的政权更迭、区域安全和非传统安全、内政外交等予以了多领域、多视角、多层次、多方面的高度关注和深入研究。

西方国家的中亚研究

2005 年之后，西方相继问世了一批构想性著作。其中有：阿克巴尔扎吉（Ш. Акбарзаде）的《乌兹别克斯坦和美国：独裁主义、伊斯兰主义和华盛顿在安全领域的日程表》（2005 年）、法国作家拉巴朗（Г. Рабаллан）的《是中亚还是命中注定的飞地》（2005 年）、以格拉文霍尔特（Й. Гравинхольт）为代表的德语政治学著作《以中亚为例看愚蠢的国家管理、危机预防和发展政策的困境》（2005 年）、由剑桥大学出版的凯特琳·柯林斯（Кэтлин Коллинс）的《中亚的宗派政治和体制转型》（2006 年）、瓦尔科齐（А. Варкоч）的《欧盟的中亚政策——改革的利益、结构和选择》（2006 年）等德国历史文献中的系列专著、李斯特（Д. Лист）的《中亚区域合作的障碍与机遇》（2006 年）、普林斯顿大学出版的艾德卡勒（А. Л. Эдгар）的著作——《部族——苏维埃土库曼斯坦的建立》（2007 年）、耶列勒（Р. Уэллер）的《再显哈萨克和中亚的民族等同性》（2008 年）、德国联邦政治教育中心扎贝尔（М. Заппер），威赫杰尔（Ф. Вейхзель）和胡杰列勒（А. Хутерер）等人编辑的《中亚政权的马赛克：传统、局限和愿望》（2007 年）、中亚和高加索研究院埃里克·马拉特（Эрик Марат）的《吉尔吉斯斯坦和塔吉克斯坦的民族思想和国家建设》（2008 年）、中亚和高加索研究院鲍耶勒（Э. Бойер）的《哈萨克斯坦的议会和政党》（2006 年）和戴伊里（Д. Дэйли）的《哈萨克斯坦中产阶段的形成》（2007 年）、捷克政治学家斯拉沃米勒·高拉克（Славомир Горак）的《别尔德穆哈梅多夫时期土库曼斯坦对极权主义的摆脱》（2008 年）、美国著名政治学家科恩（А. Коэн）的《哈萨克斯坦的独立之路》（2009年）、英国研究人员戴义夫（Б. Дэйв）的《哈萨克斯坦的民族、语言与政权》（2008年）等。2006年，以中亚和高加索研究院弗雷杰里克·斯塔尔（Фредерик С. Старр）教授为首的研究团队在中亚研究领域中处于领先地位。他们从不同角度撰写了一系列有关中亚政治和经济情况的著作，其中包括：斯塔尔（Ф. Старр）的《中亚的宗派、独裁者及议会》（2006年）；巴朗（З. Баран）、斯塔尔（Ф. Старр）和科勒涅尔（С. Корнелл）的《中亚的伊斯兰激进主义》（2006年）；戴利（Дж. Дэйли）、梅本（К. Меппен）、索克尔（В. Сокор）、斯塔尔（Ф. Старр）的《剖析美乌危机》（2006年）；德国弗里德里希·艾伯特（Фридрих Эберт）基金会资助中亚学者出版的《透视中亚》（2007年）、《吉尔吉斯共和国的历史与特征》（2007年）；法国国际研究所俄罗斯独联体部高马尔（Т. Гомар）和卡斯图耶娃 - 让（Т. Кастуева-жан）的《解读俄罗斯及新兴独立国家》（2008年）等。许多学者以“民族政策”理论的观点来审视中亚国家的内部发展，认为中亚各国政府应加快建设爱国主义精神下的民族国家，中亚国家实行民族政策的主要目标是除将建设民族国家外，还将实现基于“主体民族”的民族统一这一最终目标。这些西方学者的著作在短期内的集中出现引起了社会广泛关注。西方研究认为，中亚地区已完全同其过去的苏联时代脱离，这种改变是不可逆转的。此时，中亚政治体制道路的分化、吉尔吉斯斯坦颜色革命的发生、非传统安全对中亚区域与世界的影响以及西方对中亚的政策等成为西方研究的重点。西方专家提出了中亚国家“完成转型”的构想。他们认为，该地区各国已完成其发展的转型期，并在该地区已经建立了具备稳定的经济和社会政治关系体系的政体；未来这些政体在内外因素作用下甚至在出现政权更迭的情况下发生改变或转型的可能性很小。在西方研究人员的理论中，伊斯兰教问题占据特别地位，并围绕伊斯兰教对中亚民族国家的现实发展到底产生多深的影响这一命题展开了争论。一些权威学者得出结论，并认为伊斯兰教已经成为中亚人民建立新型国家过程中最为重要的要素之一。

贝鲁斯（С. Пейруз）的《中国与中亚合作的经济视点》（2007年）一

书对中国的中亚政策进行了阐述。他重点论述了有关双方经贸关系的几个主要问题（发展边贸的口岸作用、中国对中亚经济和基础设施投资、中国与中亚石油天然气领域的关系等）。他认为，中亚地理位置的封闭性将注定中国未来对该地区具有决定性作用，其中能源领域是中国在中亚多样性战略的关键所在；中国在 21 世纪将在中亚地区可能发挥像俄罗斯在 19—20 世纪同样的作用。法国拉留埃尔（M. Ларюэль）的《俄罗斯的中亚政策及俄罗斯民族主义的作用》（2009 年）对俄罗斯在中亚的政策进行了研究。他认为，俄罗斯联邦和中亚国家间关系的议事日程主要包括文化影响和语言渗透等“软实力”中俄罗斯族和俄语侨民问题及移民问题三部分内容。由此，他认为所有俄罗斯政治精英群体、流派和团体，尽管思想形态各异，但均将俄罗斯在中亚的存在优势视为有益的和必需的，并且各政治力量均提出了各自对该结论有利的论据。《华盛顿、莫斯科和北京眼中的中亚》（2009 年）认为，在中亚地区，欧洲的位置被俄罗斯取代，而中国则取代了日本的位置；美国在中亚的战略涉及三个方向（保持原有地位；放弃中亚转型的思想，在“务实政治”原则上关注美国的安全问题并维护美国的利益；发展兼顾中亚地区特点和新地缘政治现实的新战略）；与美国和中国相比，俄罗斯在保持其政治和经济影响力方面毫不逊色。他还认为，整体而言，俄罗斯对中亚的影响力在一定时期是有限的，中亚地区现在和未来在安全领域都将是同美国、俄罗斯和中国开展协作、合作并拥有共同利益的伙伴。理查德·贝茨（Ричард Вайц）的《哈萨克斯坦与国际欧亚新政策》（2012 年）认为，哈萨克斯坦已经步入欧亚地区政治经济一体化的领导行列，哈萨克斯坦实现其区域一体化的目标主要取决于“后纳扎尔巴耶夫”新一代政治领袖的转型和欧亚各国的经济状况等若干因素（其中俄罗斯和中国特别是美国将对此进程产生决定性的影响）；在实施欧亚战略进程中，哈萨克斯坦遇到了尚未消除的伊斯兰极端主义和油气资源使用前景均不明朗等其所无法克服的阻碍；未来，哈萨克斯坦外交努力的方向是防止俄罗斯和中国在中亚建立共管地带。

这一时期，马克曼（K. M. Макманн）的《经济自治和民主》（2005 年）、鲍姆弗里特（P. Помфрет）的《独立时期中亚的经济》（2006 年）、多伍林克（M.

Доулинг）和维尼亚拉德（Г. Виньярадж）的《中亚经济》（2006 年）具有鲜明的经济特征。马克曼（Макманн）对俄罗斯和吉尔吉斯斯坦等不同国家的经济政策做了对比分析，并将具有不同程度和速度的经济改革联系在一起，将两者经济及以此为基础的政体评价为"混合体"（它们均是经济自由主义同政治独裁主义的混合体）；认为这些国家虽在政治体制中实施民主制度，却对经济进程进行不定期的国家干预。早在 20 世纪 90 年代，鲍姆弗里特（P. Помфрет）就以其关于苏联解体后哈萨克斯坦和中亚其他国家经济的著作而享有盛名。他曾在其专著中阐明了中亚各国独立 15 年以来的经济发展情况；他在著作中明确指出：虽然欧盟指望在中亚能实现区域一体化，但过去的经验已充分地证实了人为地加速这一进程是徒劳无益的，因为刚独立的中亚国家对一体化高度敏感。他还指出：目前，中亚国家已将"区域一体化"概念变为地区"合作"，并将此视为中亚地区自我认同和自决的方式。

进入 21 世纪以来，美国学者斯塔尔、尼德斯的《新丝绸之路——阿富汗将是核心与否？》（2007 年）、库钦斯的《在阿富汗获得成功的关键——现代丝绸之路战略》（2008 年）、《为阿富汗"新丝绸之路"奠定基础——看华盛顿与喀布尔如何将愿景变为行动》（2007 年）等研究成果，具有一定国际影响力。德国经济学家科涅勒（P. Книнер）在其《沿丝绸之路的法制改革》（2006 年）一书中，对独联体不同国家的法律体系变革这一问题进行了探讨。中亚和高加索研究院的斯塔尔（Ф. Старр）于 2005 年提出"大中亚"概念，并曾引起十分激烈的争论。他在 2007 年担任了一部名为《新丝绸之路——大中亚的交通和贸易》（2007 年）巨著项目的协调员，并继续推进其所倡导的"大中亚"思想。斯塔尔教授组织了一个由来自中亚、阿富汗、阿塞拜疆、印度、中国、土耳其和俄罗斯等不同地区或国家的学者所组成的国际写作班子，将历史上的丝绸之路同当代欧亚交通潜力进行了比较。斯塔尔认为，当今时代为西欧、中国、中东、近东和印度半岛在交通领域的互联互通创造了新机遇，"新丝绸之路"具有巨大潜力，美国应承担责任，参与建设欧亚交通走廊，同时强调阿富汗在丝绸之路战略中的核心地位。2009 年，美国开辟了经波罗的海、高加索地区和中亚通向阿富汗的北方运输网。随后，斯塔尔提出可利用北方运输网，使它成为欧亚大陆的经济桥梁。罗伯特·列克沃特（Роберт Легвольд）撰写的名为《美国在中亚的新战略》系列丛书，重点审视并揭示了华盛顿在中亚地区政策的新方法。该著作同当时在学术界备受争议的斯塔尔“大中亚”新构想和美国外交政策国家委员会关于改变美国对中亚不同国家战略战术方法的建议遥相呼应。

21 世纪以来，在苏联时期曾经与中亚国家归属同一地缘战略区域和特殊阵营的波兰对中亚的研究工作取得了蓬勃的发展。出自波兰专家之手的专著有扎巴斯尼克（С. Запасьник）的《战斗在中亚的伊斯兰教》（2006 年）、鲍吉奥（Т. Бодио）等编辑出版的《中亚过去与现在的问题》（2007 年）、列多（С. Редо）的《同中亚地区有组织犯罪的斗争》（2007 年）、鲍吉奥（Т. Бодио）与玛尔达瓦（Т. Молдава）等人的《中亚国家的宪法改革》（2007 年）、鲍亚尔契克（А. Боярчик）和赞杰克（А. Зентек）等人的《国家影响力之源的中亚地区》（2008 年）、鲍吉奥（Т. Бодио）和扎连斯基（П. Заленский）等人的《中亚的权力精英》（2008 年）等。涉及当代哈萨克斯坦的波兰学者著作包括扎连斯基（П. Заленский）的《哈萨克斯坦的政权精英》（2006 年）、格罗赫马尔斯基（П. Грохмальский）与韦尔比茨基（А. Вирбицкий）等人的《哈萨克斯坦与乌兹别克斯坦在中亚地区的霸主地位之争》（2007 年）和《哈萨克斯坦及其他中亚突厥国家的民族政策》（2008 年）等。波兰有关中亚的著作分若干发展方向：A. 涉及中亚的历史；B. 关于体制转型的理论与实践；C. 直接关系到中亚国家的政治和社会体系、政治精英和反对派的形成、大众媒体和非政府组织的发展等；D. 涉及社会结构现代化、传统与现代的对抗、宗派文化的研究、文化和语言领域的政策和宗教生活等；E. 涉及中亚人民过去与现在的文化问题。在研究过程中，在上述五个方向的基础上又增加了经济和外交这两个方向。

日本学术界对中亚地区的兴趣也与日俱增。《日本在丝绸之路的外交》（2006 年）一书认为，日本已经无法对中国和韩国对中亚地区蓬勃发展的经济影响力视而不见，是时候融入中亚地区民主化的进程并摒弃其原来中亚政策的时候了。中亚从来未将日本的当权阶层视为其民主和对外经济战略的至关重要的方面。作为日本政策在中亚地区最重要的延续条件，它应放弃自身同俄罗斯与中国以某种形式的竞争。作为北亚重要大国，日本能够向其邻国提出某种关于中亚的共同战略构想（日本能够充当包括中国和韩国在内的大东亚或包括俄罗斯在内的东部欧亚统一战线的一部分）。

俄罗斯的中亚研究

俄罗斯的中亚研究博大精深，只能在本章节中简述。其中较有代表性的是俄罗斯外交部莫斯科国际关系学院卡赞采夫（А. Казанцев）的《无名规则下的"大角逐"——世界政策与中亚》（2009年）一书对1991—2008年中亚地区形成的国际协作体系及中亚对世界大国的地区影响所进行的分析。在其著作中，作者提出：中亚是否是世界"暂时短期的事务"的一部分，还是该地区的存在是现代世界政治的主要恒量。作者坚信，中亚各国均实施致力于同其他伙伴合作的全方位战略；"负责"或"空手"是所有参与在中亚地区角逐者的主要境况；中亚国家实质上并未坚持任何共同准则、价值观和原则的政策；在中亚地区不存在任何涉及该方面的强制机制，因而，其地区特性是完全不确定的。

俄罗斯学者认为中亚与俄罗斯休戚相关，因而对中亚和上海合作组织的研究成果较多，其中尤以从地缘政治角度的研究成果最多。比如，德米特里·特罗菲莫夫、俄罗斯科学院远东研究所的卢贾宁、奥斯特洛夫斯基与萨夫罗诺娃、莫斯科高等经济学院的卢基扬诺夫和卡拉干诺夫等对上海合作组织区域合作、"一带一路"建设、欧亚地区发展格局和构想等进行了有益的探讨，但他们关注更多的是区域政治、安全领域的合作，近年开始更多关注地缘经济领域的合作与竞争。

从地缘政治角度看，俄罗斯学者的主流是肯定上海合作组织的积极作用和意义，认为上海合作组织的成立确实对俄罗斯、中亚的东方外交带来了新的稳定因素，是实现地缘政治战略重要的载体和欧亚区域经济合作的平台之一；认为上海合作组织的发展符合俄罗斯的利益，是最近10多年俄罗斯国际活动的一个重点。大多数学者都承认上海合作组织是中俄针对美国在中亚影响所作出的一种选择，认为这个组织实际上是俄罗斯和中国两巨头同时进入中亚的一种战略合作，而把这两巨头联结到一起的是不允许第三个“选手”——美国在这一地区占主导地位的共同意图。同时俄罗斯的专家学者也指出：俄罗斯—中亚—中国区域内资源和商品交换的逐渐增长等是促使上海合作组织建立的主要因素，而且俄罗斯和中亚存在共同的动力：A. 对构成欧亚安全与稳定威胁的共同忧虑；B. 都可以将石油天然气管道延伸到中国境内。有些学者还指出，虽然中俄关系中存在着不利于上海合作组织发展的“暗礁”（比如双方争夺在中亚的影响），但对保障中亚安全和抵御西方在中亚影响的共同需求更大。

从上海合作组织区域经济合作的角度看，俄罗斯学者既谈了区域经济合作的必要性，也指出了经济合作中存在的问题。越来越多的俄罗斯学者认识到了经济合作对上海合作组织发展的重要意义，认为任何国际组织没有强大的经济基础都不可能顺利发展。制订上海合作组织的经济计划具有头等重要性。他们认为上海合作组织成员国的经济关系主要还是双边的，制订的经济计划应当为多边经济一体化奠定基础。俄罗斯科学院远东问题研究所的卢贾宁、米亚斯尼科夫教授及以经济学博士米赫耶夫等认为，上海合作组织首先必须扩大其经济影响、解决经济问题且应当在经济上成为对潜在的新成员富有诱惑力的组织；但目前宣布建立上海合作组织统一经济空间的思想是重复独联体提出的类似思想，现在实施对提高上海合作组织的实际影响和威信具有重大意义的大规模的经济一体化计划的可能性不大；在上海合作组织框架内开展经济合作的明智之举是在基础设施、开发中亚的石油和天然气资源、发展该地区的教育等领域实施一些具体的方案（与“一带一路”对接）。但在具体实施路径和构想等方面，俄中学者还存在较多分歧。

中亚国家的中亚研究

中亚各国独立以后，这些国家的有关战略研究所、经济研究所、大学等学术机构和政府研究机构出现了一批研究中亚问题的专家，出版了很多学术期刊和著作。作为中亚第一大国，哈萨克斯坦的专家著作很值得关注。其中较有代表性的有哈萨克斯坦的几个知名学者：哈萨克斯坦现任总统卡西姆若马尔特·克梅列维奇·托卡耶夫，先后出版了专著《哈萨克斯坦：从中亚到世界》（2001 年）和《中亚之鹰的外交战略》（2002 年），研究探讨了哈萨克斯坦从地区走向世界的战略路径。21 世纪初，均曾先后担任过哈萨克斯坦总统战略研究所和哈萨克斯坦世界经济与政治研究所所长和副所长的阿什姆巴耶夫和苏尔坦诺夫，领导两研究所以做课题、举办国际会议、写专著等形式出版了大量针对性、时效性较强的学术著作，其中苏尔坦诺夫等撰写的《世界列强在中亚国家的政策与利益》（2006 年），勾勒出了俄罗斯、美国、欧盟、中国、日本等国家和组织在哈萨克斯坦的政治经济利益。阿什姆巴耶夫主编撰写了一大批学术著作和国际会议论文集。其中，国际会议论文集有《世界政治当中的紧迫问题》（2006 年）、《全球化条件下中亚国家与贫困作斗争的问题》（2008 年）、《哈萨克斯坦入世：问题与前景》（2010 年）、《上海合作组织：形成与发展前景》（2012 年）、《中亚国家与美国在保障区域安全方面的合作》（2011 年）；专著有《世界区域经济发展》（2006 年）、《当代世界经济问题》（2007 年）、《在现代化进程当中哈萨克斯坦共和国社会经济发展的紧迫问题》（2008 年）、《国家管理体制改革：外国经验与哈萨克斯坦》（2009 年）、《在世界与区域关系体系下哈萨克斯坦的油气资源》（2006 年）、《当代中国政治：现实与前景》（2013 年）等。这些著作和文集的研究内容涉及中亚国家与俄罗斯、美国、中国等大国关系问题，中亚国家在全球的地位问题，中亚国家的社会经济问题以及哈萨克斯坦在全球的地位、定位和战略等问题。这些研究成果对哈国制定其战略起到了重要的参考作用。阿什姆巴耶夫的《在世界和地区大国利益下中亚的地缘政治现状》（2014 年）一文指出，现在中亚地区缺少与俄、中、美等大国相互之间的平衡战略，缺少中亚国家与大国间的平衡战略，缺少中亚地区间的平衡战略。在《上海合作组织：形成与发展前景》（2009 年）论文集中，来自俄、哈等国的学者就上海合作组织与哈国、中国的政治、安全、经济等关系及其前景发表了看法，对上海合作组织在区域安全、政治领域发挥积极作用持肯定的看法，对区域经济合作的关注较少。

中亚国家对各国在世界尤其是欧亚地缘政治中的地位认识、国家建构和认同、对外交往、转型成效的评估和调整、经济社会发展的优先重点领域、中亚国家融入世界经济体系以及与周边国家建立稳定、平衡的关系研究更集中。包括中亚各国在内的亚洲专家坚持中亚“地缘政治平衡”理论。该理论以各地区大国作用为研究对象，认为这些国家虽无法同“超级大国”相提并论，却试图开展自身的地缘政治角逐。事实上，中亚国家在很大程度上具备利用地缘政治矛盾在国际舞台的运作技巧，并正努力推行其平衡外交政策。2013年中国提出“一带一路”倡议以来，中亚国家对“丝绸之路经济带”及其与本国发展战略的研究越来越多。

可以说，中亚国家的主流学术观点还是肯定上海合作组织的积极作用和意义的，也愿意积极加入“一带一路”建设当中，对区域经济合作寄予很高的期望。但他们对上海合作组织区域经济合作现状普遍不满，一方面认为中国在上海合作组织中“说得多，做的少”，要求中国必须积极改变目前的经济合作战略，改善双方经贸合作的结构，着力推动区域经济合作向前发展，给相关国家带来相应的经济利益；另一方面普遍认为，中亚区域经济合作应该与制度建设同步发展，提出上海合作组织由于经费不足无法在必要时对成员国给予援助，经济合作还只停留在双边层面上，发展多边经济合作不能损害双边关系。虽然在对待中国参与中亚区域经济合作以及推动落实“一带一路”倡议的热度上，中亚各国并不完全一致，但随着各国不同的战略需要以及国际形势的变化，它们的立场也在不断调整，总体上都是持支持和积极参与的态度。

总体来看，目前中亚国家的部分学者对中国与中亚经济一体化还持怀疑态度。他们看重的是双边区域经济合作，而对于多边区域经济合作则认为越务实越好，越没有政治、安全等其他因素渗入的纯经济合作越好。

### 2. 国内“当代中亚学”研究

中亚各国自20世纪90年代独立以来，在调整、解决历史遗留的边界问题方面取得了前所未有的成效，彼此外交关系进入了历史上最好的时期。在此背景下，我国学界对中亚国家的研究也逐步深入。他们以现状研究为中心，在相关领域的研究深度和广度方面超过了以往任何一个时期且成果累累。

国内对中亚的研究成果具体可分为相关学术论文与专著的发表、学术会议及论坛的举办以及报刊与新媒体出版三个方面。

（1）相关学术论文和专著

20 世纪 90 年代以后，我国涌现出了一批研究机构和有代表性的专家学者专门从事中亚研究。其中研究机构主要有中国社会科学院俄罗斯东欧中亚研究所、中国国际问题研究院、现代国际关系研究院、中国商务部国际贸易经济合作研究院、上海社会科学院、华东师范大学、复旦大学、上海大学、上海外国语大学、上海政法大学、兰州大学中亚研究所、陕西师范大学中亚研究所、新疆社会科学院中亚研究所、新疆大学中亚研究院等。近年来，北京大学、中国人民大学、中国对外经贸大学、吉林大学、黑龙江大学、黑龙江社会科学院等也有专家学者从事这方面的研究。此外，国内目前还成立了几个以上海合作组织为研究对象的研究中心（如中国社会科学院上海合作组织研究中心、上海社会科学院上海合作组织研究中心等）；一些大学还成立了国别区域研究中心（如华东师范大学的哈萨克斯坦研究中心、上海大学的乌兹别克斯坦研究中心、陕西师范大学的吉尔吉斯斯坦研究中心等）。这些中心多是非实体性、非赢利性学术研究机构，以专题性研究为主，关注当下热点问题，对中亚研究非常有益。

研究中亚问题早期（1991—2012 年，中亚各国独立建国时期到“一带一路”倡议提出之前）的专著主要集中在上述研究机构，代表性著作有：邢广程独著与合著的《中国与新独立的中亚国家的关系》（1996 年）、《中国与中亚》（1999 年），赵常庆主编的《中亚五国概论》（1999 年）、《十年巨变》（中亚和外高加索卷，2003 年）、《中亚五国与西部大开发》（2004 年），郑羽、李建民等编著的《独联体十年——现状、问题、前景》（2002 年），杨恕独著的《转型的中亚和中国》（2005 年），孙壮志独著与合著的《中亚五国对外关系》（1994 年）、《中亚新格局与地区安全》（2001 年），邢广程与孙壮志主编的《上海合作组织研究》（2007 年），吴宏伟独著的《中亚人口问题研究》（2004 年），陈联璧、刘庚岑、吴宏伟合著的《中亚民族与宗教问题》（2002 年）；潘志平负责的中亚文化研究工作室近年来主编的“新西域文库·欧亚战略丛书”系列专著等。这些著述开创了国内当代中亚学的研究领域和理论联系实际的新范式，对当代中亚学研究影响深远。

上海合作组织的发展极大地推动了学术界对俄罗斯问题、中亚问题以及中国与俄罗斯、中国与中亚国家政治经济关系的研究。其间，学界对上海合作组织区域经济合作所达成的共识也越来越多，对上海合作组织进程的研究逐渐形成了一定规模。但研究成果主要集中在该组织的成立对于各自国家的意义和影响方面，并呈现出明显的阶段性特点。近年来，学界研究视野开始逐步涉及反恐、安全、经济、能源、机制等方面，但基本都是浅尝辄止。总的来看，目前对该组织的研究缺乏系统性、整体性，理论性研究也显不足。著作类有许涛和季志业合著的《上海合作组织——新安全观与新机制》（2002 年）、潘光和胡健著《21 世纪的第一个新型区域合作组织——对上海合作组织的综合研究》（2006 年）、李纲主编的《上海合作组织——加速推进的区域经济合作》（2004 年），吴宏伟合著的《中亚地区发展与国际合作机制》（2011 年）；论文类有夏义善的《“上海合作组织”——和平与合作的典范》（2001 年）、苗华寿的《从“上海五国”机制到“上海合作组织”》（2001 年）、赵华胜的《“上海五国”机制的形成及特点》（2001 年）、潘光的《新形势下的上海合作组织：挑战、机遇和发展前景》（2002 年）、余建华的《上海合作组织的发展与新型国家关系的探索》（2003 年）、许涛的《论上海合作组织的机制化》（2003 年）等。这些研究主要集中在对上海合作组织成立的意义、机制建设、合作原则等的充分探讨上。其他研究主要涉及对上海合作组织区域经济合作的原因、意义与作用、发展方向与进程以及内容、方式与地理范围等方面。国内学者一致认为上海合作组织成员国有很大的经济互补性，开展区域经济合作有巨大的发展空间。为此，有部分学者提出了推动中亚地区合作与地区一体化的观点。但研究过多注意上海合作组织区域经济合作中政治、安全、经济之间的相互关系，而对科技文化、民间交流与经济合作的互动研究关注不够。鲜有学者具体阐述上海合作组织地区经济利益的详细内容。

近年来，国内知名学者从关注中亚的政治、安全局势等转向同时关注中亚的经济发展及其与中国的区域经济合作，尤其关注能源领域的合作，并开始探讨非能源领域互利共赢的合作模式。在杨恕著的《转型的中亚和中国》一书中，学者认为上海合作组织所倡导的“上海精神”昭示着一种新型的安全观，一种国家间的关系和区域合作模式；这种精神所体现的是一种结伴而不结盟，不针对第三国、开放性的新型合作模式，为国际社会开展区域合作提供了有益的启示。华东师范大学的陆钢研究员在《上海合作组织国际影响与日俱增》一文中，认为上海合作组织成立以来一直秉承互信、互利、平等、协商、尊重多样文明、谋求共同发展的“上海精神”，每年都呈现新的气象，取得新的进展，在地区间的安全合作、经济合作中发挥着越来越重要的影响。在叶浩峰的《上海合作组织世界经贸版图的“新大陆”》一文中，认为由中国等组成的上海合作组织是近年来在世界经贸版图中形成的“新大陆”板块。这一年轻板块正在以自己的力量改变着世界经贸版图的格局分布，并且将发挥愈来愈重要的作用。在上海合作组织成员国中，中国是推动板块运动的不可或缺的绝对主力，中国与上海合作组织其他国家的经济合作所产生的能量成为该组织向前发展的巨大推动力。

此外，国内知名学者也开始关注中国西部尤其是中国新疆与中亚国家的经济合作关系。如邢广程在《中哈两国经济合作的崭新尝试——对中哈霍尔果斯国际边境合作中心项目的考察》中指出，创建中哈霍尔果斯国际边境合作中心是中国探索与周边国家新型经贸合作的一次有益尝试，有利于推动中哈经贸合作。刘清鉴在《历史性的机遇——论中国与中亚五国的经贸关系》中，从中国与中亚经贸的现状、存在的问题出发，再从机遇与挑战两个方面着手分析未来中国与中亚经贸的前景，探索未来双方关系发展的线索与模式。倪国良在《新疆与哈萨克斯坦边境贸易的现状和对策》一文中提到发展中国（新疆）与哈萨克斯坦边境贸易应在边境贸易区内实行全方位的对外开放，建立、健全边贸经营体系，推动边贸向纵深发展，形成多渠道、多形式的贸易格局。姚勤华、潘光等著的《中国与中亚国家经贸合作的发展和深化》一文认为，中亚五国与中国经贸合作呈现出合作的不平衡性及合作与竞争交叉并存等特点，中国中西部地区与中亚五国具有成为21世纪中国与世界新的经济增长点的潜力。国内“当代中亚学”经济领域已有研究成果涉及中亚产业合作、中亚能源合作与博奕、中国与中亚经济合作、中亚与中国西部大开发等问题。

2013年“一带一路”倡议提出以来，“当代中亚学”研究从中亚、上海合作组织拓展到“一带一路”更广阔区域的研究，重点探讨了中亚在“一带一路”的定位、上海合作组织在“一带一路”的平台作用、中亚区域合作机制的相互作用等问题；研究机构和领域不断增加，出版了越来越多关于中亚、上海合作组织及“一带一路”的黄皮书及其他著作等。

（2）相关学术会议及论坛

21世纪以来，随着上海合作组织在国际上的影响力提升，中亚能源渐渐成为中国对外关系的新热点。国内有关高等院校、学术研究机构、政策研究和政府部门举办了多次有关上海合作组织及中亚安全形势的国际国内学术会议和论坛，形成了一批具有原创性、争鸣性、前瞻性、方向性和指导性的学术研究成果和会议文集。这些成果作为中亚研究的重要组成部分及时反映到了国家有关决策部门，成为政府决策时重要的参考依据之一。随着上海合作组织机制的不断完善以及各地政府对中亚重视程度的提高，西安、乌鲁木齐等地相继组织了“中国外贸企业西进中西亚、俄罗斯高峰论坛”“2005跨国公司与中国新疆和中亚区域经济合作发展论坛”“中国—亚欧博览会论坛”“欧亚经济论坛”“敦煌文博会”等一些较有影响力的活动。近年来，在中国和中亚国家地方政府的主导下，相关论坛影响范围从中亚扩展到“一带一路”沿线国家；与会人士逐步从地方企业家、地方政府官员扩展到国家间政府高层部门领导、知名学者和大型跨国企业代表，整体呈多层次、多领域共同参与的格局；论坛主题集中在中亚、上海合作组织和“一带一路”区域经济合作等方面，为繁荣中亚学术研究和推动产学研结合提供了广阔的平台。比如“欧亚经济论坛”2005年11月首次举行时就在西安浐灞地区设立了永久会址。该论坛属于上海合作组织框架下经济合作机制的重要组成部分，每两年举办一次。其以上海合作组织国家为主体，是面向广大欧亚地区的高层次、开放性国际会议，主要通过政商学界的广泛对话，发掘欧亚地区市场潜力，增进沿线各国的人文交流与文明互鉴，是迄今规格最高、官方最广泛、欧亚学者最集中的欧亚区域经济合作平台，反映了各成员国相关官方及各类学术机构对上海合作组织区域经济合作的广泛意见。

（3）相关报刊与新媒体

在中国，报道中亚国家的媒体主要是报刊等纸质媒体和网站等非纸质媒体。近几年，中国媒体如雨后春笋般开始向多元化、多种所有制、多视角方向纵深发展。公开发行的报刊等纸质媒体已近二十家，还有些私人投资的内部发行报刊十余种。国内涉及中亚研究的学术期刊主要有：《俄罗斯东欧中亚研究》《现代国际关系》《俄罗斯研究》《国际问题研究》《国际展望》《国际政治研究》和《俄罗斯学刊》等国际政治理论期刊；《俄罗斯中亚东欧市场》《世界经济研究》《亚太经济》《国际贸易》《国际经济合作》《西北民族研究》等经济社会类学术期刊。

近年来，中国在中亚国家派出常驻记者的媒体机构主要有新华社、《人民日报》《光明日报》《经济日报》《环球时报》等。上述媒体主要常驻地点是哈萨克斯坦的阿拉木图市和努尔苏丹市。因中亚各国来往相对便利和自由，在哈萨克斯坦的中国媒体记者还同时兼驻中亚其他国家的记者。在这些媒体中，也有个别在乌兹别克斯坦首都塔什干和吉尔吉斯斯坦首都比什凯克设立了记者站等常驻机构。

国内有关中亚的网站有几十家。主要有：上海合作组织网、亚心网、中亚贸易网、中亚科技信息网、“一带一路”网等专门网站和大陆桥沿线省区多家地方政府网站专栏；中国商务部和外交部网、天山网、中国新疆商务厅网等官方网站；还有些口岸、企业网站介绍有关中亚的资讯和专业信息。由于主办单位和定位不同，这些媒体的所有制形式、目标受众和资金来源以及媒体的内容、形式、运行机制和进入中亚国家的方式也有所不同。但有一点比较接近，即大部分媒体都希望促进中国与中亚国家的区域经济合作与交流。这些媒体刊载了大量学术文章，及时报道了大量有关中亚的资讯并成为联结中国与中亚的“信息金桥”，构成了中国“当代中亚学”研究不可或缺的组成部分。

综上所述，国内“当代中亚学”就研究内容而言，描述、阐释、比较分析和评估在当前中亚研究中占比较大。目前国内对中亚研究的整体水平有待提高且滞后于双方政治、经济合作进程。这主要表现在：A. 缺少具有前瞻性的研究成果，尤其是缺乏具有全球宏观整体战略、前瞻性和指导意义的学术专著；B. 理论研究不足，大量研究处于对中亚与上海合作组织、“一带一路”这些国际合作实践的观察、描述和判断等表象层面；C. 研究角度相对单一，其中以安全领域的研究最为突出，缺少跨学科和跨领域研究，对区域经济研究相对较薄弱；D. 研究的学术性与政策性、应用性尚未得到有机融合。

# 第二章

# 中国与中亚国家经济合作的新形势与成效比较[①]

近年来，在世界经济增长普遍明显回升的大背景下，中国与中亚国家的经贸合作也呈现企稳回升的良好发展势头。双方经济合作中贸易便利化不断推进，电商平台越来越受到青睐和重视，农业合作成为双方合作的着力点，金融合作模式不断创新，交通运输合作竞相发展的良好态势。展望未来，中国与中亚国家共建“一带一路”前景看好。本章将 2017 年作为重要研究节点，因为这一年对中国与中亚交往富有特殊的历史意义。正是在 2017 年中国先后迎来了同中亚五国建交 25 周年，《上海合作组织宪章》签署 15 周年和《上海合作组织成员国长期睦邻友好合作条约》签署 10 周年的纪念日并举行了一系列庆祝活动。20 多年来，中国与中亚五国的务实合作取得丰硕成果，呈现出基础牢固、前景良好的特点。2017 年，中国与中亚国家的经贸合作呈现普遍回升，欣欣向荣的景象。

---

① 本章参见王海燕：《“一带一路”视域下中国与中亚国家地缘经济合作比较研究》，《世界地理研究》2020 年第 29 卷第 1 期；王海燕：《经贸合作企稳回升：中国与中亚国家经贸关系》，孙力主编《中亚国家发展报告——中亚黄皮书》（2018），社会科学文献出版社，2018，第 231—246 页。

# 一、中亚国家的贸易投资环境比较

中亚国家的贸易投资环境一直处于较低水平。近年来，虽然仍不尽如人意，但已有明显改善。

## 1. 中亚国家的贸易环境评估比较

《华尔街日报》和美国传统基金会发布的《2017 经济自由度指数》年度报告，包括营商自由、贸易自由、财政自由、政府开支、货币自由、投资自由、金融自由、产权保障、廉洁程度和劳工自由在内的 10 项因素作为评估某国经济自由度的评价指标。其中，在一个指标上分数越高，表明政府对经济的干涉水平越高，经济自由度就越低。各个指标累加后的平均值可以计算出总体系数，总得分越高，经济越自由。具有较多经济自由度的国家或地区与那些较少经济自由度的国家或地区相比，会拥有较长时期的经济增长速度，经济也会更繁荣。[①]

从表 2.1 看，在参评的 186 个国家中，哈萨克斯坦和吉尔吉斯斯坦在 2017 年度排名中，均领先于俄罗斯和白俄罗斯，属于“有限度的中等自由经

**表 2.1　中亚国家 2017 年经济自由度比较**

| 国　别 | 得（分） | 世界（位） | 同比上年（分） | 性　质 |
|---|---|---|---|---|
| 哈萨克斯坦 | 69 | 42 | +5.4 | 有限度的中等自由经济体 |
| 吉尔吉斯斯坦 | 61.1 | 89 | +1.5 | 有限度的中等自由经济体 |
| 塔吉克斯坦 | 58.2 | 109 | +6.9 | 比较压制的较不自由经济体 |
| 乌兹别克斯坦 | 52.3 | 148 | +6.3 | 比较压制的较不自由经济体 |
| 土库曼斯坦 | 47.4 | 170 | +5.5 | 受压制经济体 |

资料来源：2017 年全球经济自由度排名，参见全球经济数据网，www.qqjjsj.com。

① 经济自由度指数，采用百分制（0—100）的评分方法，分数越高，表明经济自由度越高；反之，经济自由度越低。依据得分情况，各个经济体被列入 5 个不同的自由度区间，即“自由经济体（得分 80—100）”“较自由经济体（得分 70—79.9）”“中等自由经济体（得分 60-69.9）”“较不自由经济体（得分 50—59.9）”“受压制经济体（得分 0—50）”。

济体”。塔吉克斯坦、乌兹别克斯坦与俄罗斯同属于“比较压制的较不自由经济体”，但都比上年增长 6.9 分和 6.3 分，有很明显的提升；土库曼斯坦 47.4 分，排名 170 位，列入“受压制经济体”，但比上年增长 5.5 分，也有很明显的提升。[①]

中亚国家的贸易环境都比往年有明显改善，但总体经济自由度还不够高。这说明政府对经济的干预还较多。同时，中亚各国差距较大，排名最高的哈萨克斯坦与最低的土库曼斯坦排名差距很大。哈贸易环境明显优于其他中亚国家，成为中国在中亚地区最大的贸易伙伴；吉尔吉斯斯坦经济总量多年徘徊在中亚国家中倒数第二、第一的位置，但由于其较自由的贸易环境，在 2010 年土库曼斯坦向中国出口大宗产品天然气之前一直是中国在中亚的前两位贸易伙伴。乌兹别克斯坦由于一直是比较压制的较不自由经济体，政府对经济的管制较多，虽然 GDP 总值较高，但贸易不够活跃，与中国的贸易额明显低于经济总量相对较差的其他中亚国家。

### 2. 中亚国家的投资环境评估比较

世界银行通常以发布年度报告形式评估世界各国的营商环境。15 年来，记录了 190 个经济体中 186 个经济体的营商环境改革。世界银行对构成各国的企业营商环境的 10 组指标进行了逐项评级，得出综合排名：营商环境指数排名越高或越靠前，表明在该国从事企业经营活动条件越宽松；相反，指数排名越低或越靠后，表明在该国从事企业经营活动越困难。

近年来，中亚国家实施的营商改革数量较多，进步较快。世界银行发布的《2018 年营商环境报告》指出，近年来中亚国家持续改善投资经营环境，促进了经济发展，创造了就业岗位，实现了就业率稳步增长。中亚地区是 2016 年的主要改革地区。自那以后，中亚一直是各经济体平均改革数量最多的地区。目前，中亚采取的良好做法已接近经合组织（OECD）高收入经济体的水平；从 2016 年实行的改革数量来看，哈萨克斯坦因为进行了 41 项改革，属于位列全球前 10 位中改善最多的经济体。各国改革的主要领域集中在简化企业成立手续、保护中小股东权益、依法登记私有财产、确保合同执行力

① 《2017 年全球经济自由度排名》，参见全球经济数据网，www.qqjjsj.com。

表 2.2　中亚国家 2018 年营商环境比较

| 国　别 | 得（分） | 同比上年（分） | 排名 |
| --- | --- | --- | --- |
| 哈萨克斯坦 | 75.44 | +1.06 | 36 |
| 乌兹别克斯坦 | 66.33 | +4.46 | 74 |
| 吉尔吉斯斯坦 | 65.70 | +0.54 | 77 |
| 塔吉克斯坦 | 56.86 | +0.93 | 123 |
| 土库曼斯坦 | — | — | — |

资料来源：《2018 年营商环境全球排名》（全部），参见全球经济数据网，www.qqjjsj.com。

度、减少行政审批手续、提高政务信息透明度、完善司法诉讼程序、提供税费减免优惠、加大金融扶植力度、提高最低工资标准等方面。[①] 哈、乌、吉、塔在全球 190 个经济体中的营商环境排名分别为 36 位、74 位、77 位、123 位。其中，哈、乌、吉的营商环境指标都比往年显著改善，正在吸引越来越多的外国投资。世界银行发布的塔吉克斯坦 2016 年经济报告称，自 2008 年起，塔国内生产总值中吸引投资占比平均约为 15%，低于地区和国际水平；塔营商环境欠佳，阻碍着各类投资进入本国市场。其中，基础设施条件落后、能源保障不足、财产权利、税收政策等领域法律体系不健全等是国内外企业在塔经营面临的最大困难。

2017 年，哈、吉、塔、乌在社会经济 10 个领域共计实施了 11 次改革。其中，乌实施 5 次改革、哈 3 次、塔 2 次、吉 1 次。这些举措大大改善了本国投资经营环境，得到国际社会的普遍认可，取得了良好效果。[②] 从表 2.2 看，哈是中亚国家中营商环境最好的，事实上也是中亚国家中这些年来吸引外资最多的国家，成为中国在"一带一路"沿线中优先进行产能合作的重点国家之一。乌投资环境改善的成效最显著，甚至居《2018 年营商环境报告》中有关改革成效

① 《中亚国家持续推进改革以改善营商环境》，乌兹别克斯坦中亚新闻网 2017 年 11 月 11 日。

② 《2018 年营商环境全球排名》（全部），参见全球经济数据网，www.qqjjsj.com。

显著国家排名前10名之列，而塔吉克斯坦的投资环境最差，经济发展水平也最低。

## 二、中国与中亚国家的贸易合作企稳回升

近年来，中国与中亚5国的贸易普遍比上年有所回升，增幅较明显。中国作为中亚国家前3位贸易伙伴的地位愈加稳固，中亚国家对中国的贸易和市场的依赖程度不断上升。2017年，继2016年能源等大宗商品价格下跌、俄罗斯等主要贸易伙伴经济增长乏力等因素对中亚国家经济产生巨大影响的外部风险消除后，2017年中亚各国由于外部需求回温和本币汇率趋稳，其外贸额呈现较大增长，其中与中国的货物贸易进出口额回升幅度较大。

### 1. 中哈合作

2017年中国是哈萨克斯坦第二大贸易伙伴。哈作为中亚经济总量最大的国家，已成为中国在中亚地区的第一大贸易伙伴、在独联体国家中的第二大贸易伙伴；中哈贸易额与建交之初相比增长超过40倍。哈萨克斯坦2017年积极采取措施全力推动出口业务开展：A. 加大政策资金扶持力度，通过多种途径大力扶持出口业务，如签署合同向俄罗斯、中国、伊朗、土耳其、欧盟国家出口，组织商务代表团，出口订单财政扶持和财政补贴等；B. 扩大电子技术产品、金属制品、橡胶和塑料制品、建筑材料等成品出口规模并取得显著成效；[①]C. 尽快出台《国家出口战略》文件，适度增加出口产品种类，积极寻求外部市场新商机，努力扩大出口总量，将商品出口能力和运输能力紧密结合起来。继续发展同欧亚经济联盟、中国、中亚地区等传统贸易伙伴的市场份额，增强教育和医疗服务的出口水平；加强食品生产、轻工业、化工产品、建筑材料、橡胶塑料制品、金属冶炼等领域的出口替代能力。[②]上述措施卓有成效，加上石油产量增加和油价恢复性上涨，哈萨克斯坦2017年1—10月向全球117个国

① 《2017年哈萨克斯坦将全力推动出口业务开展》，哈萨克斯坦《商务经济报》2017年2月20日。

② 《哈将构建新的经济增长模式　实现5%—6%的GDP平均增速》，哈萨克斯坦国民经济部官网2017年3月31日。

家出口 960 类商品，外贸总额达到 621 亿美元，同比增长 25.6%。其中，出口 385 亿美元，同比增长 32.5%；进口 236 亿美元，同比增长 15.8%；对外贸易顺差为 149 亿美元，同比增长 1.7 倍。哈产品的主要出口国有意大利（18.6%）、中国（11.7%）和荷兰（10%）；主要进口国有俄罗斯（38.9%）、中国（16%）和德国（5.1%）。[①]2017 年 1—11 月，中国与哈萨克斯坦货物贸易进出口额达到 160.8 亿美元，分别超过 2015 年和 2016 年全年的贸易额；2017 年，哈萨克斯坦与中国的进出口增长 40.7%，高于总体增幅，成为中国与“丝绸之路经济带”沿线国家增幅最高的国家，回升势头明显；但距 2013 年双边贸易额最高时的 286 亿美元还有约百亿美元的差距。哈对中国出口的前三大类商品分别是贱金属及制品、矿产品和化工产品，合计约占哈对中国出口总额的 80% 以上。哈自中国进口的主要商品为机电产品、贱金属及其制品和化工产品，合计约占哈自中国进口总额的 60% 以上。以上商品中，中国的竞争对手主要来自美国、意大利、德国等。[②]

### 2. 中乌合作

2017 年，中国在俄罗斯之后，连续四年蝉联乌兹别克斯坦第二大贸易伙伴国。中乌两国建交 20 多年来，经贸合作发展迅猛，双边贸易额较建交初期增长近百倍。乌自 1997 年开始实行国家主题年，政府每年都会根据国家主题年制订相应发展计划，增加财政拨款，促进相关社会领域优先发展，2017 年为“与人民对话和人民利益年”。2017 年伊始，乌政府制订了两份加强与其他国家关系的“路线图”，第一份“路线图”涉及发展政治外交关系，第二份“路线图”涉及经贸、金融—投资、科学—教育领域对外合作的具体措施，包括扩大出口、促进出口商品多样化、吸引外国伙伴参与乌投资项目和生产本土化进程，以及扩大与世界主要高等学府的接触与合作等 7 个主要方面。2017 年乌政府相继放开果蔬产品出口专营权、棉花采购专营权等，积极提高国产商品在国际市场的竞争力，循序渐进提升出口潜力，取得成效。2017 年 11

① 《2017 年前 10 月哈萨克斯坦对外贸易顺差增长 1.7 倍》，哈萨克斯坦国际文传电讯社 2017 年 12 月 13 日。

② 《2017 年 1—9 月哈萨克斯坦货物贸易及中哈双边贸易概况》，中国商务部网，https://countryreport.mofcom.gov.cn/record/view.asp?news_id=57241。

月，米尔季约耶夫总统签署《整顿特种商品进出口许可证制度、出口合同登记注册和评估鉴定进口合同措施》《进一步推动对外贸易自由化和支持经营主体措施》两个总统令，修改现行外贸管理制度，简化行政审批手续，激发经营主体活力，进一步推动乌外贸自由化发展。2017 年 1—10 月，乌外贸额 220 多亿美元，同比增长 16.6%；中国与乌贸易额 40 亿美元，增长 15%，占比 18.18%，居第二位。乌与其他前五大贸易伙伴贸易额、增幅和所占乌外贸比重分别为：俄罗斯继续保持乌第一大贸易伙伴国地位，双边贸易额 40.1 亿美元，增长 18%，约占乌外贸额的 18.23%；哈萨克斯坦排第三位，17.1 亿美元，增长 12.3%，占比 7.77%；土耳其排第四位，12.3 亿美元，增长 31%，占比 5.59%；韩国排第五位，11 亿美元，增长 36%，占比 5%。①2017 年 1—9 月，乌出口商品结构为：服务占比 24.9%，能源和油气类产品占 13.4%，化工产品占 6.3%，黑色和有色金属占 6.2%，粮食产品占 5.7%，棉花占 2.7%，机械设备占 2.4%，其他产品占 38.4%。进口商品结构为：机械设备占比 38.7%，化工产品占 17.1%，粮食产品占 10.2%，黑色和有色金属占 9.9%，服务占 7.3%，能源和油气类产品占 5.2%，其他产品占 11.6%。②

### 3. 中土合作

中国连续多年成为土库曼斯坦第一大贸易伙伴国。中土建交 20 多年来，创造了两国关系史上多个“第一”，中国是世界上第一个与土库曼斯坦建交的国家；是第一批支持土方奉行永久中立政策的国家；是土库曼斯坦第一个以政治文件形式确立的战略伙伴；土库曼斯坦是习近平就任中国国家主席后访问的第一个中亚国家；中土天然气管道是中国修建的第一条跨国天然气管道，两国互为第一大天然气贸易国。中土双边贸易额从建交初期 450 万美元到 2013 年突破 100 亿美元，增长 2000 多倍。土库曼斯坦 2015 年制定了“生产进口替代产品”和“扩大民族产品出口”两个国家纲要，计划建设 100 多个现代化企业项目，涉及建材、化工、工业、轻工业、机械制造、农业、食品、医药等产业，

① 中国驻乌兹别克斯坦使馆经商处：《今年前 10 个月乌兹别克斯坦外贸额 220 多亿美元》，http://uz.mofcom.gov.cn/artical/jmxw/201712/20171202691957.shtml。

② 《乌 2017 年 1—9 月外贸总额近 200 亿美元》，《乌兹别克斯坦国家统计委员会统计公报》2017 年 11 月 14 日。

表 2.3 2000—2017 年中国与中亚五国双边货物进出口总额 （单位：万美元）

| 年 份 | 哈萨克斯坦 | 土库曼斯坦 | 吉尔吉斯斯坦 | 乌兹别克斯坦 | 塔吉克斯坦 | 共 计 |
|---|---|---|---|---|---|---|
| 1992 | 38000 | 450 | 3600 | 5300 | 300 | 47650 |
| 2000 | 155696 | 1616 | 17761 | 5146 | 1717 | 181936 |
| 2005 | 680611 | 10996 | 97220 | 68056 | 15794 | 872677 |
| 2010 | 2044852 | 156964 | 419964 | 248327 | 143256 | 3013363 |
| 2012 | 2568157 | 1037250 | 516232 | 287519 | 185670 | 4594828 |
| 2013 | 2859596 | 1003090 | 513770 | 455145 | 195812 | 5027413 |
| 2014 | 2245167 | 1047044 | 529794 | 427612 | 251594 | 4501211 |
| 2015 | 1429724 | 864468 | 434181 | 349792 | 184885 | 3263050 |
| 2016 | 1310842 | 590176 | 568173 | 361609 | 176255 | 3007055 |
| 2017 | 1800000 | 695000 | 545000 | 496100 | 137000 | 3673100 |

资料来源：

① 1992 年数据来源于王海燕：《经济合作与发展——中亚五国与中国新疆》，新疆民出版社，2003，第 285 页；“中国同土库曼斯坦的关系”，人民网 2009 年 6 月 22 日，http://politics.people.com.cn/ GB/8198/158801/ 158803/ 9517301.html。

② 2000—2014 年数据来源于国家统计局年度报告，http://data.stats.gov.cn/。

③ 2015—2016 年数据来源于中国海关信息网，http://www.haiguan.info/。

④ 2017 年数据来源于中国海关统计资讯网，http://www.china customsstat.com/。

旨在形成进口替代产业，促进外贸进出口平衡，有计划地增加国民经济中私营经济份额。2016 年，土有效实施扩大出口措施，增加民族产品生产，满足了国内市场需求，促进了民族产品生产的增长。2017 年土总统强调，开放政策是土对外经济合作的基本原则，土将不断扩大开放力度。为实现经济多元化，土国内实施大规模改革，通过了一整套关于提高进口替代产品和定向出口产品生产规模的实施纲要，积极开展扩大创新生产的基础性工作。[①] 根据土库曼斯坦总统制定的国家经济发展战略，提高自然资源利用率，生产优质民族产品，

① 《土库曼斯坦将产业创新作为本国经济发展的优先方向》，土库曼斯坦国家通讯社 2017 年 12 月 2 日。

满足国内市场需求，有能力与同类进口产品竞争，是2017年土向市场经济过渡阶段的主要任务。2017年，土积极发展民族纺织业，将土从原料出口国加速转变为工业制造国和成品出口国，努力打造“土库曼斯坦制造”品牌；同时加速进行农业改革，不仅要满足国内农产品市场，完全替代进口，而且要加大民族产品出口力度。① 土库曼斯坦制订的2018—2024年国家经济社会发展规划中，将扩大出口规模、提高进口替代产品生产水平列为土对外贸易的主要任务。② 上述措施为提高土进口替代产品生产，满足国内市场需求及增加出口产品品种，推动土经济多元化发展发挥了积极作用。2017年，中土双方在“一带一路”框架下积极为中土贸易合作发展注入新动力：A. 制订专项规划，深挖贸易合作潜力，双方正在共同研究制订中土政府关于扩大经济伙伴关系合作规划，旨在发挥两国经济互补优势，确定优先合作领域，提升贸易投资便利化水平；B. 加强设施连通，降低贸易成本；C. 带动机电设备等高新技术产品贸易发展，优化贸易结构，促进贸易双向平衡。③2011年以来，中国连续成为土库曼斯坦第一大贸易伙伴国，2014—2017年上半年，中土两国贸易额达230多亿美元，占土同期对外贸易总额的24.9%（近1/4），土对华出口超过190亿美元，主要是天然气、农产品和轻工产品；从中国进口主要是工业产品和技术设备，顺差超过55亿美元。④2017年1—11月，土与中国双边货物贸易额达63.8亿美元，已超过2016年全年双边贸易额，增幅明显。⑤

### 4. 中吉合作

中国已成为吉尔吉斯斯坦最大贸易伙伴。吉尔吉斯斯坦为提高农产品出口能力，2017年伊始就采取多种措施，其中包括：在各地方建立农产品集散中心，收集农户的水果蔬菜等，批量运输出口，保障长期持续性供货；在“俄—吉基金”的支持下，投资建设农产品加工厂，提高产品的出口附加值；在各

① 土库曼斯坦国家新闻署：《土库曼斯坦近期发展规划和任务目标》，2016年12月21日。

② 《土库曼斯坦研究制定2018—2024年国家发展规划》，土库曼斯坦官方媒体《金色世纪》2017年7月7日。

③ 王卫国：《中土贸易投资合作之路将越走越宽》，《南方都市报》2017年7月20日，AA12版。

④ 《中国位居土库曼斯坦是大贸易伙伴之首》，土库曼斯坦资讯微信公众号2017年8月25日。

⑤ 中国海关统计资讯网，http://www.chinacustomsstat.com/。

州推广建设类似由中国河南贵友集团投资的楚河州“亚洲之星”农业产业园区，采用可以提高吉国内动植物检验检疫标准的现代化牲畜养殖、肉制品生产及分装技术。[①]吉国家动植物安全检验局与中国国家质量监督检验检疫总局（简称：国家质检总局；2018年3月更名为：国家市场监督管理总局）商洽并签署了关于在动植物检验检疫领域合作的谅解备忘录，以加强中吉双方在动植物检验检疫领域合作，防止动植物病虫害产生和传播，促进双方食品和农产品贸易便利化。[②]2017年1—6月，吉中贸易额7.011亿美元，同比增长4.4%。其中向中国出口5070万美元，同比增长140%；从中国进口6.504亿美元，同比下降0.1%。贸易逆差5.997亿美元。中国为吉第一大贸易伙伴国，占吉外贸总额的25%；中国为吉第一大进口来源国，占吉进口总额的32.6%；中国为吉第五大出口目的国，占吉出口总额的6.3%。2017年1—10月，吉尔吉斯斯坦外贸总额为49.299亿美元，同比增长8.6%（其中，出口13.69亿美元，同比增长12.1%；进口35.61亿美元，同比增长7.7%），外贸逆差21.92亿美元，超过总出口额。吉出口增长主要依靠玻璃、干果、贵重金属矿石、黄油等商品出口；进口增长依靠药品、通信产品及其配件、氮肥、石油制品、纺织品、轮胎、糖果等品种拉动。[③]2017年1—11月，吉中双边货物进出口总额达50.5亿美元，已超过双方2015年43.4亿美元的贸易额，接近2016年峰值的56.8亿美元，回升幅度较大。[④]

### 5. 中塔合作

中国是塔吉克斯坦的战略伙伴，是塔主要贸易伙伴之一。加强扩大对华友好关系是塔政府的外交优先方向之一，塔希望扩大农产品出口中国。两国间已签署近200份双边文件。2017年，塔国内生产总值较2016年增加了690万美元，增长7.1%。据塔统计委员会公报，2017年塔全年外贸总额为

① 《吉尔吉斯政府采取多重措施提高农产品出口能力》，吉尔吉斯国家“卡巴尔”国家通讯社2017年1月23日。

② 《吉政府批准了与中国在动植物检验检疫领域的合作备忘录》，吉尔吉斯斯坦卡扎别克网站2017年6月1日。

③ 吉尔吉斯斯坦塔扎别克网站2017年12月13日，http://silkroad.news.cn/2017/1214/74626.shtml。

④ 中国海关统计资讯网，http://www.chinacustomsstat.com/。

39.73 亿美元，较 2016 年增长了 1.1%；出口额为 12 亿美元，较 2016 年增长了 33.3%；进口额为 27.75 亿美元，较 2016 年减少了 8.5%。到 2017 年，塔已和 109 个国家建立外贸关系。其中，俄罗斯和哈萨克斯坦仍然是塔主要贸易伙伴，塔俄贸易额为 9.36 亿美元，与 2016 年比下降了 9.7；塔哈贸易额为 8.38 亿美元，与 2016 年比增长了 24%；塔乌（乌兹别克斯坦）贸易额增长幅度最高，与 2016 年相比增长 82%，超过了 1.26 亿美元；而塔中贸易额下降了 33%。[①] 据中国海关数据，2017 年 1—11 月，中塔两国货物贸易额为 12.2 亿美元，只达到 2014 年峰值 25.2 亿美元的一半，也低于 2016 年同期水平。近几年，塔与中国和俄罗斯的贸易常处于此消彼长态势，中国和俄罗斯不时成为塔第一大贸易伙伴。中国对塔进出口商品结构变化不大，出口主要商品有机械设备、纺织品、电机电器、鞋类、车辆及零备件等；中国自塔进口主要商品有矿砂矿渣、生皮及皮革、蚕丝、棉花、食用水果及坚果等。

## 三、中国与中亚国家的投资合作持续升温

2017 年，中国与中亚国家的投资合作关系依然以中国向中亚国家的单向投资为主，中国作为中亚国家最重要的投资伙伴对中亚各国经济的影响力和塑造力不断提升。

### 1. 中哈合作

哈萨克斯坦是“一带一路”建设中与中国开展产能合作的重点国家之一。自习近平主席 2013 年 9 月在哈萨克斯坦提出共建“丝绸之路经济带”倡议以来，中国对哈投资规模和数量持续快速增加。哈已成为中国“一带一路”建设中的第一大投资对象国。两国在“一带一路”建设框架下已签署 51 个产能合作项目协定，总额超过 260 亿美元。在“一带一路”倡议与哈萨克斯坦“光明之路”新经济政策对接融合过程中，中国企业对哈投资热情不断升温。截至 2017 年 8 月，中国累计对哈投资已达 428 亿美元，中国对哈投资涉及

① 《塔吉克斯坦去年贸易出口额较前年增长了 33.3%》，https://tieba.baidu.com/p/5518498910?red_tag= 2075113992。

能源、交通运输、农业、加工业等多个领域。[1]哈投资和发展部2017年2月发布了《2016—2017年依照OECD标准改善投资环境详细计划》（修订版）。整个文件涵盖有：提升投资环境吸引力；扩大投资商使用国际商务仲裁的渠道；对服务、商品和劳动力实行国内支持；方便投资商对土地资源信息的了解；实施贸易政策自由化；减小投资商承受的行政干预和腐败成本，更有效保障投资商开展市场经营；改善投资税收和关税机制；减少国家对经济的干预，努力削减投资壁垒等12项措施。其中，特别针对中国列出实施中哈投资项目、研究在中国设立签证中心作为试点项目等措施，[2]凸显出其对中国投资及同中国保持深入合作的战略重视程度。2017年6月，唯一代表哈政府对内对外进行谈判的国有投资公司（Kazakh Invest）启动运行。该公司本着“单一窗口”原则积极为投资者服务，并针对投资过程中所有参与者的行为和活动确定了协调机制；将中国、俄罗斯、欧盟、美国、土耳其及阿拉伯国家定为优先投资来源国，且将上述国家的大型投资者（如跨国公司、金融机构等）作为投资指定来源；该公司已在俄罗斯、美国、土耳其和中国设立代表处，也计划在欧盟和沙特建代表处；已形成一个包含147个在执行投资项目的清单，涉及资金500亿美元（其中39个在建设、12个在勘测、17个在编制项目文件）。[3]2017年，中国在哈投资取得显著成效，既有标志性大项目建成投产和达成协议，又有农业等重点领域及其他投资项目落地生根。中国投资有助于哈多个产业领域的现代化改造，对推动实现“哈萨克斯坦—2050战略”具有重要意义。

在交通和基础设施建设领域，“霍尔果斯—东大门”专属经济区是哈萨克斯坦“光明大道”新经济政策与中国“一带一路”倡议对接计划中重要的一环，也是哈十大经济特区之一，对哈与全球综合运输和物流流程的接轨和快速发展具有重要意义。2017年2月，中国两家大型企业（世界第四大海运集团——中国远洋海运集团有限公司及连云港港口股份有限公司）与哈萨克

① 周翰博：《中国投资激活哈萨克斯坦发展潜力》，《人民日报》2017年8月13日，第3版。

② 中国驻哈萨克斯坦使馆经商处：哈发布《2016—2017年依照OECD标准改善投资环境详细计划（修订版）》，http://kz.mofcom.gov.cn/article/jmxw/201702/20170202524217.shtml。

③ 中国驻哈萨克斯坦使馆经商处：《哈投资和发展部部长谈阿斯塔纳金融中心建设和投资战略制定情况》，http://kz.mofcom.gov.cn/article/jmxw/201706/ 20170602599897.shtml。

斯坦国家铁路股份公司签署了有关“霍尔果斯—东大门”专项经济区建设方案实施及直接投资的具体协议，并将收购哈霍尔果斯东大门无水港 49% 的股权。根据协议规定：“霍尔果斯东大门”经济特区将成为中远航运物流服务架构的一部分，哈过境运输通道也将被接入国际物流网。①

在能源资源领域，中哈核能领域合作从资源开发起步，历经 12 年，现在扩展至核燃料组件加工和开发新铀矿项目。主要成果有：A.2017 年 10 月 11 日，哈萨克斯坦能源部部长哈纳特·波兹姆巴耶夫表示，2019—2020 年将首次向中国 5 个核电站提供铀燃料；B. 中石油中亚管道有限公司（TAPLine）与哈输气公司（KTG）共同出资组建实施了中哈两国能源合作重点项目。2017 年 4 月，随着位于哈萨克斯坦阿克纠宾州的巴佐依压气站开机投产，标志着哈国南线（别依涅乌—巴佐依—奇姆肯特）天然气管道将拥有每年 60 亿方天然气的输气能力，并为哈提供超过 2000 多人的就业岗位；② 该项目是中哈跨国干线管网的重要组成部分，它把哈国西部丰富的天然气资源与哈国南部及中亚天然气管道连接在一起，成为“一带一路”上设施联通的典范，开辟了中国与中亚地区天然气资源输送的第二通道。

在矿产资源领域，中国有色金属建设股份有限公司（中色股份）承建的哈萨克斯坦最大铜矿选厂项目——阿克托盖铜矿选厂年产矿石 3700 万吨，项目总投资 21 亿美元，是中哈产能合作框架下的标志性项目，也是共建“丝绸之路经济带”与哈“光明之路”新经济政策对接的示范工程。该项目在施工期间为当地提供近 2000 个就业岗位，成为中哈互利合作的典范，于 2017 年 3 月竣工。③

其他非资源领域，2017 年 4 月，由中国石油天然气股份有限公司参与投资建设的哈萨克斯坦第一家大口径钢管制造企业——亚洲钢管有限公司在阿拉

① 王沛：《中国企业将投资哈萨克斯坦“霍尔果斯—东大门”经济区》，国际在线，http://news.cri.cn/20170220/f416f830-409c-3459-6ca8-7decedb11ef2.html。

② 崔丽：《哈南线建成 60 亿方输气能力》，中青在线 2017 年 4 月 14 日，http://news.cyol.com/content/2017-04/14/content_15936451.htm。

③ 李春辉、崔茉：《“一带一路”上大口径钢管制造项目在哈开工》，中国石油网，http://news.cnpc.com.cn/system/2017/04/17/001643328.shtml。

木图奠基。企业投产后将填补哈萨克斯坦大口径钢管产品空白，哈同类产品进口量将减少 60%。该项目顺应了哈经济发展投资向非资源领域和基础产业转变的愿望。[①] 此外，中国澳门知名投资商投资 3 亿美元在哈建设了年产 1 千万吨有机肥料的秸秆加工厂。通过对秸秆进行加工，该工厂可为哈生产纸、液体有机肥、生物气及其他产品。

### 2. 中乌合作

中乌两国建交近 30 年来，经贸合作发展迅猛。截至 2017 年 12 月，中国已连续多年蝉联乌第一大投资来源国，累计对乌各类投资总额超过 78 亿美元，涉及包括能源、农业、化工、水利、煤炭、油气开采、天然气运输、贸易、金融融资等行业在内的乌社会经济各领域，对乌社会经济发展、人民生活水平提高、民生改善发挥着积极作用。2017 年中国对乌兹别克斯坦投资合作不断增加，成功实施了一批大项目。中乌鹏盛工业园成立于 2009 年，是乌吉扎克自由经济特区锡尔河州分区，同时也是中国国家级境外经济合作区。该工业园占地 102 公顷，已投资约 8000 万美元并实施了 9 个生产项目，为当地创造了 1500 多个就业机会，成为两国经贸合作的一面旗帜；2017 年，该园区所产陶瓷产品、卫浴洁具已出口哈萨克斯坦、塔吉克斯坦、吉尔吉斯斯坦等中亚邻国，所产阀门、水龙头也已进入俄罗斯及其他欧洲国家市场销售；[②] 鹏盛工业园区支持建设的“乌中友谊公园”由乌总统米尔济约耶夫亲自命名，2017 年 11 月底建成开园，成为向中乌建交 25 周年的献礼。[③] 中乌首个油气上游合作项目也是中乌合作第一个勘探转开发的项目。这是由中国石油天然气集团下属中国石油工程建设公司乌兹别克斯坦子公司承建的卡拉库里区块气田开发地面工程。该项目于 2017 年建设开工并实现一期工程按期通气。在古丝绸之路重镇布哈拉荒无人烟的沙漠腹地，中国石油工程建设有限公司创造了 8 个月建成一个气田地面总工程承包（EPC）的历史纪录；

---

① 中国驻哈萨克斯坦使馆经商处：《澳门企业将在哈建设麦秸加工厂》，http://kz.mofcom.gov.cn/article/jmxw/201704/20170402564294.shtml。

② 中国驻乌兹别克斯坦使馆经商处：《乌新闻媒体积极报道中乌经贸合作有关情况》，http://uz.mo fcom.gov.cn/article/jmxw/201712/20171202691979.shtml。

③ 《“乌中友谊公园”开园》，新华网，http://news.xinhuanet.com/world/2017-11/30/c_1122037529.htm。

该项目二期、三期工程也已于2018年7月30日和9月30日投产；中方前期在此投入的勘探投资已进入回收阶段。全部投产后，每年将有10亿立方米天然气通过中亚天然气管道输往中国；[①]继乌兹别克斯坦总统2017年6月颁布一项新的法令后，2017—2025年乌将对水电开发投资约26.5亿美元。为此，乌计划通过向国外金融机构贷款超过10亿美元为这些项目提供资金。在上海合作组织的支持下，[②]2017年11月中国电建公司与乌兹别克斯坦水电公司共同签署了关于乌兹别克斯坦下博兹苏伊14号、塔什干9号、沙赫里汉等三座水电站改造项目EPC合同。该项目作为中资企业在乌兹别克斯坦中标的第一个水电站EPC项目，是中资企业在乌市场实现的新突破。[③]这对提升中国电力建设在乌兹别克斯坦及周边国家的国际品牌影响力和拓展"一带一路"沿线市场具有重要的示范意义。

### 3. 中土合作

近年来，中国成为土库曼斯坦的重要投资伙伴。中土双方在以下几方面充分挖掘合作潜力。A. 加工制造业。土方正在大力发展加工制造业，力争实现由依赖资源出口向加工制成品出口转变，引进该领域生产设备和技术的需求不断上升。B. 基础设施建设。土方计划实施一系列铁路、公路、地方机场建设项目，并希望引进外国投资参与建设。C. 科技创新。中国许多科技和创新理念已走在世界前列，双方可以取长补短。[④]中土两国政府2017年积极推动投资和项目合作，鼓励双方企业积极探讨能源、交通基础设施、通信、化工和纺织等领域的投资和经济技术合作。与在其他中亚国家投资合作不同的是，中国对土投资企业以中石油阿姆河公司、中油工程建设公司、川庆公司、中油测井公司等国企为主，主要投资的是油气勘探、开采和加工、电厂建设等领域。土库曼斯坦油气资源丰富，特别是天然气储量巨大，位居世界第四；

① 《乌兹别克斯坦卡拉库利气田项目一期工程投产纪实》，《石油商报》网，http://center.cnpc.com.cn/sysb/system/2017/12/14/001672056.shtml。

② 《乌兹别克斯坦拟加大水电投资》，国际能源网，http://www.in-en.com/article/html/energy-2262166.shtml。

③ 《中电建一次性与乌兹别克斯坦签约三座水电站改造项目》，北极星电力网，http://news.bjx.com.cn/html/20171130/864774.shtml。

④ 王卫国：《中土贸易投资合作之路将越走越宽》，《南方都市报》2017年7月20日，AA12版。

我国是世界上最大的能源消费市场，两国开展天然气合作互补性极强。土方对中土天然气合作实施特殊政策，将唯一的陆上天然气开采权授予了中国石油总公司，中土天然气合作10年来实现了上中下游产业链全覆盖的合作格局。近年来，土库曼斯坦因油气出口多元化战略受阻，与南向的伊朗债务纠纷不断，已停止向伊朗出口天然气；与北向的俄罗斯也合作不顺，并自2016年中断了向俄的天然气供应。加之，土阿（阿富汗）巴印天然气管道和跨里海天然气管道建设短期内难以实现，东向的中国成为土天然气唯一出口方向，对土意义不断提升。在此背景下，中土天然气合作在双方经贸合作中占有绝对比重，在双边关系中发挥着“压舱石”的作用。中土天然气管道长1800多千米，是世界上最长跨国天然气管道，已建成A、B、C三线，从2009年年底开通到2017年7月已累计对华供气超1700亿立方米。一方面，土库曼斯坦通过中土天然气管道向我国供气30年，使我国获得了稳定的天然气供应来源；另一方面，中土天然气合作为土天然气出口多元化提供了新通道，成为土方外汇收入重要来源，直接为土民众创造了数万个就业岗位，带动当地建筑、物流、交通等相关产业发展。此外，中土天然气管道连接其他中亚四国，对管道沿线国家和中亚地区的发展稳定发挥着重要作用，真正实现了能源管道项目多边成功合作，所有参与方（生产国、过境国、消费国）合作共赢、利益共享。2017年5月，土库曼斯坦天然气国家康采恩主席梅拉特·阿尔恰耶夫表示，将出口中国的天然气从2016年的350亿立方米增加到380亿立方米，并希望到2020年将出口量翻一番。① 在中土能源合作稳步发展的同时，双方在铁路基础设施、信息技术设备、市政建设等非资源领域合作也取得显著成效。中国制造的机车、客车车厢等铁路设备占土库曼斯坦市场保有量80%以上，承担着土库曼斯坦90%以上的铁路运力；中国的通信设备和固网、移动网络服务占土库曼斯坦60%—70%的市场份额，华为、联想等中国品牌在土家喻户晓；中国的交通和治安监管装备、路灯、景观照明及附属设备、喷泉、各色多媒体显示屏、建材等产品在土库曼斯坦市场亦占据优势地位。②

---

① 《土库曼斯坦计划扩大对中国的天然气出口》，中国管道商务网，http://www.chinapipe.net/m/guoji_show.asp?id=32081。

② 冯飞、王卫国：《中土贸易投资合作之路将越走越宽》，《南方都市报》2017年7月20日，AA12版。

#### 4. 中吉合作

中国连续保持了吉尔吉斯斯坦第一大投资来源国地位。吉国2017年通过改进投资政策、项目推介、参加欧亚经济论坛、举行“2017比什凯克投资论坛”等多种方式为投资者在经营领域寻找合作伙伴提供平台，为投资对象和潜在投资者搭建直接交流桥梁，积极吸引中国投资，取得了明显成效。2017年1—9月，吉国吸收的外国直接投资额为5.03亿美元，与上年同比降低了6%；中国、加拿大和英国是对吉投资的主要来源国，三国共占据外国对吉总投资的76.4%，对吉直接投资额与上年同比增长1.7倍（其中加拿大的投资增长了50.9%，英国增长44.2%，中国增长了8.5%）；外国对吉直接投资主要流向制造业、采矿业、地质勘探领域、金融中介和保险业。继2016年中国成为吉第一大投资来源国（投资额2.896亿美元，占外商直接投资总额的44.2%）之后，[①]2017年1—9月中国对吉投资额在外国对吉投资额中又占据第一，为2.27亿美元，超过上年同期的2.10亿美元。中国在吉主要投资于油产品、橡胶、塑料等制造类企业以及其他非金属矿产的生产、地质勘探类和矿产品开采类企业。[②]2017年中国对吉投资以及取得进展的项目主要包括：中国路桥公司2017年4月与吉尔吉斯国家铁路公司签订了《关于成立“中国—吉尔吉斯斯坦”合资公司合作协议》。该合资公司根据吉尔吉斯共和国法律成立，属于吉尔吉斯斯坦共和国的本土企业，从事铁路、公路、隧道、机场建设以及其他基础设施建设；[③]2017年7月，中国路桥公司与吉尔吉斯交通道路部签订了吉尔吉斯南北替代公路安全保障项目和比什凯克北部绕城公路修复项目合同；2017年8月，中吉经贸领域合作的又一标志性项目——比什凯克热电站改造项目（2014年4月开工）竣工。[④]据统计，2017年在吉注册的中资矿业企业共有111家（其中，中资占比较大或居中的矿业企业就有26家）。[⑤]

① 《2016年中国成为吉第一大投资来源国》，《吉尔吉斯斯坦国家统计委员会统计公报》2017年3月4日。

② 《2017年1—9月中国是吉尔吉斯斯坦最大外国直接投资来源国》，吉尔吉斯斯坦塔扎别克网站2018年1月4日。

③ 《中国路桥公司与吉尔吉斯斯坦国家铁路公司签署协议成立合资公司》，国易网，http://www.guoyi.me/article/toutiao/news/775.html。

④ 中国驻吉尔吉斯斯坦使馆经商处：《肖清华大使陪同阿塔姆巴耶夫总统出席比什凯克热电站改造项目竣工仪式》，http://kg.mofcom.gov.cn/article/zqzj/201708/20170802636235.shtml。

⑤ 《在吉注册的中资矿业企业共有111家》，吉尔吉斯斯坦塔扎别克网站2017年9月22日。

### 5. 中塔合作

近年来，中国一直是塔吉克斯坦最大投资国。塔吉克斯坦在 2016 年 9 月通过的《塔吉克斯坦至 2030 年国家发展战略》确立了“确保能源安全和高效使用电力能源”“将塔吉克斯坦从交通死角转变为重要交通枢纽国家”“确保粮食安全和为公众提供高品质食物”以及“扩大生产性就业”四大战略发展目标。中塔两国自签署战略合作协议之后，双方在多个领域扩大了投资合作力度，特别是加强了上海合作组织框架下的项目合作。中国和塔吉克斯坦两国产业互补性强，双方不仅在水电领域，而且在科技、农业、交通、电力、工程，矿产、轻工业等领域都取得了巨大的合作成果。塔吉克斯坦为了改善国内市场经济结构和投资环境以及推动私营部门的发展，创造了诸多便利优惠条件。目前，塔国境内的大型投资项目较多，但有相当部分只有在外资的介入下才能实现。中国是对塔企业类投资最多的国家，塔方高度肯定中国政府对塔社会经济发展作出的无私贡献，并努力营造良好投资环境。仅中国国家开发银行自开展对塔业务至2017年6月，已支持了20多个在塔项目的实施，并关注中塔通信、采矿、农业和水电等领域的合作，支持中小型企业发展问题。[①]流入塔境内的外国资本中，近一半资金用于采矿业、交通和制造业。其中，来自中国的投资占塔外资总额的 47.3%，来自俄罗斯的投资占 31.3%，来自瑞士的投资占 6.8%。[②]2017 年上半年，塔 4 个自由经济区总产值超过 3870 万索莫尼（约合 430 万美元），[③] 吸引投资 1950 万索莫尼（约 230 万美元）；到 2017 年 8 月，4 个自由经济区共注册了 67 家塔本国和外国企业，累计吸引投资 13.98 亿索莫尼（约 1.7 亿美元）。其中，丹加拉自由经济区吸引投资总数为 1700 万索莫尼（约 190 万美元），中国企业是其最大投资方。[④] 世界银行专家分析，为实现塔经济快速增长，增加个体投资来源，创造更多生产领域的就业岗位，提高生产效率，促进国内外市场的联通，塔政府需要进行更深入的结构改革，通过创造良好的投资环境，减少政府在经济中的作用，更大发挥私营部门作用。

---

① 《塔经贸部长与中国国开行行长举行会见》，塔吉克斯坦通讯社（Avesta）2017 年 6 月 12 日。

② 《中国对塔投资占塔吸引外资总额 47.3%》，塔吉克斯坦通讯社（Avesta）2018 年 1 月 3 日。

③ 2017 年 6 月 21 日汇率牌价，1 美元 =8.8200 索莫尼。

④ 《2017 年上半年塔自由经济区产值超过 430 万美元》，塔吉克斯坦通讯社（Avesta）2017 年 8 月 2 日。

## 四、中国与中亚国家贸易投资合作成效比较

### 1. 中国与中亚国家贸易合作的成效比较

中国与中亚国家间双边贸易一直以货物贸易为主。20 多年来，中国与中亚五国的贸易总额从 1992 年各国独立时起的 4.8 亿美元，增长到最高时 2013 年的 502.7 亿美元，增加了 104 倍。这对中亚国家和与中亚经贸合作较多的我国西北地区经济发展产生了巨大影响。近年来，由于双方的大宗贸易产品（如石油和天然气）和资源类产品国际价格的波动，双方贸易额以及贸易峰值年份有所波动，但总体呈恢复性增长态势。

中亚国家对中国的贸易和市场依赖程度不断上升。2017 年，中国与中亚 5 国货物贸易额为 328 亿美元，占中国对外贸易总额 4.1 万亿美元[①]的 0.8%，不到 1%，但在中亚国家的对外贸易占比却较大。2017 年中哈、中乌、中吉贸易额分别占哈、乌、吉当年对外贸易总额的 13.5%[②]、18.4%[③]、25.5%[④]，中亚国家对中国的外贸依存度远远超过中国对中亚国家的依赖。尤其是在近年来国际经济形势充满种种不确定情况下，中国作为稳定的贸易伙伴和能源资源购买方，是中亚国家最理想的贸易伙伴之一。目前，中亚各国积极参与到“一带一路”建设当中，与中国的贸易合作规模不断扩大，合作方式越来越丰富。

中国作为中亚国家前 3 位贸易伙伴的地位愈加稳固。2017 年，中国分别是哈萨克斯坦和塔吉克斯坦的第二大贸易伙伴，是乌兹别克斯坦、土库曼斯坦、吉尔吉斯斯坦的第一大贸易伙伴。同年，中国与哈、乌、土、吉、塔双边贸易额增长较之 1992 年中国与中亚各国建交时相比，分别超过 40 倍、90 倍、1500 倍、150 倍和 450 倍。这年，哈已成为中国在中亚地区国家的第一大贸易伙伴、独联体地区国家的第二大贸易伙伴以及中国在中亚地区最大的进出

① 中华人民共和国海关总署网，http://www.customs.gov.cn。

② 中国驻哈萨克斯坦使馆经商处：《2017 年哈萨克斯坦对外贸易情况》，http://kz.mofcom.gov.cn/article/scdy/201803/20180302719036.shtml。

③ 乌兹别克斯坦“卫星”网 2018 年 1 月 12 日。

④ 中国海关统计资讯网，http://www.chinacustomsstat.com/。

口市场，在中国与“一带一路”沿线主要贸易伙伴的贸易增幅中位列前茅；[①]哈约占中国对中亚地区进出口总额的 50%，成为中国与“丝绸之路经济带”沿线国家增幅最高的国家。中土天然气管道是中国修建的第一条跨国天然气管道，两国互为第一大天然气贸易国，土已成为中国在中亚地区最大的天然气进口来源地，中国对土长期处于贸易逆差。中国多年为吉第一大进口来源国。2017 年，中国在连续 3 年位居乌第二大贸易伙伴之后跃升为乌第一大贸易伙伴；由于乌新总统上任后大力改善本国贸易环境，乌有望成为中国在中亚最有潜力的贸易伙伴。塔经济总量低，交通主要依靠公路运输，与中国的贸易额一直处于最低位。

从贸易额看，2017 年中国与中亚国家进出口总额超过 360 亿美元，尽管在中国外贸总额中占比较小，但中亚国家是近年来中国与“一带一路”国家贸易增长最快的区域，占中国与“一带一路”沿线国家进出口总额的 2.5%。自 2014 年起，中国对中亚地区由贸易逆差转为贸易顺差且呈逐年扩大趋势。中国与中亚国家贸易额排名有所变化，近年来由高到低分别为哈、土、吉、

**图 2.1　中国与中亚五国双边货物进出口总额比较**　（单位：万美元）

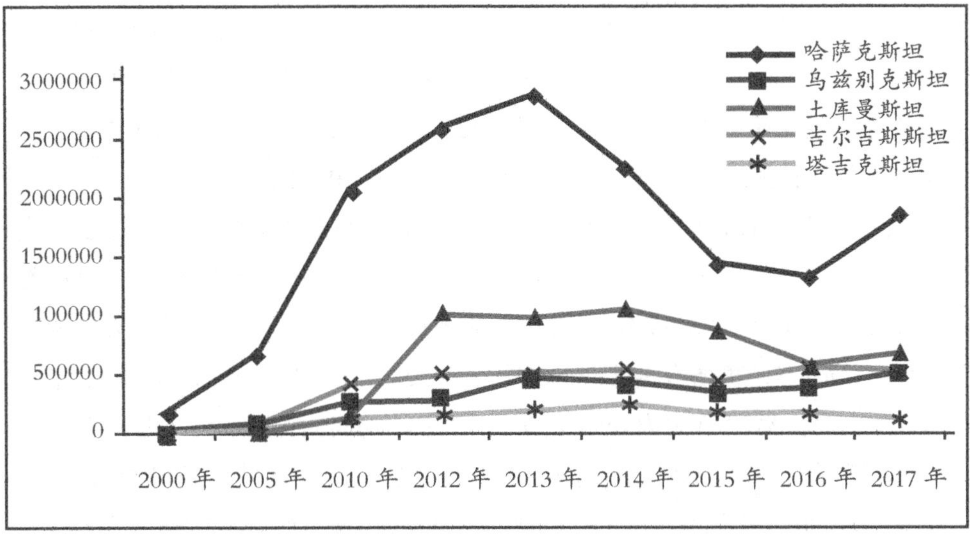


① 《2017 年中哈双边贸易额同比增长 37.4%》，中国商务部网站，http://kz.mofcom.gov.cn/article/jmxw/201806/20180602751608.shtml。

乌、塔。这与中亚国家经济发展的差距从高到低依次为哈、乌、土、塔、吉的排序并不一致。这一方面与各国的贸易环境有关（如吉尔吉斯斯坦贸易环境相对较自由，吉在中国与中亚国家贸易额排序一直高于其在中亚国家GDP中的排序）；另一方面与大宗商品贸易有关（如土库曼斯坦是中亚国家贸易环境排名最低的，但自从2012年土库曼斯坦向中国出口天然气以来，其在与中国对中亚国家的贸易额排序从末尾一跃而为第二，由于能源贸易的长期性，这种地位具有一定的稳定性）。

从贸易结构看，中国对中亚国家出口商品以鞋靴和类似品为主。2017年，中国对中亚地区出口额前10位的商品中，玩具、游戏运动用品及其零附件增幅超过3倍，且主要出口到哈萨克斯坦、吉尔吉斯斯坦；中国对中亚地区进口额前10位的商品中以矿物燃料、矿物油及其蒸馏产品、沥青物质、矿物蜡等为主，其中铅及其制品增速最高，且主要来自塔吉克斯坦。

从贸易主体看，出口以民营企业为主，进口以国有企业为主。在出口主体中，民营企业始终是中国对中亚地区出口的贸易主体。2017年民营企业出口额为181.4亿美元，较2016年增长19.9%。自2013年起，民营企业出口占所有贸易主体出口额的比重总体呈上升趋势，从2013年的72.2%升至2017年的84.5%，而国有企业2017年出口额为21.9亿美元，占所有贸易主体出口额的10.2%，自2013年起占比呈下降趋势。在进口主体中，国有企业占据相当大的比重，2017年进口额为132.5亿美元，较2016年增长25.1%，占所有贸易主体进口额的91.2%，且占比有进一步扩大趋势。①

从贸易方式看，中国对中亚地区国家的出口以边境小额贸易为主，进口以一般贸易为主。边境小额出口贸易自2015年起占所有贸易方式出口额的比重不断上升（如2017年中国对中亚地区国家的边境小额贸易出口额为122.9亿美元，较2016年增长30.8%），从2015年的47.0%升至2017年的57.3%；一般贸易出口额为69.7亿美元，较2016年增长5.9%，占所有贸易方式出口额的32.5%。2017年，中国与中亚地区一般贸易的进口额为126.8亿美元，较2016年增长18.5%，占所有贸易方式进口额的87.2%。其中，进

① 中国海关统计资讯网，http://www.chinacustomsstat.com/。

料加工贸易占比不断上升，从 2013 年的 2.6% 升至 2017 年的 6.8%。[①]

从商品运输方式看，中国对中亚国家的出口以公路运输为主，铁路运输进口占比逐年上升。2017 年中国对中亚国家公路运输出口额为 148.4 亿美元，较 2016 年增长 17.4%，占所有运输方式出口额的 69.1%，铁路运输的出口贸易额为 58.5 亿美元，较 2016 年增长 23.4%，占所有运输方式出口额的 27.2%；进口以其他运输和铁路运输方式为主。其中，其他运输方式进口贸易额为 81.9 亿美元，较 2016 年增长 15.8%，占所有运输方式进口额的 56.3%；铁路运输方式的进口贸易额为 49.9 亿美元，较 2016 年增长 30.6%，占所有运输方式进口额的 34.3%。2013—2017 年，其他运输方式进口占比呈逐年下降趋势，同时铁路运输占比呈逐年上升趋势。[②]

总体而言，中亚国家已成为中国在"一带一路"沿线最重要的贸易地区之一，其中哈、土、乌三国由于能源资源丰富，成为中国在中亚最重要的贸易伙伴。由于各种因素的影响，中国与中亚国家的经贸合作规模与各国的经济规模和发展水平并不完全一致。

### 2. 中国与中亚国家投资合作成效比较

多年来，中国与中亚国家的投资合作关系依然以中国向中亚国家的单向投资为主。作为中亚国家最重要的投资伙伴，中国对中亚各国经济的影响力和塑造力不断提升。

（1）中国与中亚国家有良好的政治合作基础

从国家关系来说，中国与中亚各国已和平解决了边境问题，彼此没有领土争端等传统安全问题。多年来，中国与中亚各国历任领导人都保持了较好的关系，互信不断加深，逐步构建起了战略合作伙伴关系，双边关系越来越密切，具备相互投资和大宗长期项目合作的良好政治基础。

从投资额来看，表 2.4 和表 2.5 显示，中国对中亚国家的投资分布很不均匀，并且投资额与营商环境、各国经济总量及双边贸易额排名并不完全一致，但居前 3 位的哈、塔、吉正好都是世界贸易组织成员，尤其哈、塔两国

① 中国海关统计资讯网，http://www.chinacustomsstat.com/。

② 同上。

表 2.4　中国对中亚五国直接投资流量比较　（单位：万美元）

| 年　份 | 哈萨克斯坦 | 吉尔吉斯斯坦 | 塔吉克斯坦 | 乌兹别克斯坦 | 土库曼斯坦 |
|---|---|---|---|---|---|
| 2003 | 294 | 244 | 0 | 72 | 0 |
| 2005 | 9493 | 1374 | 77 | 9 | 0 |
| 2007 | 27992 | 1499 | 6793 | 1315 | 126 |
| 2009 | 6681 | 13691 | 1667 | 493 | 11968 |
| 2010 | 3606 | 8247 | 1542 | −463 | 45051 |
| 2011 | 58160 | 14507 | 2210 | 8825 | −38304 |
| 2012 | 299599 | 16140 | 23411 | −2679 | 1234 |
| 2013 | 81149 | 20339 | 7233 | 4417 | −3243 |
| 2014 | −4007 | 10783 | 10720 | 18059 | 19515 |
| 2015 | −251027 | 15155 | 21931 | 12789 | −31457 |
| 2016 | 48770 | 15874 | 27241 | 17887 | −2376 |
| 2017 | 207047 | 12370 | 9501 | −7575 | 4672 |

资料来源：《中国对外直接投资统计公报》（2003—2017 年），http://www.fdi.gov.cn。

表 2.5　中国对中亚五国直接投资存量比较　（单位：万美元）

| 年　份 | 哈萨克斯坦 | 塔吉克斯坦 | 吉尔吉斯斯坦 | 乌兹别克斯坦 | 土库曼斯坦 |
|---|---|---|---|---|---|
| 2003 | 1971 | 512 | 1579 | 317 | 20 |
| 2005 | 24524 | 2279 | 4506 | 1198 | 20 |
| 2007 | 60993 | 9899 | 13975 | 3082 | 142 |
| 2009 | 151621 | 16279 | 28372 | 8522 | 20797 |
| 2010 | 159054 | 19163 | 39432 | 8300 | 65848 |
| 2011 | 285845 | 21674 | 52505 | 15647 | 27648 |
| 2012 | 625139 | 47612 | 66219 | 14618 | 28777 |
| 2013 | 695669 | 59941 | 88582 | 19782 | 25323 |
| 2014 | 754107 | 72896 | 98419 | 39209 | 44760 |
| 2015 | 509546 | 90909 | 107059 | 88204 | 13304 |
| 2016 | 543227 | 116703 | 123782 | 105771 | 24908 |
| 2017 | 756145 | 161609 | 129938 | 94607 | 34272 |

资料来源：《中国对外直接投资统计公报》（2003—2017 年），http://www.fdi.gov.cn。

多年为加入世界贸易组织以及改善国内营商环境方面作出了多方面的艰苦努力并最终在符合条件后加入了世界贸易组织。

（2）中国对中亚国家的投资差异较大

哈萨克斯坦是中国对中亚第一大投资国，对哈一国投资超过对其他 4 国投资的总和，这与哈经济总量及中哈贸易规模较为一致；2017 年末，哈在中国对外直接投资伙伴中排名第 17 位，位列前 20 位之列，在中国对“一带一路”沿线国家中排名第 4 位，仅次于新加坡、俄罗斯和印度尼西亚。

中国已连续多年成为塔最大投资国，对塔投资排在中亚第二。这是因为中国对塔投资中援建项目占比较大，与对其他中亚国家的投资结构不同，对塔经济保持正常发展贡献巨大；塔吸引外资构成比较集中，其中 2017 年自中国、俄罗斯、瑞士的投资分别占塔外资总额的 47.3%、31.3%、6.8%。[①]

多年来，中国对中亚 5 国中经济总量徘徊在倒数第一或第二的吉尔吉斯斯坦的投资保持了稳定增长势头，并成为吉尔吉斯斯坦第一大投资来源国。这一方面是由于吉是最早加入 WTO 的中亚国家，贸易投资环境相对较宽松，外汇进出较为自由；另一方面也是由于吉历任总统都注重保持与中国的良好关系，采取多种措施吸引来自中国的投资（其中包括民间投资）。

尽管中国对未加入世界贸易组织的乌、土两国的投资额排在最后，但中国已连续多年蝉联乌第一大投资来源国、土重要投资伙伴的地位。2010 年以后由于中亚天然气管道建设，中国对乌、土投资增长较快。近年来，随着“一带一路”建设的推进，中国对国民经济结构更加健全、越来越开放的乌兹别克斯坦的投资在不断增加，双方合作潜力巨大。

（3）中国对中亚各国投资侧重点不同

从投资产业分布看，由于中亚各国资源禀赋和产业结构差异，中国企业对中亚各国投资侧重点不同。其中，中国对哈投资产业分布最广，主要涉及种植、养殖、农产品加工、地质勘探、采矿、制造、建筑、通信、金融、商贸、交通运输、物流、旅游、医疗、文化等产业领域。截至 2017 年底，中方对

① 《中国对塔投资占塔吸引外资总额 47.3%》，塔吉克斯坦通讯社（Avesta）2018 年 1 月 3 日。

**图 2.2　中国对中亚五国直接投资存量比较**　（单位：万美元）

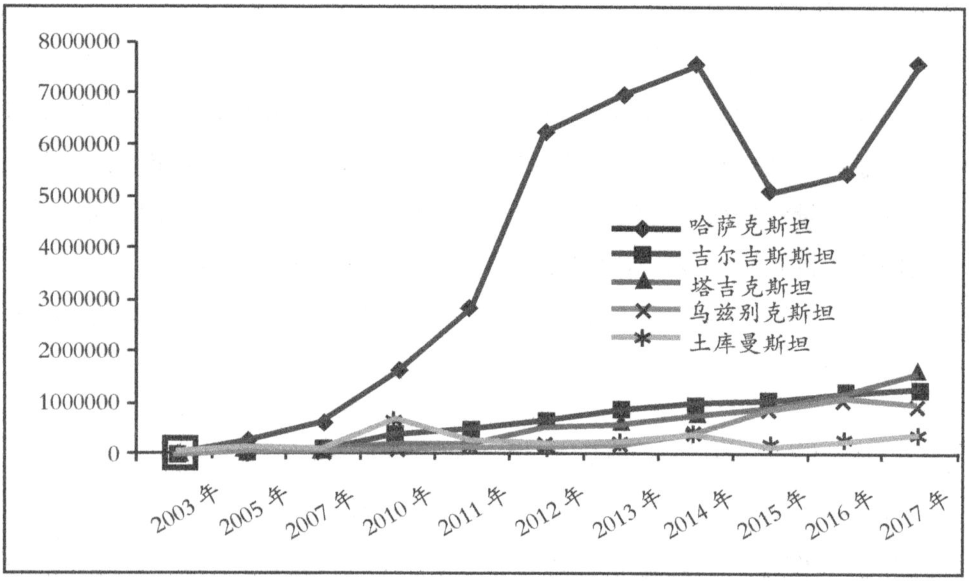


资料来源：《中国对外直接投资统计公报》（2003—2017 年），http://www.fdi.gov.cn。

哈工程承包累计合同额 276.3 亿美元，累计完成营业额约 221.1 亿美元。由中方企业承建的多个大型基础设施项目（包括石化、电力、矿山开采和水泥厂等）陆续竣工交付，化工、公路、汽车组装和市政基础设施等多个项目取得实质进展，对哈国民经济体系的重构起到了重要的塑造和推动作用。哈是唯一在我国有大宗投资的中亚国家。截至 2017 年底，哈在华投资项目共 333 个，实际利用外资约 1.2 亿美元，主要涉及物流运输、化工、食品加工和机械制造等领域。[①]

中国对吉、塔投资主要集中在农业、采矿、加工、建材、通信、商贸等领域。这对吉、塔民生改善，经济维持和发展起到了重要的雪中送炭作用。

由于土库曼斯坦人口较少、国民经济结构较单一，中国对土投资主要集中在其支柱产业中的天然气勘探、开采和加工上。近年来，中国又增加了对土交通运输、通信、建筑、商贸等领域的投资。中国制造的机车、客车车厢

① 中国驻哈萨克斯坦使馆经商处，《2017 年中哈经贸合作简况》，http://kz.mofcom.gov.cn/article/zhhz/201802/20180202713397.shtml。

等铁路设备占土市场保有量的 80% 以上，承担着土 90% 以上的铁路运力；中国的通信设备和固网、移动网络服务占土库曼斯坦 60%—70% 的市场份额，华为、联想等中国品牌在土家喻户晓；中国的交通和治安监管装备、路灯、景观照明及附属设备、喷泉、各色多媒体显示屏、建材等产品在土市场亦占据优势地位。[①]

乌兹别克斯坦是中亚经济总量排名第二、人口排名第一的国家，但由于其安全问题、多年的外汇管制、经济不够开放、活跃度较低以及中乌没有直接边界等原因，中国对乌投资规模还不太大且主要集中在采矿、建筑、通信、商贸等领域。随着乌新总统对外开放力度的加大，特别是众多吸引外资政策的出台，乌将可能是中国今后对中亚投资的重要国家。

（4）中国对中亚投资主体日益多元化

目前，中国对中亚投资的主体越来越多元化，其中民营企业占比越来越大。除了能源与矿产勘探、开采和加工、金融等领域中以国企为主外，其他各领域都活跃着中国的民营独资企业。中国新疆、江苏、浙江、陕西等地的民营企业是投资主力，投资地域集中在中亚各国交通、设施、金融等比较便利的首都及其他主要城市。投资形式多样，主要包括兴办工厂、工程承包、合作开发、合建工业园区和自由经济区等。

（5）中亚各国吸引中国的投资策略不同

从吸引投资的策略看，中亚国家纷纷采取措施吸引来自中国的投资。如哈投资和发展部 2017 年 2 月发布的《2016—2017 年依照 OECD 标准改善投资环境详细计划》修订版中，特别针对中国列出实施中哈投资项目、研究在中国设立签证中心作为试点项目等措施；[②]唯一代表哈政府对内对外进行谈判的机构哈国有投资公司（Kazakh Invest）将中国、俄罗斯等国定为优先投资来源国并已在中国设立代表处。[③]这凸显出其对中国投资及同中国保持深

① 冯飞、王卫国：《中土贸易投资合作之路将越走越宽》，《南方都市报》2017 年 7 月 20 日，AA12 版。

② 中国驻哈萨克斯坦使馆经商处：《哈发布〈2016-2017 年依照 OECD 标准改善投资环境详细计划（修订版）〉》，http://kz.mofcom.gov.cn/article/jmxw/201702/20170202524217.shtml。

③ 中国驻哈萨克斯坦使馆经商处：《哈投资和发展部部长谈阿斯塔纳金融中心建设和投资战略制定情况》，http://kz.mofcom.gov.cn/article/jmxw/201706/20170602599897.shtml。

入合作的战略重视程度。吉尔吉斯斯坦2017年通过改善投资政策、项目推介、参加欧亚经济论坛、举行“2017比什凯克投资论坛”等多种方式为中国投资者在吉经营领域寻找合作伙伴提供一个平台。2017年塔方认真研究建立中塔自贸区的可能性，继续吸引中国企业来塔投资，并希望中国能给予优惠贷款和援助，支持中塔公路二期项目建设。[①] 这些措施为投资对象和潜在投资者搭建直接交流的桥梁，积极吸引中国投资取得明显成效。

## 五、中国与中亚区域经济合作的总体评估与思考

### 1. 总体评估

（1）中亚国家贸易投资环境有待改善

中亚国家普遍具有贸易体量较小，中方对中亚国家普通商品依赖低的共性，投资中除国家间标志性工程等大项目外，民营资本可介入的投资项目规模普遍较小，难以吸引中国东部发达省区较有实力、参与过发达国家项目、投资水平相对较高的企业参与。中亚国家贸易投资环境总体处于较低水平，哈、吉两国相对较好，乌、土、塔仍需进一步改善。

（2）中国对中亚不同国家的贸易和投资呈同向发展趋势

由于哈、乌、土具有中国经济发展急需的丰富油气能源及其他自然资源，中国与中亚国家的合作重点在这三个国家。随着中国对哈、乌、土能源、矿产类资源的投资不断扩大，中国对哈、乌、土的投资与贸易互相促进，正在带动对其他非能源领域民用品、交通运输、物流、通信、建筑、建材、农业等领域的投资和贸易，并对三国产业结构的调整带来深远的影响。吉、塔两国也在通过积极参与“一带一路”建设努力吸引更多中国投资，中亚国家对中国贸易投资的依赖越来越大。

（3）中国对中亚国家呈能源资源进口与民用品出口双向合作格局

在国际能源资源价格波动较大形势下，中国和中亚各国形成稳定的能源

① 《2020年中塔贸易额将达30亿美元》，塔吉克斯坦通讯社（Avesta）2017年5月15日。

资源供求结构符合双方的利益；中国近年来对依赖中国商品的吉、塔非能源领域的贸易、投资和援助将促进其经济稳定向好发展。这些因国施策策略符合中亚国家参与"一带一路"的利益诉求，对各国经济保持正常发展起到了重要作用。

（4）中国与中亚各国的贸易、投资规模差异较大

目前，中国对哈国的贸易、投资规模明显超出与其他中亚国家的贸易、投资规模，而且差距不断拉大。中国与中亚国家的贸易、投资主要集中在阿拉木图、努尔苏丹、比什凯克、塔什干、撒马尔罕、阿什哈巴德等一些大城市和中欧班列沿线城市。这些投资活动呈现出中国对乌、土、吉、塔四国单向投资为主，而且在土等国投资行业分布过于集中的特点，因而增加了中国对中亚国家贸易投资风险。一旦某国（如哈国）政权不能平稳交接，出现哈、乌、土等国对外能源投资政策有变等问题，中国贸易投资者的利益会受到较大冲击和影响。

**2. 思考建议**

基于以上结论，关于中国与中亚区域经济合作提出以下思考建议。

（1）提高区域贸易投资便利化水平

中国可从多方面支持中亚国家进一步改善贸易投资环境。比如，与哈、吉、塔在WTO框架内相互协作，支持乌、土为根据WTO标准改善贸易投资环境；与中亚国家加强信息交流，提高贸易和投资政策的透明度；完善海关程序，在各方国际义务框架内逐步消除相互贸易中的关税和非关税壁垒；在交通运输、出入境检验检疫等领域推动标准一致化建设；加快中哈霍尔果斯国际边境合作中心建设，探讨建立中乌、中吉、中塔等双边或上海合作组织多边自由贸易区的可能性。

（2）因国施策，进一步发挥各方潜力，扩大贸易投资规模

中国与哈、乌、土三国的贸易投资结构互补性较强。鉴于这三国和中国分别需要稳定的能源资源买家和卖家，中国对三国在能源资源领域的投资贸易规模还可扩大，同时，还可开拓风能、太阳能等清洁可再生能源合作。增

加对中亚五国的农产品进口，尤其与乌、吉、塔在农产品生产和加工业、纺织工业、民用品制造业等领域扩大贸易规模。为在中亚构建更加合理的中亚区域产业分工体系，中国可在有能源工业、机械工业基础的哈、乌、土等国和有农业基础的哈、乌、吉、塔加大投资，改善其产业结构，促进高附加值和高新技术产品贸易与投资，延长其优势产业的上下游产业链，扩大其辐射效应。

（3）促进区域经济的均衡可持续发展

为避免贸易投资过于集中，中国对中亚国家的贸易投资可以更加多样化、多元化，一方面保持在哈国贸易投资的标杆地位，增加其示范和扩散效应；另一方面扩大在乌、土、吉、塔其他中亚国家的贸易投资规模和领域，尤其是扩大对市场潜力最大、产业优势较突出的乌兹别克斯坦的贸易投资规模；拓宽对土库曼斯坦的投资领域，加大对其非能源领域的投资并开展贸易合作；充分开拓吉尔吉斯斯坦作为亚欧贸易中转站的市场空间。增加对中亚各国服务贸易的比重，努力推动区域内贸易平衡发展。

（4）鼓励双向贸易和投资，提高贸易、投资的广度 和深度

在与中亚各国的合作中，我们一方面应鼓励哈萨克斯坦等有能力的国家对中国投资，形成双向投资的互嵌式格局，并推动制定对等的相互投资协议，形成示范效应；另一方面，通过将“丝绸之路经济带”和海上丝绸之路经济合作的有效对接，从多方面鼓励中国东部发达地区的更多民营企业参与对乌、土、吉、塔等中亚国家的贸易、投资合作，充分利用中亚市场辐射西亚、中东和俄罗斯市场以及中国市场辐射东南亚等地的外溢效应，将中国与中亚贸易、投资合作的地理空间扩展到更加广泛的亚欧区域。

# 第三章 “一带一路”背景下中国与中亚区域经济合作机制构建

中国与中亚区域经济合作的最终目标就是推动中亚地区融入“一带一路”建设中。我国倡导的“一带一路”建设正走向与沿线各国务实合作阶段。其中，中亚国家作为“丝绸之路经济带”重要区域，其与中国开展机制化的区域合作具有极其重要的意义。

## 一、“丝绸之路经济带”倡议的提出与国内机制的成形

自建设“丝绸之路经济带”倡议提出以来，中国国内逐步形成了较为完整的发展、愿景蓝图体系，并建立了国内高层管理机制。在国际区域范围，中国充分利用与中亚已有的区域和次区域、首脑间会晤等多重合作机制，逐步形成了双边与多边并行，区域与次区域交叉互补，政治、安全、经济、人文多领域全方位的多机制合作架构。展望未来，尽管会遇到区域安全威胁、机制竞争等多重挑战，但中国与中亚国家将充分运用上海合作组织等机制合作，共建共享区域发展成果，致力于推动“丝绸之路经济带”

形成示范和带动效应。

### 1.“丝绸之路经济带”倡议从提出到实施

2013 年 9 月，习近平主席在哈萨克斯坦纳扎尔巴耶夫大学发表演讲时提出了与中亚国家共建“丝绸之路经济带”并造福沿线各国人民的倡议；9 月 13 日，在上海合作组织成员国元首理事会第十三次会议上，习近平主席再次谈到“丝绸之路经济带”时指出：上海合作组织 6 个成员国和 5 个观察员国都位于古丝绸之路沿线，我们有责任把丝绸之路精神传承下去并发扬光大。为了使欧亚各国经济联系更加紧密、相互合作更加深入、发展空间更加广阔，我们可以用创新的合作模式，共同建设“丝绸之路经济带”。同年 11 月，“丝绸之路经济带”建设作为构建我国开放型经济新体制的一部分，被写入中共十八届三中全会《中共中央关于全面深化改革若干重大问题的决定》。2016 年 3 月，《中华人民共和国国民经济和社会发展第十三个五年规划纲要》提出推进“一带一路”建设应秉持亲诚惠容、共商共建共享原则，与有关国家和地区开展多领域互利共赢的务实合作，打造陆海内外联动、东西双向开放的全面开放新格局；健全“一带一路”双边和多边合作机制；推动六大国际经济合作走廊建设，推进与周边国家基础设施互联互通，共同构建连接亚洲各次区域以及亚欧非之间的基础设施网络；共创开放包容的人文交流新局面。①

### 2.“一带一路”愿景的提出

2015 年 3 月 28 日，国务院授权国家发改委、外交部、商务部联合发布的《推动共建丝绸之路经济带和 21 世纪海上丝绸之路的愿景与行动》文件集中阐述了“一带一路”倡议提出的时代背景，中国与相关国家的共建原则、框架思路、合作重点、合作机制、中国各地方开放态势以及中国通过高层引领推动、签署合作框架协议、推动项目建设、完善政策、发挥平台作用等行动措施，展望了中国与沿线国家共建“一带一路”的途径及未来愿景。②

① 《铁轨连起欧亚大陆桥：中国货运员眼中的中欧班列，大陆桥物流联盟公共信息平台》，http://www.landbridgenet.com/yaowen/2016-11-08/38756.html。

② http://www.mofcom.gov.cn/article/h/zongzhi/201504/20150400929559.shtml.

### 3. 丝路精神理念逐步完善

当代丝绸之路与古丝绸之路一脉相承，秉持开放的地区主义和包容性，形成了“和平合作、开放包容、互学互鉴、互利共赢”的丝路精神。该精神与上海合作组织“互信、互利、平等、协商、尊重多样文明、谋求共同发展”的“上海精神”相互呼应，各有侧重，涵盖发展和安全的双重维度，含义深广，是“一带一路”沿线国家合力探索共商、共建、共享、共赢发展繁荣之路的理念支撑。

### 4. “丝绸之路经济带”核心区

“丝绸之路经济带”以我国太平洋沿岸的环渤海、长三角和珠三角经济圈为起点，途经哈萨克斯坦、俄罗斯等上海合作组织主要成员国，抵达波罗的海、大西洋和地中海沿岸。[①]《推动共建丝绸之路经济带和21世纪海上丝绸之路的愿景与行动》指出，发挥新疆独特的区位优势和向西开放重要窗口作用，深化与中亚、南亚、西亚等国家交流合作，形成“丝绸之路经济带”上重要的交通枢纽、商贸物流和文化科教中心，打造“丝绸之路经济带”核心区；发挥陕西、甘肃综合经济文化和宁夏、青海民族人文优势，打造西安内陆型改革开放新高地，加快兰州、西宁开发开放，推进宁夏内陆开放型经济试验区建设，形成面向中亚、南亚、西亚国家的通道、商贸物流枢纽、重要产业和人文交流基地。[②]在境内，“丝绸之路经济带”的核心区被确定为新疆维吾尔自治区；在境外，与我国毗邻的中亚国家作为我国西出的第一站成为“丝绸之路经济带”的核心区域，其经济、社会发展与“丝绸之路经济带”的推进密切相关，对我国“走出去”开展与亚欧国家的合作意义重大。

### 5. “一带一路”中方顶层领导架构

2015年2月，由张高丽主持的“一带一路”建设领导小组在北京成立，形成了“一主四副”的班底。其中，国务院副总理张高丽担任小组组长，四名副组长分别为中共中央政策研究室主任王沪宁、国务院副总理汪洋、国务

① 王海燕：《“一带一路”视域下中亚国家经济社会发展形势探究》，《新疆师范大学学报》（汉文哲学社会科学版）2015年第5期。

② http://zhs.mofcom.gov.cn/article/xxfb/201503/.20150300926644.shtml.

委员杨晶和国务委员杨洁篪。[①]党的十九大换届之后，2018年领导层有所调整，推进“一带一路”建设工作领导小组组长为中共中央政治局常委、国务院副总理韩正。副组长为中共中央政治局委员、中央外事工作委员会办公室主任杨洁篪；中央政治局委员、国务院副总理、党组成员胡春华；国务委员、国务院党组成员、国务院秘书长、机关党组书记肖捷；全国政协副主席、国家发展和改革委员会主任、党组书记何立峰。“一带一路”发展蓝图涉及的范围和层面广泛，包括基础设施建设和投资、对外援助、人文交流等，需要中国国内的协调，也需要和沿线国家沟通磋商。四名副组长的负责业务正好涉及这些不同的领域。领导小组成员阵容强大，主要是为了使“一带一路”建设工作扎实地向前推进。“一带一路”建设是中国新一轮改革开放的施政重点。“一带一路”建设工作领导小组由中共中央总书记习近平担任组长的中央全面深化改革小组（简称：深改组）领导。由此可见，中方已就“一带一路”建设构建起了一套完整的高层管理机制。

总之，中国提出的全面推进实施“一带一路”倡议已逐步形成了较为完整的理念、目标、愿景蓝图，并建立了国内高层管理机制，成为我国建国以来最宏大的发展构想，将对我国未来在世界经济体系格局中的地位以及各省份在我国对外开放体系的角色定位产生重大而深远的影响。中国与中亚国家开展以共建“丝绸之路经济带”为核心的区域经济合作将改变全球经济发展格局，中国与中亚国家之间的区域合作将为全球治理提供新范式。

## 二、中国与中亚国家参与周边区域经济合作机制的格局比较

21世纪以来，相较于以WTO为主的全球多边贸易谈判进展迟缓，以促进双边或多边贸易投资便利化为主的区域经济一体化却发展迅猛。区域经济一体化是当今经济全球化的重要特点，也是当代国际经济合作的主要内容

① 《“一带一路”领导班子“一正四副”名单：张高丽任组长》，新华网，http://news.xinhuanet.com/city/2015-04/06/c_127660361.htm。

之一。区域经济合作机制的发展在较大程度上改变了原有世界经济格局。据WTO统计，截至2016年8月，现仍生效并通报的区域贸易协定（RTAs）约有423个，比20世纪90年代（50个）增长了近8倍，其中最大的区域贸易协定为欧盟、北美自由贸易区和东盟。[①] 世界市场正进入地区经济圈时代，绝大多数国家被纳入不同的地区性经济组织之中，进而使全球经济联系不断向纵深发展；中亚地区也正在形成越来越紧密的“中亚经济圈”，并基于需共同遵循的WTO合作规则而更加注重参与周边区域经济合作机制。

### 1. 中国参与的全球区域经济合作

（1）中国参与的全球区域经济合作概况

中国参与区域经济合作起步较晚。随着对外开放向纵深发展，中国正在成为世界区域经济一体化的积极参与者和推动者。中国主要参与了以下三种类型的区域经济合作。

具有一定机制或专业安排的区域经济合作

目前，中国参与的区域经济和次区域经济合作机制以周边合作为主。其中有关区域经济合作机制主要有东北亚区域合作机制、中国—东盟自由贸易区和上海合作组织，次区域合作机制主要有图们江地区次区域合作组织、澜沧江—湄公河地区的次区域经济合作、中亚区域行动计划等。到2017年7月，在“一带一路”倡议框架下，我国已与56个“一带一路”国家签署了双边林业合作协议，以加强与各国的林业政策对话和合作。[②] 到2018年，中国已与125个国家和地区签署了双边政府间航空运输协定，其中与“一带一路”沿线62个国家签订了双边政府间航空运输协定，与东盟签订了首个区域性航空运输协定，与俄罗斯、亚美尼亚、印度尼西亚、柬埔寨、孟加拉国、以色列、蒙古国、马来西亚、埃及等沿线国家举行双边航空会谈并扩大了航权

① 《世贸组织发布区域贸易协定的贸易情况》，中国常驻世界贸易组织代表团网，http://wto.mofcom.gov.cn/article/slfw/201609/20160901400445.shtm。

② 张佳兴：《“一带一路”亚太区域林业合作研讨会在内蒙古赤峰举行》，光明网科普频道，http://kepu.gmw.cn/eco/2019-07/25/content_33028075.htm。

安排。[①] 中国已经和25个国际组织和区域税收组织建立了合作关系，与110个国家和地区签署了双边税收协定或安排；推出了服务“一带一路”建设10项税收措施，拓展了国别税收咨询等8个方面服务举措，发布了81份“一带一路”沿线国家投资税收指南等。[②] 中国已与上百个国家签订了双边投资保护协定，与上百个国家和地区、10多个国际组织建立了近200个双多边联委会机制。目前，中国几乎全部参加了亚洲的40多个区域和次区域合作，对加强双多边经贸合作发挥了重要作用。

参与具有论坛性质的区域经合组织

当今，具有论坛性质的区域经合组织主要有亚太经合组织、亚欧会议、博鳌亚洲论坛、欧亚经济论坛等。到2019年年底，中国成功举办了“大图们倡议”（GTI）部长级会议，推动建立了东北亚商业联盟，制定了《GTI贸易投资合作发展图景》等纲领性文件；中国还继续深入参与亚欧会议、中亚区域经济合作、大湄公河次区域合作等区域机制合作。中国依托联合国、20国集团（G20）、金砖国家、亚太经合组织（APEC）等多边和区域合作平台，与东盟签署并实施了自贸区货物和服务贸易协议，促进了“10+1”（东盟10国与中国）、“10+3”（东盟10国与中国、日本、韩国）合作机制的深化。

参与以自贸区为主的具有实质性优惠安排的区域和次区域经济合作

中国正本着由近及远、先易后难、循序渐进的方针，与有关国家有选择地展开双边自由贸易谈判，尽快构筑起自由贸易机制，其中包括“10＋1”自由贸易区、《曼谷协定》和《内地与香港关于建立更紧密经贸关系的安排》（CEPA）等。截至2019年年底，中国已与25个国家和地区签署17个自贸协定。此外，还有10多个自贸协定正在谈判。目前，中国的自贸伙伴遍及亚洲、拉美、大洋洲、欧洲和非洲。中国与柬埔寨自由贸易协定于2020年10月正式签署，[③] 还将加

① 梁士斌：《我国与125个国家和地区签署了双边政府间航空运输协定》，《法制日报》法制网，http://www.legaldaily.com.cn/index/content/2018-08/10/content_7616261.htm?node=20908。

② 《国家税务总局：我国与110个国家和地区签署税收协定》，国家税务总局网，http://www.chinatax.gov.cn/n810219/n810744/n3920262/n3920292/c3924854/content.html。

③ 李晓喻：《中国与柬埔寨完成自贸协定谈判》，中国新闻网，https://www.chinanews.com/cj/2020/07-20/9243319.shtml。

快中日韩、中国—海合会等自贸区谈判进程，努力构建高标准自贸区网络，提高对外开放水平和质量，形成全方位开放新格局。中国已首次采用负面清单方式开展中韩自贸区服务投资第二阶段谈判和中日韩自贸区谈判。中国已与新西兰结束了自贸协定升级谈判，推动与巴基斯坦自贸协定第二阶段议定书签署并生效，与东盟、新加坡、智利的自贸区升级议定书已顺利生效。中国积极提出了《APEC包容性贸易投资行动计划》，并推动《供应链4.0单一窗口互操作倡议》。[①]中国还首倡研究建立东亚自由贸易区和中亚自由贸易区，建立了首个国际边境合作中心——中哈霍尔果斯国际边境合作中心，加快推动形成立足周边、辐射“一带一路”、面向全球的高标准自由贸易区网络。

此外，中国加强了与主要经贸伙伴的协调与沟通，相继与美国、日本、欧盟、东盟等建立了相应的经济对话机制；与俄罗斯等多国互办的“国家年”涉及多项经贸活动；丰富了上海合作组织的经贸合作内容，创办了中非合作论坛北京峰会，建立了“中国—加勒比经贸合作论坛”以及“中国—太平洋岛国经济论坛”等机制。

（2）中国参与的周边区域合作机制

中国参与的区域经济合作组织主要从周边开始。目前在东南亚方向、东北亚方向和中西南亚方向三个陆路周边地区建立了多个区域和次区域合作机制。

东南亚方向

在东南亚方向，中国参与的合作机制较为丰富多样。其中包括区域全面经济伙伴关系协定、中国—东盟全面经济合作框架协议这些具有一定机制的区域经济合作以及中国—东盟领导人会议、中国—东盟博览会等论坛性质的区域经济合作。此外，还有中国—东盟自由贸易区、中国—新加坡自由贸易区、大湄公河次区域经济合作、澜沧江—湄公河合作机制、中老缅泰“黄金四角”计划、泛北部湾经济圈构想[②]等以自贸区为主的具有实质性优惠安排的区域和次区域经济合作。由于机制众多，相互涵盖范围重合，有“意大利面条碗”

① 晏澜菲：《建设高标准自贸区深入推动区域合作　中国拓展贸易发展新空间诚意满满》，《国际商报》第9398期，第3版，2020年2月4日。

② 全毅、尹竹：《中国—东盟区域、次区域合作机制与合作模式创新》，《东南亚研究》2017年第6期，第15—36页。

效应，[①] 亟须进行机制整合。其中，区域全面经济伙伴关系协定是目前整合众多中国与东南亚国家区域经济合作机制的一个重要机制。

中国—东盟自由贸易区

中国—东盟自由贸易区［简称：中国—东盟自贸区；英文：China—ASEAN Free Trade Area（CAFTA）]。这是中国与东盟10国组建的自由贸易区，也是我国与WTO成员建立的第一个自由贸易区，还是目前世界人口最多且属于发展中国家间的最大自贸区。中国和东盟对话始于1991年。1996年，中国成为东盟的全面对话伙伴国。2000年，中国国务院总理朱镕基在新加坡举行的第四次中国—东盟领导人会议上首次提出建立中国—东盟自贸区构想。2002年11月4日，中国与东盟签署的《中国—东盟全面经济合作框架协议》总体确定了中国—东盟自由贸易区的基本框架。2004年11月29日，东盟正式承认中国是一个完全市场经济体。为加强经贸合作、提升抵御金融危机的能力，实现共同发展，中国与东盟分别于2004年和2007年签署了《货物贸易协议》和《服务贸易协议》，并于2009年8月签署了《投资协议》等一系列重要文件。2010年1月1日，中国—东盟自由贸易区（CAFTA）正式全面启动，中国与东盟双方在各领域的合作由此迈上了新台阶，东盟成为中国对外承包工程和劳务合作的主要市场。中国与东盟双方约有7000种产品享受零关税待遇，实现了货物贸易自由化（双方90%的贸易产品实现零关税）；在服务贸易方面，中国与东盟彼此开放市场；在投资领域，中国与东盟相互投资更加自由、便利、透明和公平。2015年11月22日，中国—东盟自贸区升级谈判在马来西亚首都吉隆坡达成一致，双方正式签署《中华人民共和国与东南亚国家联盟关于修订〈中国—东盟全面经济合作框架协议〉及项下部分协议的议定书》。2016年7月1日，该议定书率先对中国和越南生效。此后，该议定书在东盟其他成员陆续完成国内核准程序后于2019年10月22日全面生效。中国—东盟自贸区的建立有力地推动了双边经贸关系的长期稳定快速发展，成为发展中国家间互利互惠、合作共赢的良好范例。截至2019年，

① "意大利面条碗"效应是指在双边自由贸易协定和区域贸易协定下，各协议的不同的优惠待遇和原产地规则就像碗里的意大利面条，一根接一根地绞在一起，剪不断，理还乱。

中国主要贸易伙伴位次发生变化，东盟超过美国，成为继欧盟之后的中国第二大贸易伙伴；中国—东盟双向进出口额达 4.43 万亿元，增长 14.1%。[①]

区域全面经济伙伴关系协定

区域全面经济伙伴关系协定 [ 英文：Regional Comprehensive Economic Partnership （RCEP）] 是 2012 年东盟 10 国发起并邀请中国、日本、韩国、澳大利亚、新西兰和印度 6 国参与，旨在达成重新构建亚太"区域经济伙伴关系协定"的多边谈判活动。2013 年谈判开始，截至 2019 年 11 月，参与方共举行了 3 次领导人会议、19 次部长级会议，开展了 28 轮正式谈判。在谈判中，参与方力图通过削减关税及非关税壁垒，达成由 15 国（因印度中途退出）组成统一市场的自由贸易协定。它是以东盟为主导的区域经济一体化合作谈判，是成员国间相互开放市场、实施区域经济一体化的组织形式，是亚太地区规模最大、最重要、互惠互利的自贸协定谈判。谈判涉及货物贸易、服务贸易、投资和规则领域的平衡发展以及对老挝、缅甸、柬埔寨等最不发达国家给予一些过渡期安排（让它们能够更好地融入区域经济一体化）等内容。2019 年，在中国积极参与和大力推动下，已有 15 个成员国整体上结束了有关签署《区域全面经济伙伴关系协定》的谈判。这标志着世界上人口最多、成员结构最多元、发展潜力最大的自贸区建设取得了重大突破。[②]2020 年 11 月 15 日，该协定由前述 15 国正式签署，并于 2021 年 1 月 1 日生效。

湄公河流域合作机制

A. 大湄公河次区域经济合作机制

大湄公河次区域经济合作机制（Greater Mekong Subregion Economic Cooperation，GMS）于 1992 年由亚洲开发银行发起建立。在该机制中，亚洲开发银行为发起者、协调者和主要筹资方，成员国有中国、柬埔寨、老挝、缅甸、泰国、越南 6 国。其宗旨是通过加强各成员间的经济联系，消除贫困，促进次区域的经济和社会发展。多年来，GMS 不断深入发展，已形成领导人

① 国家海关总署：《2019 年东盟成为中国第二大贸易伙伴》，中国新闻网，http://www. chinanews.com/cj/2020 /01- 14/9059191.shtml。

② 晏澜菲：《建设高标准自贸区深入推动区域合作 中国拓展贸易发展新空间诚意满满》，《国际商报》，第 9398 期，第 3 版，2020 年 2 月 4 日。

会议、部长级会议和各领域务实合作的总体合作架构。GMS成员间合作领域进一步拓宽，并涵盖交通、能源、信息通信、环境、农业、人力资源开发、旅游、经济走廊等领域的合作，取得了丰硕成果。2019年11月，会议批准了更新后的《区域投资框架》文件。

B. 澜湄合作机制

澜湄合作机制全称“澜沧江—湄公河对话合作机制”。2014年11月，李克强总理在第17次中国—东盟领导人会议上提出，在中国—东盟（10+1）框架下探讨建立澜沧江—湄公河对话合作机制的构想。2016年3月，澜湄合作首次领导人会议在海南三亚举行，澜湄合作进程全面启动。2018年1月，澜湄合作第二次领导人会议在柬埔寨金边举行，这标志澜湄合作从培育期迈向成长期。成员为中国、柬埔寨、老挝、缅甸、泰国、越南6国；主要机制为领导人会议、外长会、高官会、外交及各优先领域联合工作组会。各方共同确认了“3+5合作框架”，即坚持政治安全、经济和可持续发展、社会人文三大支柱协调发展，优先在互联互通、产能、跨境经济、水资源、农业、人力资源、医疗卫生和减贫领域开展合作，推动在教育、海关、卫生、青年等领域进行更深入合作，探讨促进澜湄地方务实合作的路径。

东北亚方向

东北亚不仅是一个地理概念，更是一个国际关系和地缘政治概念。狭义理解，东北亚指亚洲的东北部地区，包括朝鲜半岛、日本、俄罗斯远东地区、蒙古国和中国东北、内蒙古地区。中国和俄罗斯是世界大国，日本和韩国是世界上发达国家，只有蒙古国和朝鲜经济上弱一些。这与该地区最有成效的机制大图们倡议所辐射的大范围基本接近。美国兰德公司的一篇研究报告称：在未来10年至20年内，东北亚区域极有可能成长为世界第一大经济体。

20世纪90年代是东北亚地区主义的初步发展阶段。进入21世纪之后，东北亚地区主义的发展迈入了实质性阶段。在经济上，地区双边和多边经济合作水平有了大幅提升，特别是地区主要国家中日韩三国间的合作在“10+3”框架下得以加强，中日韩自贸协定（FTA）的谈判也不断推进。[①] 近20年来，

① 李楠：《“一带一路”倡议下东北亚区域合作机制》，《经营与管理》2018年第4期，第69—71页。

东北亚6国都在不同程度上为建立东北亚自由贸易区而努力。例如，这6国先后召开了环日本海地方政府首脑会议、东北亚经济论坛、东北亚经济会议，中俄韩朝蒙签署了《关于建立东北亚和图们江开发区协调委员会的协定》与《关于东北亚和图们江开发区环境标准谅解备忘录》等。中日韩自由贸易区建设也在谈判中。但近几年，随着中、日、韩、俄、朝、蒙双边与多边关系的不断变化，区域经济合作也处于进退曲折发展中。

“大图们倡议”

大图们江地区是东北亚的核心区域。“大图们倡议”是迄今东北亚地区中国与各国合作最重要的次区域合作机制，也是该区域在国际合作中唯一能够推动的一体化平台。

1987年，吉林省学者首次提出了图们江地区国际合作开发的设想，认为图们江地区具有国际综合开发价值，开启了图们江流域开发和东北亚区域合作的先河。1990年，联合国开发计划署提出了“图们江开发计划”并于1991年10月向全世界宣布了这一设想，即利用20年，筹集300亿美元，联合多国共同开发图们江地区，并把以珲春为中心的周边建成国际物流中心，以使东北亚3亿人民受益。为此，中国政府批准珲春市为边境开放城市，俄罗斯宣布符拉迪沃斯托克和纳霍德卡为自由经济区，朝鲜宣布罗津先锋区为自由贸易区。这为推进大图们江区域自由贸易区和东北亚区域合作提供了良好契机。

1995年在联合国开发计划署发起和支持下，“大图们倡议”成员国政府正式签署了建立政府间合作机制的协定。[①] 主要运作机制为政府间协商委员会部长级会议、秘书处、贸易投资委员会和海关分委会等各领域委员会及其下属机构，成员国政府包括中国、蒙古国、韩国、俄罗斯四国。

到2019年，“大图们倡议”政府间协商委员会部长级会议已召开了19次，致力于共同构建开放、自由、包容的东北亚经济圈，并正在推动其转型成为一个高效、以成果为导向和由成员国驱动的政府间经济合作机制。近年来，

① 张玮、吴琼：《联合国开发计划署“大图们倡议”：各成员国代表共话东北亚区域旅游合作》，中国新闻网，http://www.chinanews.com/gn/2016/08-22/7980746.shtml。

为更好地发挥区域发展战略的聚合效应，加强包括俄罗斯“欧亚经济联盟”计划、中国“一带一路”倡议、“东北振兴”战略、蒙古国“草原之路”计划、韩国“新北方政策”与“新南方政策”在内的诸多战略或倡议对接，增强区域贸易投资便利化，培育区域价值链发展，各有关方面已强化了“软”“硬”两类基础设施发展合作、构筑起了区域内物流网络以及各类互联互通多边合作框架，并优先发展交通、贸易和投资、旅游、能源、环境、农业、金融、绿色产业、高新技术等领域的合作。[①]其中，在交通领域，制定和更新了《区域交通战略》和《中期交通行动计划》，并于2010年12月建立了由中国交通运输部、韩国海洋水产部、日本国土交通省共建的东北亚物流信息服务网络（NEAL-NET）”；在贸易和投资领域，《“大图们倡议”贸易与投资合作路线图（2017—2020）》落实工作取得积极成效，到2019年已举办六次“大图们倡议”贸易投资博览会；在旅游领域，各方成立了“大图们倡议”旅游委员会，多次举办了“大图们倡议”东北亚旅游论坛，吉林省珲春市被确定为永久会址；在能源领域，由各成员国、秘书处、联合国亚太经社理事会和其他相关方基于区域电力需求和现有基础设施情况，开展了东北亚电力互联互通研究，推动举办了“大图们倡议”能源委员会会议；在环境领域，成立了环境委员会，共同开展生态与环境保护活动；在农业领域，成立了农业委员会，制订和实施《农业合作战略行动计划》，并在地方及区域层面加强能力建设；在金融领域，2014年成立了为“大图们倡议”项目搭建融资平台的东北亚进出口银行联盟（EBA）[②]；在研究领域，2014年建立了由中国国际贸易学会、俄罗斯外贸研究院、蒙古国开发研究院、韩国对外政策研究院四国学术界牵头的“大图们倡议”研究机构网络（RIN）。[③]此外，有关各方还签署了旨在推动成立东北亚商务联盟的《关于成立和运营东北亚商务联盟的

---

① 《大图们倡议第十九次部长级会议〈长春宣言〉》，中国商务部国际经贸关系司网，http://gjs.mofcom.gov.cn/article/af/ak/201909/20190902897026.shtml。

② 该联盟由中国进出口银行、俄罗斯外经贸银行、韩国进出口银行、蒙古开发银行组成，未来还欢迎更多国家的银行和金融机构参与其中，以提高这一区域融资合作的水平。参见《中俄韩蒙银行成立东北亚进出口银行联盟》，中国财经网，http://finance.china.com.cn/news/gjjj/20140918/2683719.shtml。

③ 陈明辉：《为区域合作开发提供智力支撑》，人民网，http://cpc.people.com.cn/n/2014/0922/c87228-25703528.html。

谅解备忘录》。

中蒙俄经济走廊

中蒙俄经济走廊是“一带一路”建设六大经济走廊之一。其之所以作为东北亚区域合作机制之一是因为三国共同制定了《建设中蒙俄经济走廊规划纲要》，[①]并将区域合作以共同规划的方式确定下来，具有机制性的约束作用，是东北亚区域内务实合作较有成效的机制。2014 年 9 月 11 日，国家主席习近平在出席中俄蒙三国元首会晤时提出打造中蒙俄经济走廊，可以把“丝绸之路经济带”同俄罗斯跨欧亚大铁路、蒙古国“草原之路”计划进行对接的建议，并立即获得俄方和蒙方的积极响应。2015 年 7 月 9 日，三国领导人签署了《关于建设中蒙俄经济走廊规划纲要的谅解备忘录》。2016 年 6 月 23 日，在三国元首共同见证下，中国国家发改委主任徐绍史、蒙古国外交部部长普日布苏伦、俄罗斯联邦经济发展部部长乌柳卡耶夫分别代表三国政府共同签署了《建设中蒙俄经济走廊规划纲要》。这是“一带一路”国际合作框架内首个多边规划纲要，标志着中蒙俄经济走廊建设已进入战略对接、深化务实合作阶段，也为“一带一路”倡议与沿线国家全面战略对接提供了可资借鉴的实施路径，具有重要的示范和带动作用。

中蒙俄经济走廊有两个通道：A. 华北通道，从京津冀到呼和浩特，再到蒙古和俄罗斯；B. 东北通道，沿着老中东铁路从大连、沈阳、长春、哈尔滨到满洲里和俄罗斯赤塔。

中蒙俄经济走廊建设整合了东北亚区域内多年已有的多种合作机制，并与时俱进地不断创建新的合作机制，既具有一定机制或专业安排的区域经济合作（如中蒙跨境电子商务合作洽谈会、中俄蒙三国旅游部长会议、中国二连浩特中蒙俄经贸合作洽谈会、海拉尔中俄蒙经贸洽谈暨商品展销会、内蒙古·蒙古国投资贸易洽谈推介会、内蒙古·俄罗斯经贸投资洽谈会、北方国际科技博览会等），又有论坛性质的区域经济合作机制（如中俄蒙区域合作论坛、“一带一路”中俄蒙区域合作论坛、中蒙俄智库国际论坛等）以及以

① 《建设中蒙俄经济走廊规划纲要》，国家发改委网站，https://www.ndrc.gov.cn/xxgk/zcfb/ghwb/201609/t20160912_962194.html。

自贸区为主的具有实质性优惠安排的区域和次区域经济合作［如逐渐成为中俄蒙三国关系发展重要引擎的“海（海拉尔）—赤（赤塔）—乔（乔巴山）”次区域合作机制①等］。

在此背景下，近年来，中国逐步建立和完善了与俄、蒙的地方合作机制，对外开放水平不断提高。中国内蒙古自治区与蒙古国经济发展部建立了常设协调工作组，并会同有关省区与俄罗斯7个地区建立了中俄边境和地方经贸合作协调委员会。其中，中国内蒙古口岸办与俄罗斯边界建设署建立了定期会晤和联合检查机制，与俄罗斯后贝加尔边疆区、蒙古国建立了“边境旅游协调会议”制度。中国二连浩特与蒙古国扎门乌德建立了口岸协调联络和联席会议制度，在蒙古国乌兰巴托设立了代表处，逐步形成了中蒙毗邻地区友好交往常态化工作机制。②呼伦贝尔市与俄罗斯外贝加尔边疆区会晤机制框架下企业对接会开启了中俄两地区政府部门间创新合作发展新模式。③

中蒙俄经济走廊优先发展基础设施、产能、物流、金融、旅游、农牧、科技等领域的合作，中国与俄罗斯、蒙古国签署了口岸合作框架协定、旅游合作协议、关于特定商品海关监管结果互认的协定等合作文件。④基础设施领域已形成铁路、公路、航空、电力等多种通关方式并存的开放格局。目前，经内蒙古的跨境班列线路有苏满欧、粤满欧、郑连欧等40余条。正是这些中欧班列路线，使“丝绸之路”效应辐射到了长三角、珠三角、中南西南地区、环渤海地带，成为我国在陆路通往俄罗斯、欧洲市场的便捷、高效、安全通道；满洲里市正在加快培育“草原丝绸之路”大通道，努力形成“南接内陆、北连俄蒙、直达欧洲”的欧亚陆路新经济走廊。在产能领域，中蒙俄加强

① 徐晨光：《“海赤乔”次区域国际合作金三角是东北亚经济圈的核心》，呼伦贝尔新闻网，http://www.hlbrdaily.com.cn/news/146/html/282656.html。

② 李永桃：《内蒙古：打造中蒙俄经济走廊核心枢纽》，人民网，http://nm.people.com.cn/n2/2017/0926/c192247-30777415.html。

③ 李新军：《企业对接会开启中俄地区间创新合作发展新模式》，人民网，http://nm.people.com.cn/n2/2018/0528/c347187-31633818.html。

④ 秦玉才：《共创合作新机制　携手建设中蒙俄经济走廊》，《北方经济》2016年第10期。

了在机械制造、能源化工、金属冶炼、食品加工、建筑等产业方面的合作。[①]在物流领域，《中蒙跨境经济合作区（中方一侧）基础设施建设项目全面战略合作协议》已在二连浩特市签署，旨在打造集国际贸易、物流仓储、进出口加工、电子商务、旅游娱乐及金融服务等功能于一体的综合开发平台。在金融领域，人民币与蒙图兑换市场区域交易正式启动，从而使全国各省区对蒙贸易投资中使用的人民币与蒙图兑换均须通过内蒙古银行间区域外汇市场进行兑换或清算。目前，跨境人民币业务累计结算量突破千亿大关，中国商业银行与俄蒙两国商业银行已建立几十个账户行关系，开立上百个金融同业账户，覆盖蒙古国所有商业银行和俄罗斯远东地区主要银行。在旅游领域，中蒙俄跨境旅游快速发展，建立了旅游国际合作多边机制，举办了中俄蒙三国旅游部长会议，初步达成了推进跨境旅游合作意向；成立了“万里茶道”国际旅游联盟；满洲里市边境旅游区升级为5A级景区。在农牧业领域，中国与俄蒙建立了动物疫情信息共享平台，联合开展了边境地区疫情监测和动物及其产品跨境移动管理。在科技领域，中蒙生物高分子应用研究联合实验室建成运行，中蒙俄智库联盟已搭建起高端智库交流合作平台。

中日韩自由贸易区

中日韩自由贸易区这一设想是2002年在中日韩三国领导人峰会上提出的，是我国参与体量最大、占我国外贸比重最大的自贸区谈判之一。2007年3月，中日韩三国成立联合研究委员会，负责探讨建立中日韩自由贸易区的可行性，并开始进行三边投资协定谈判；中日韩自贸区谈判自2013年3月开始到2019年年底已举行了16轮首席谈判代表会议。

中、日、韩均为亚洲重要经济体，2019年三国GDP分别为14.22万亿美元、5.18万亿美元和1.66万亿美元，分别排在世界第2、第3、第11位，合计总量达到22.56万亿美元，超过了美国的21.34万亿美元和欧盟（英国除外）的15.49万亿美元，其经济总量约占亚洲的7%。目前，东亚已经成

① 中共黑龙江省社会科学院委员会理论学习中心组：《以“人类命运共同体”理念 建设“中蒙俄经济走廊”国际合作新平台——学习〈习近平谈治国理政〉第二卷体会》，求是网，http://www.qstheory.cn/llqikan/ 2018-03/24/c_1122584951.htm。

为了名副其实的世界经济中心。[①]

中日韩自由贸易区是一个人口超过15亿的大市场。该自由贸易区建成后，区域内关税和其他贸易限制将被取消，商品等物资流动将更加顺畅，区内厂商可以降低生产成本，获得更大市场和收益，消费者则可获得价格更低的商品，中日韩三国的整体经济福利都会有所增加。

中日韩产业优势的不同是该自由贸易区成立的基础。相对发达的日本和韩国在资本和技术密集型产业上竞争优势明显，而中国的竞争优势仍主要集中于资源或劳动密集型产品上。在过去十年间，中日两国贸易和中韩两国贸易的结构逐渐趋同。例如，中国对日本的机械设备和电子产品的出口比重明显增加，其中很大比例是加工贸易方式，大部分为日本在华企业产品出口，属产业内和公司内贸易；而韩国从中国进口的商品也逐步从初级产品转变为工业半成品或制成品，产业内贸易也日益普遍。

三方一致认为，建设中日韩自贸区符合三国共同利益，特别是在当前贸易保护主义抬头、全球经济形势复杂严峻的背景下，三国加快谈判进程，积极打造一份全面、高质量、互惠且具有自身价值的自贸协定，有助于进一步挖掘三国经贸合作潜力，为世界经济增添新动能。[②]

中西南亚方向

中西南亚有八个国家与我国西部边陲相邻。其中多个国家是首个以我国城市命名的国际组织——上海合作组织的成员国或观察员国。从地缘位置看，中亚五国地处亚欧大陆的接合部，位于俄罗斯、中国、印度、伊朗、巴基斯坦等大国或地区性大国中间的地理位置，是贯通亚欧大陆的交通枢纽。这里历来是东进西出和南下北上的必经之地，古代丝绸之路途经此地。冷战结束后，中亚作为重要的战略缓冲地带以及中国“一带一路”向西开放的首个区域和通往欧洲重要的交通运输走廊首段，其地缘政治和经济意义更加凸显。南亚区域内的国家包括印度、巴基斯坦、孟加拉国、斯里兰卡、尼泊尔、不

① 《中日韩自贸区建立，将成为世界的经济中心》，https://mp.weixin.qq.com/s?src=11& timestamp=1595494811&ver=2477&signature=fJMwfNt2HJrh-f0I3rb-etXeRn88dYfcWUeKsfHN2pqOsEJ2dddbEXT3qWgerFYVFKuQ9bnsRsny0A0*8RnNmObNVvy2bjiENdVJTcf01iYrdO4ib0ycMVZD6ZLJilzy&new=1。

② 李宁：《中日韩自贸区建设前景可期》，《国际商报》第9359期，第2版，2019年12月3日。

丹和马尔代夫。此外，缅甸、中国西南在文化上亦受到南亚影响很大（所以有时亦被纳入南亚的范围），包含了世界超过20%的人口，成为世界上人口最多和最密集的地域，同时也是继非洲之后全球最贫穷的地区之一（这里由于政治及宗教原因，当地政局都不太稳定，不过经济总量在不断增长）。西亚包括伊朗高原、阿拉伯半岛、美索不达米亚平原、小亚细亚半岛，涉及的国家有伊朗、伊拉克、格鲁吉亚、亚美尼亚、阿塞拜疆、土耳其、叙利亚、约旦、以色列、埃及、沙特阿拉伯、巴林、卡塔尔、也门、阿曼、阿拉伯联合酋长国、科威特、阿富汗、黎巴嫩、塞浦路斯。该地域约占亚洲总面积的16%，拥有丰富的石油资源，位于亚、非、欧三洲交界地带，连接印度洋和大西洋，在阿拉伯海、红海、地中海、黑海和里海之间，被称为“五海三洲之地”。自古以来，西亚是东、西方交通的要道和海上丝绸之路的重要通道。

上海合作组织

上海合作组织是在1996年4月26日形成的中、俄、哈、吉、塔“上海五国”机制基础上发展演变而来的区域性国际组织。该组织于2001年6月15日成立，是第一个由中国倡导创立的永久性政府间国际组织，创始成员包括中国、俄罗斯、吉尔吉斯斯坦、哈萨克斯坦、乌兹别克斯坦、塔吉克斯坦6个国家；2017年6月，印度和巴基斯坦正式成为上海合作组织成员。上海合作组织从2001年9月成立之初各方就将启动贸易投资便利化作为开展该区域经济合作的主要任务，基本确立了分“三步走”的近、中、远期目标，即首先为开展便利化建设扫清合作障碍；其次深化经贸合作使各方受益；最后在适当的时候实现货物、资本、服务和技术的自由流动，到2020年建立自由贸易区。2002年，圣彼得堡峰会通过的《上海合作组织宪章》为上海合作组织进一步推进机制化建设奠定了坚实的法律基础，并为其职能由打击“三股势力”逐步向推进区域经济一体化进程的转变做准备，从而为推进本地区区域经济一体化进程提供了良好的政治安全保障。2002年5月28—29日，该组织成员国经贸部长在上海举行首次会晤，宣布正式启动经贸部长会晤机制和贸易投资便利化谈判。

自2007年以来，上海合作组织成员国签署了一系列政府间协议，逐步建立了较为完善的运行机制。[①]最高决策机构是成员国元首理事会，基层协调机制是成员国国家协调员理事会。这两个机构的工作重点是研究组织框架内多边合作的战略与优先方向，解决经济合作等领域的原则和迫切解决的问题并批准组织年度预算。在元首和政府首脑理事会下面，还分别设有外长、经济、交通、文化、国防、执法安全、监察、民政、边防等年度定期会晤机制。迄今，各成员国签署和批准了《上海合作组织宪章》《上海合作组织成员国政府间关于开展多边经济合作的基本目标和方向及贸易投资便利化进程的备忘录》《上海合作组织成员国多边经贸合作纲要》以及《〈多边经贸合作纲要〉落实措施计划》等一系列重要文件，初步确定了区域经济合作的法律基础和组织机制。其中，《〈多边经贸合作纲要〉落实措施计划》涵盖了成员国在贸易投资、海关、采用技术规程与标准和评定合格程序、金融与税收和创新、交通、能源、农业、科学和新技术、信息和电信高技术、利用自然和环境保护以及卫生与教育和旅游等 11 个重要领域的合作（共涉及 127 个具体项目、课题和合作方向），并根据分阶段原则确定了落实机制，规定了各项目参加国以及项目执行时间和单位，且可操作性强。

上海合作组织先后成立了经贸部长会议高官机制和电子商务、海关、技术规则标准和合格评定程序应用、投资促进、发展过境潜力专业工作组以及上海合作组织银联体和实业家委员会，规定了经贸部长会议以及在部长会晤机制框架内的高官委员会和专业工作组的具体工作程序和制度，为区域经济合作各项目标的实现提供了机制保障。由中方首先倡议并单独出资建设、各方共同参与的“上海合作组织区域经济合作网站”已于 2004 年 9 月 23 日正式开通，为成员国企业间相互交流与合作、沟通信息提供了快速高效的平台，也为今后在组织内推广电子商务创造了条件。伴随着上海合作组织的成长，经济合作内容也越来越细致，越来越具体充实。其发展历程表现在机制建设、规划发展战略和推动项目合作 3 个方面。它们相互促进，逐渐夯实了经济合作基础。近年来，上海合作组织的合作范围不断扩大，已实现质的升级，在

① 〔塔〕拉希德·阿利莫夫著：《上海合作组织的创建、发展和前景》，王宪举、胡昊、许涛译，人民出版社，2018。

本地区乃至全球范围内确立了自己的独特地位，其国际威望稳步上升，与其他国际组织的合作水平不断提高。当前，上海合作组织正逐步将工作重心扩展到金融、经济、贸易、文化、人文、环保等新的合作领域，已发展成为推动“一带一路”建设的重要平台。此外，上海合作组织在加强机制建设、拓宽合作领域和加强双边与多边的区域合作方面也加大了前进步伐，在中西南亚区域互联互通、产业合作、预防出现粮食危机并采取措施巩固地区粮食安全，开展区域经济合作、克服金融危机和维护公共卫生安全以及推动欧亚乃至世界和平与安全进程等方面扮演着越来越重要的角色。

（3）中国参与的主要区域经济合作机制比较

中国近年参与国际区域机制的特点是以亚洲周边区域合作机制为主。目前，在中国参与的周边主要区域经济合作机制中，东北亚区域合作机制涉及地域辽阔，大国多，经济实力最强；上海合作组织次之；东盟较弱。从经济总量看，2007年（除中国外的）东北亚区域的GDP总和超过6万亿美元，（除中国外的）上海合作组织区域经济总量超过1.3万亿美元，而东南亚10国不到1万亿美元；到2019年，中国—东盟贸易额达到6415亿美元，增长9.2%，快于中国对外贸易平均增速；东盟在中国前三大贸易伙伴（欧盟、东盟、美国）中增速最快，其与中国的贸易额已超过中国与美国贸易额千亿美元，成为中国的第二大贸易伙伴。从资源、工业条件来看，这三个地区资源都比较丰富，工农业和科技基础较好、劳动力素质较高，具有巨大的发展潜力。从对外投资来看，在中国的经济发展过程中，对外贸易和外国直接投资起了巨大作用。在东北亚地区，中国是日本的第二大贸易伙伴，日本是中国的第一大贸易伙伴，中韩贸易额、中俄贸易额都超过百亿美元，日本、韩国的对华直接投资额都超过百亿美元；上海合作组织和东盟主要以中国向其他国家的单向投资为主。从区域贸易投资便利化程度来看，东盟区域经济合作的紧密度最高，东北亚最松散。从区域发展前景看，专家预计，东北亚地区对中国的经济发展有着至关重要的作用，东北亚地区若实现了一体化，将与西欧、北美形成三足鼎立之势。然而，长期以来，由于政治、军事冲突、领土纷争和历史认知差异等问题反反复复，东北亚地区的经济潜力没能充分发挥，区域经济合作步伐较慢；东盟的发展最快，前景看好；上海合作组织区域经济合作的制度虽已建立，但由于经济体量和文化差异、领土争端等影响，要进一步发展任重而道远。毋庸置疑的是，这三个区域组织无论哪一个发展起来，都会对亚洲乃至世界经济格局产生重大影响。

### 2. 中亚国家参与的全球区域经济合作

（1）中亚国家参与的全球区域经济合作概况

目前，中亚国家参与的多边经济合作机制可以分为四类。第一类是独联体框架内的次区域经济组织，主要有四国统一经济空间、欧亚经济共同体和俄白哈联盟等。它们的合作目标就是要建立统一的经济空间，保证商品、服务、资本、技术和人员的自由流通。目前这些机制基本被整合进了欧亚经济联盟当中，成为中亚和独联体国家中最有实质性机制安排和约束力的区域经济合作机制。第二类是由国际组织发起的各种区域援助与发展计划，在上海合作组织区域内影响比较大的主要是联合国经社理事会开展的“中亚经济专门计划”和开发计划署开展的“丝绸之路区域合作项目”；目前，在中亚已有俄罗斯与中亚等国家共建的欧亚发展银行，国际金融组织主要有亚洲开发银行、欧洲复兴开发银行、伊斯兰开发银行、世界银行和国际货币基金组织等；形成制度化的区域合作机制只有亚行的“中亚区域经济合作”。第三类是由周边或世界大国发起的合作机制，主要有欧盟、中西亚经济合作组织和上海合作组织等。第四类是论坛性质的，如阿斯塔纳经济论坛、伊塞克湖经济论坛等。

此外，中亚国家还参与了一些双边一体化合作机制：第一类是中亚国家间签订的双边自由贸易协议和生产联合体协议；第二类是中亚国家与区域外的其他国家尤其是与美国和日本等国建立的双边合作机制（如美国 + 中亚五国外长会议、日本 + 中亚五国外长会议）属于较为松散的论坛性质的机制，谈论话题涵盖政治、安全、经济等各个方面。从中亚各国独立之初至今的近 30 年里，中亚国家不断进行构建区域经济合作机制的尝试和努力。例如，推动独联体国家达成一体化协议和积极参加欧亚经济共同体建设等。目前，欧亚经济联盟是中亚地区最有实质性进展的区域经济合作机制。

独联体国家一体化协议

1993 年以后，独联体国家开始探讨一体化方案并制定实施办法。1993 年 9 月，在独联体国家元首理事会和政府首脑理事会上，各国首脑草签了独联体经济联盟条约。这标志着苏联解体后独联体各国经济联系中断和一体化瓦解阶段的结束，同时也预示着独联体国家一体化进程的重新启动。1993 年 12 月，独联体各国银行之间签署了经济合作协议，提出了组织独联体内部国家经济贸易结算，建立专业化银行制度，成立支付联盟中心的任务。1994 年 4 月，在独联体国家元首和政府首脑理事会上，确立了关于建立自由贸易区的协议；10 月 21 日，除土库曼斯坦、阿塞拜疆外，独联体国家元首理事会正式签署了建立独联体跨国经济委员会和支付联盟协议。从 2000 年开始，独联体国家一体化进程进入了一个新时期。2000 年 6 月 20 日，独联体国家通过了独联体至 2005 年的发展行动计划。该计划提出在 2005 年建立自由贸易区是独联体国家经济一体化的首要任务，规定了在 2003 年以前完成为商品和劳务自由流动、保证自由过境创造条件的具体措施；要求在 2002—2004 年完成为资本自由流动创造条件并解决一系列拖欠问题，以及在 2001—2002 年创造条件使自由贸易区所必需的运输走廊、通信和信息保障体系有效发挥功能等。2002 年 6 月，独联体各国在 1993 年签署的关于建立经济联盟的条约基础上，签订了关于建立自由贸易区的协议。协议规定：参加国逐步取消相互间海关税、费及贸易额的限制；消除货物及服务自由流动中的其他障碍；在贸易及其他业务相互结算及支付方面建立有效体系并加以发展；协调与非本协议参加国的贸易政策，协调经济政策；在各领域之间及其内部协调科技合作；为使自由贸易区稳妥而有效地运行，在必需范围内协调和统一协议各方立法；采取措施，以最大限度简化及统一海关手续。该协议的签署使独联体国家经济一体化步伐加快并有助于推动区域内经济与贸易增长。

然而，由于独联体各国经济发展极不均衡，税费体系差别很大，利益趋向也各不相同，在相当长的一段时期内自由贸易区的建立还难以启动。

“统一经济空间协议”是独联体经济一体化的重要机制之一。为减少协调难度，推动独联体国家一体化进程，2003 年 9 月 19 日在乌克兰南部海滨城市雅尔塔举行的独联体国家元首峰会上，独联体国家中经济规模最大的俄罗斯、乌克兰、白俄罗斯和哈萨克斯坦四国正式签署了建立“经济一体化空间”协议（亦称“统一经济空间协议”）。协议规定，上述四国将联合各国的海关机构，实行统一经济机制，以保障商品、服务、资本和劳动力可自由流通。在此情况下，四国将实行统一的对外经济、关税、贷款和财政货币政策，以保障在达成共识的原则和国际法准则基础上坚定地发展经济。该协议的签署加快了独联体国家一体化的步伐，为建立独联体自由贸易区迈出了坚实的第一步。2004 年 5 月，第一次“统一经济空间协议”成员国首脑会议确定在 2005 年初建成四国自由贸易区，并确立了“三步走”措施。2008 年，该组织成员国签署了“关税同盟协议”。可以说，该组织是独联体组织的派生机构，其发展有助于推动独联体的一体化进程。

欧亚经济共同体

欧亚经济共同体的前身为 1995 年 1 月俄罗斯、白俄罗斯、哈萨克斯坦三国组成的海关联盟。其主要目的为撤销成员国之间贸易税率和数额限制，制定统一的贸易制度及共同的对第三国的关税税率和非关税性贸易调节手段；建立三国统一的关税边界，逐步取消三国之间的海关监管，形成三国统一对外的关税监督机制，成立联盟海关机构等。吉尔吉斯斯坦和塔吉克斯坦分别于 1996 年 3 月和 1998 年 11 月加入。1999 年 9 月底，五国首脑会议签署了关于海关联盟宣言；2000 年 10 月，海关联盟五国签署了成立《欧亚经济共同体条约》，正式成立了取代原来海关联盟的欧亚经济共同体，以进一步推动成员国经济一体化进程。随后，成员国实行了统一的增值税，还设立了“共同体”法庭（负责审理各成员国之间的经济纠纷）并签署了成员国之间互免签证协议。2005 年 10 月 6 日，在俄罗斯圣彼得堡举行的中亚合作组织成员国首脑峰会上，俄罗斯、哈萨克斯坦、吉尔吉斯斯坦、塔吉克斯坦、乌兹别克斯坦五国领导人一致同意将中亚合作组织与欧亚经济共同体两个组织合并，欧亚经济共同体成员扩大到六个。两个组织的合并进一步扩大了合作的范围和领域，大大降低了协调的时间成本和经济成本。

2005 年 9 月，在杜尚别举行的欧亚经济共同体政府首脑会议上，成员国达成从2006年起在欧亚经济共同体范围内实施统一关税的协议，初步制定出了统一关税法典范围内涵盖的所有进出口商品所要征收的海关税率（实行统一关税制度将为该组织成员国之间最终形成统一商品市场起到极大的推动作用）。此次会议决定成立欧亚经济共同体金融经济委员会，并重点讨论了在制定过境运输政策上加强协作以及在欧亚经济共同体框架内建立统一粮食供应市场及石油、天然气市场等问题。此外，本次会议还通过了关于成员国未来合作的构想，目的是希望在欧亚经济共同体内实行共同货币政策，以利于推行贸易和经济合作的长期战略；构建有利的投资环境；维持欧亚经济共同体内部的总体宏观经济的平衡。该组织是目前为止在中亚推动区域经济合作方面建立的可与上海合作组织相媲美的较有影响的区域经济一体化组织。

欧亚经济联盟

欧亚经济联盟是以俄罗斯、白俄罗斯和哈萨克斯坦三国关税同盟和欧亚经济共同体为基础发展而来的区域一体化经济组织。2010年1月1日，俄白哈三国继2010年启动实行统一关税税率的关税同盟之后，2014年5月29日三国总统在欧亚经济委员会最高理事会会议上正式签署了《欧亚经济联盟条约》（条约从2015年1月1日起生效），为欧亚经济联盟的形成打下了坚实的基础。根据条约规定：欧亚经济联盟是国际性组织，俄白哈三国为创始国家并在联盟内拥有完全平等的权力，三国在联盟所属机构中拥有平等的表决权。到2025年俄白哈三国将实现商品、服务、资金和劳动力的自由流动，终极目标是建立类似于欧盟的经济联盟，形成一个拥有1.7亿人口的统一市场。条约涉及能源、交通、工业、农业、关税、贸易、税收和政府采购等诸多领域，还列出了自由贸易商品清单，但其中不包含烟酒等敏感商品。2014年10月10日，欧亚经济共同体各成员国在明斯克签署了关于撤销欧亚经济共同体的协议。2015年1月1日，欧亚经济联盟正式启动（与此同时，欧亚经济共同体所有机构停止活动）。同年，亚美尼亚、吉尔吉斯斯坦先后加入，2020年3月，乌兹别克斯坦政府通过了以观察员国身份加入欧亚经济联盟的方案。

从合作领域来看，与欧盟设立欧元区有所不同，为保障可兑换的本国货币并为共同金融市场的运作创造条件，成员国只是商定了相互协调的货币政策，但统一货币问题完全没有被列入议事日程。联盟批准实施新的《海关法典》规定：海关手续办理时间应缩短一半，货物通关时间应缩减至原来的 1/6；统一服务市场涵盖 53 个经济领域，联盟内商品流通将扩大 32%；建成统一药品和医疗器械市场；统一对酒精和烟草制品征收消费税；批准关于在 2025 年前启动统一金融、交通运输和能源市场的相关文件；系统性消除内部壁垒（自 2016 年起共消除 51 项壁垒）；为预防新壁垒出现，积极与各成员国政府合作，确保法律法规协调一致；签署《贵金属和宝石交易协定》，制定规划向第三国市场推广联盟珠宝产品。在数字技术发展方面，联盟根据欧亚经济委员会审议通过的 80 个规划，在商品追溯、电子货单认证、产业合作、技术转让等领域启动了 5 个系统性数字项目，已建立起数字运输走廊及电子劳动力市场。

在对外合作方面，迄今已有数十个国家和国际组织有意与欧亚经济联盟开展合作。联盟实施观察员制度，已接纳摩尔多瓦为联盟首个观察员国；与欧盟已展开技术性对话；并积极与美欧商协会合作；同东盟、南方共同市场、非盟等主要地区一体化组织签订了合作备忘录；已与越南、伊朗、塞尔维亚和新加坡分别签署了自贸区协定，与埃及、以色列和印度谈判建立自贸区的工作已接近尾声；与中国 2015 年 5 月签署了《关于丝绸之路经济带建设与欧亚经济联盟建设对接合作的联合声明》[①]，2018 年 5 月签署了《中国与欧亚经济联盟经贸合作协定》（2019 年 10 月 25 日生效）。[②]

虽然俄白哈多次强调欧亚经济联盟的经济属性，但在一些分析人士看来，在当前错综复杂的国际形势下，联盟将难以避免沾染上“政治同盟”的味道。不过，不同于西方所谓的“重建苏联”之说，俄专家表示：“没有理由认为这是在恢复苏联”，因为俄致力于打造的是一个全新的超国家机构。

欧亚发展银行

欧亚发展银行又称欧亚开发银行，是俄罗斯和哈萨克斯坦 2006 年 1 月

① 《丝绸之路经济带对接欧亚经济联盟》，金融时报网，https://finance.huanqiu.com/article/ 9CaKrnJKRmI。

② 《关于 2018 年 5 月 17 日签署的〈中华人民共和国与欧亚经济联盟经贸合作协定〉生效的联合声明（全文）》，新华网，http://www.xinhuanet.com/world/2019-10/25/c_1125154042.htm。

成立的国际金融机构，成立时总注册资本为15亿美元。根据两国协议，俄罗斯的注册资本金为10亿美元，占股67%，哈萨克斯坦注册资本金为5亿美元，占33%。2008年12月，该银行同意接纳塔吉克斯坦、白俄罗斯和亚美尼亚为其成员国。银行总部设在哈萨克斯坦阿拉木图，银行行长由俄罗斯公民担任，副行长由哈萨克斯坦人担任。该银行的宗旨在于加深对成员国政治和经济情况的了解，并对他们提供高质量的资金支持，以推动和加强欧亚地区经济的发展合作；其活动范围限俄罗斯、哈萨克斯坦和中亚及周边地区国家，业务主要集中在电力、水和能源、运输、高科技及创新科技等领域。

阿斯塔纳经济论坛

该论坛创办于2008年国际金融危机时期，每年一届，由主论坛及若干分论坛、投资展等组成。现已成为全球探讨经济、金融和社会问题的重要平台及中亚最为知名的专家对话论坛之一。每届论坛集中探讨全球性议程中最为迫切的问题，并吸引了来自中亚及其他100多个国家的几千位代表前来参会。与会者包括多国政要、主要国际性组织的经济与金融领域领先专家和“诺贝尔奖”获得者以及企业领袖等。比如，2019年5月16日，第十二届阿斯塔纳经济论坛（AEF）以“激励增长：人、城市、经济”为主题，在哈萨克斯坦首都努尔苏丹的世博会会议中心举办。哈萨克斯坦首任总统纳扎尔巴耶夫和哈萨克斯坦现任总统托卡耶夫均出席了论坛开幕式，中共中央政治局常委、国务院副总理韩正应邀出席活动。①

（2）中亚国家参与的主要区域经济合作机制比较

进入21世纪以来，包括中亚国家在内的中亚地区经济一体化步伐明显加快。各组织成员国签署的一系列协议，为相互间的合作奠定了必要的法律基础，刺激了外部投资和相互间的投资，尤其是在能源、运输等领域。可以说，中亚国家近年经济的复苏和持续快速发展在很大程度上是其一体化进程加快的反映。

中亚国家参与的以区域经济合作平台建设为重点的区域组织和合作机制

① 任洁：《第十二届阿斯塔纳经济论坛开幕 哈萨克斯坦两任总统出席》，环球网，https://world.huanqiu.com/article/9CaKrnKkxCh。

中，较有影响力和成效的主要是没有中国参与的欧亚经济共同体和有中国参与的上海合作组织及亚洲开发银行牵头制定的《中亚区域经济合作综合行动计划》机制。以哈萨克斯坦为例，2004—2009年，哈国与上海合作组织其他成员国之间以及与欧亚经济共同体其他成员国之间的贸易额平均增速分别为23.6%和21.5%；贸易额在其贸易总额中的比重平均分别为32.8%和22.2%。

上海合作组织与《中亚区域经济合作综合行动计划》机制的目标不同，前者的近期目标是推进贸易投资便利化，长期目标是实现区域内货物、资本、技术和服务的自由流动；后者的目标是加速区域经济合作和促进脱贫。

**3. 总体评价**

中国与中亚国家参与各种不同性质的区域和次区域经济合作组织是其发展经济、增强综合国力的战略选择，既有各自的发展特点，也存在一些影响区域经济合作推进的问题。这主要表现在中国与中亚国家所参加的国际区域经济合作机制总体水平偏低。如目前有中国参与的中国—东盟自由贸易区和中亚国家参与的欧亚经济联盟，其核心内容都是贸易优惠安排，实施时间短，涵盖面窄。可以说，中国与中亚国家参与的区域经济合作组织都还属于区域经济一体化起步阶段；目前中国与中亚国家已达成自由贸易协定的经济体都是以立足相互之间具有地缘、人文优势的周边为主。由于起步晚，中国与中亚国家对国际贸易规则都处在学习、适应过程中，对于类似自由贸易区这样的区域经济一体化组织应如何建立、建立时应注意什么、遇到情况如何解决等机制建设问题尚缺乏实践经验。但在参与国际区域经济合作中，中国的启动速度较快，发展势头更猛，涵盖范围更广（如有中国参与的东盟贸易自由化内容不仅包括了传统的货物贸易，而且包括了服务贸易）。有中亚国家参与的欧亚经济联盟等国际区域经济组织起点较低，范围较窄，实施速度较慢。考虑到成员国参差不齐的发展水平，中国与中亚国家参与的国际区域经济合作组织都存在着更多的妥协条款和更大的灵活性，体制上都有所创新。中国与中亚国家都面临与双边或多边区域合作伙伴之间承认“完全市场经济地位”以消除自由贸易谈判时的障碍问题（比如已有新西兰、南非、巴西、阿根廷、智利和秘鲁等 35 个国家和东盟相继承认了中国的完全市场经济地位，但占中国进出口总额 45% 的前三大贸易伙伴欧盟、美国和日本尚无一承认中国的“完全市场经济地位”）。

总体来看，中国与中亚国家参与的区域经济合作组织大多是松散型的、国际化层次较低的机构；中国与中亚国家目前为止还未建立一套立足于长远发展需要的区域经济合作战略；中国与中亚国家在欧亚地区的多边博弈性使自由贸易协定谈判将格外艰巨。从中国与中亚国家目前参与的区域经济合作现状来看，大多属于发展中国家之间的合作模式。这种模式的贸易创造效应极小，而贸易转移效应却较为明显。在这样的区域经济一体化中，相对劣势明显的成员却放弃了从世界其他较低成本国家或地区进口而转向从集团内较高成本国家的进口，发展水平最低的成员最有可能因贸易转移而遭受损失；中国与中亚国家双方国内产业以劳动密集型和资源密集型为主，无法形成紧密的垂直分工和水平分工关系；作为发展中国家，产业成本递增快，合理经济规模较小，难以分享规模经济的好处。虽然中国与中亚国家参与的国际区域经济合作机制各有其合作重点和方式，但在很多合作领域和目标上都是一致的。比如建立统一的运输体系、加强基础设施建设、消除贫困，发展经济一体化等。中国与中亚国家应积极了解并参与其他机制活动，以便共享各区域合作机制的成果，促进中亚区域经济合作。

展望未来，中国宏观调控政策效果逐步显现，国民经济将继续保持健康快速发展；涉外法律、法规日臻完善；跨国公司投资横向、纵向转移趋势明显；包括服务业在内的全方位、多层次、宽领域对外开放格局基本形成。在后危机时代，在国际贸易保护主义加剧、多边谈判进程艰难的形势下，中国加快参与周边区域经济合作机制建设的紧迫性更加突出。为此，中国需要进一步做好全球自贸网络的布局，并加快推动现有自贸区谈判进程。由此可见，参与中亚国家区域经济合作机制，借鉴和利用其已有的合作经验与模式，不仅有助于推动上海合作组织成员国之间的经济合作，而且有益于中国自身经济的整体发展。

## 三、中国与中亚共建区域经济合作机制的模式

近年来，国际政治经济的集团化、一体化，成为全球治理的主导力量；区域和次区域合作组织犬牙交错，机制构建和制度安排不断创新，大国和大集团对区域和次区域层面的争夺日趋激烈。“丝绸之路经济带”本身是个倡议，不具有联盟和机制化的性质（不建立某种组织机构），[①]其本身不是个排他性的国际合作机制，具有开放性、包容性、建设性和多元性特点，旨在充分利用与借重沿线已有的区域和次区域合作机制，形成双边与多边并行，区域与次区域交叉互补，政治、安全、经济、人文多领域全方位的多机制、多组织合作架构。中亚国家自独立以来，相继与中国建立起了多元化的双边与多边、区域和次区域合作机制相结合的架构，将在共建“丝绸之路经济带”核心区过程中发挥优势互补的作用。其中，区域层面，上海合作组织将发挥重要的协调、沟通和促进的核心平台作用，亚信会议将成为中国与中亚安全和互信合作的重要机制保障；次区域层面，中哈霍尔果斯国际边境合作中心、环阿尔泰山次区域合作机制等将促进“丝绸之路经济带”核心区建设落到实处；国家层面，双边和多边首脑会晤机制将为“丝绸之路经济带”核心区的建设发挥重要的顶层设计和实质性的推动作用。

### 1. 区域层面

（1）上海合作组织可以作为中国与中亚区域经济合作的核心平台

中国对上海合作组织的成立及其宗旨和原则的形成特别是“互信、互利、平等、协商、尊重多样文明、谋求共同发展”的“上海精神”的形成起到了非常重要的创新作用。这一原则正推广至“一带一路”建设当中，并对国际秩序的重构产生了深远影响。无论是建立新型平等互利的国家间关系，还是推动“一带一路”国际合作，抑或发展周边外交，上海合作组织都是中国三种外交思路的集汇点。鉴于中亚各国均是上海合作组织的成员国，随着中国与中亚在“丝绸之路经济带”核心区建设的推进，中国更加积极地借助上海

---

① 〔哈〕A. 阿姆列巴耶夫：《上海合作组织与丝绸之路经济带建设前景》，《俄罗斯研究》2015年第6期，第14页。

合作组织的平台作用，参与和推进中亚区域经济合作的多边进程，并鼓励经济正处于艰难的下行期、恐怖主义安全威胁上升等挑战增加的中亚国家搭乘中国经济发展的列车，共享发展的红利和成果，协手推动“丝绸之路经济带”核心区建设迈向更高水平。

继中国与各成员国签署各国参与“一带一路”国际合作倡议、对接各国发展战略文件后，上海合作组织通过成员国首脑（总理）会议多次发表了关于支持“丝绸之路经济带”建设的声明，并推动成员国签署国际道路运输便利化协定和制定《上海合作组织至2025年发展战略》《2016—2021年上海合作组织成员国海关合作计划》等文件。目前，中亚各国均已把上海合作组织未来发展与“丝绸之路经济带”建设有机结合起来，并就深化该组织各领域合作的新思路新举措采取一致行动，蓄力未来，为本组织各国的发展与稳定提供新动力。

（2）亚信会议是保障中国与中亚安全与互信合作的重要机制

在全球化和区域化时代，没有地区安全和稳定就难以保障区域经济发展。“丝绸之路经济带”核心区面临众多的传统与非传统安全挑战，安全保障体系的构建尤为重要，由哈萨克斯坦倡导成立的亚信会议正在成为保障“丝绸之路经济带”区域安全的一个重要机制。

亚信会议为中国与中亚区域经济合作构建了安全平台

亚信会议，全称：亚洲相互协作与信任措施会议，是一个有关安全问题的多边论坛；其宗旨是在亚洲国家之间讨论加强合作、保障区域安全问题、增加信任措施。截至2019年，亚信会议共有27个成员国、13个观察员国。会议议题所涉范围以亚洲为主，横跨亚洲、欧洲、非洲各次区域，已发展成为具有广泛代表性的国际合作机制。亚信会议与时俱进，合作宗旨从对亚洲地区形势达成一致认识，消弭相互误解、对立与冲突，保障地区稳定与安宁，进而协商解决共同面临的问题，到共同推动在亚洲地区建立安全保障机制，促进区域性经济发展与社会繁荣；合作领域从促进亚洲和平、安全与稳定拓展到军事政治、新威胁新挑战、经济、生态、人文等五大领域。近年来，在打击中亚区域恐怖主义、跨国犯罪、制毒贩毒等领域推动务实合作；合作范围从亚洲拓展到与亚信合作的国际组织（涵盖的欧洲、阿拉伯国家和地区等）。由于其与“一带一路”国际合作倡议实施区域高度重合，正在成为保障“一带一路”安全的重要机制平台。

亚信会议首倡的新安全观为“丝绸之路经济带”核心区奠定了安全基石

亚信会议峰会和外长会议均为每四年举行一次，两会交错举行，间隔两年。自从2014年中国接棒主席国以来，亚信会议发展得到了国际社会的高度关注和参与成员的积极响应。2014年5月，在参与人数最多和级别最高的亚信上海峰会上，习近平主席首倡提出了共同安全、综合安全、合作安全、可持续安全的亚洲安全观。习主席认为：实现真正的安全，必须靠互补而不是互斥，靠包容而不是排他，靠双赢而不是零和的创新安全理念。这一新安全观涵盖了发展和安全的双重维度，含义深广，与上海合作组织“互信、互利、平等、协商、尊重多样文明、谋求共同发展”的“上海精神”相互呼应，各有侧重，为“丝绸之路经济带”核心区安全体系建设提供了充分的理念支撑。除了新安全观外，习主席的讲话还涉及对亚信的四个极具建设性和可操作性的建议，即考虑“适当增加亚信外长会乃至峰会频率”，“支持完善亚信秘书处职能，在亚信框架内建立成员国防务磋商机制及各领域信任措施落实监督行动工作组”，“举办亚信非政府论坛”，“增强亚信的包容性和开放性”。这些正是“和平合作、开放包容、互学互鉴、互利共赢”丝路精神的具体实践，为促进亚信平台的政治引领、机制建设与务实合作，为“一带一路”区域安全奠定了坚实的合作架构。

亚信会议为“丝绸之路经济带”核心区提供了安全治理新模式

在全球化背景下，安全的跨国性、综合性和联动性日益突出，任何一个国家在安全问题面前都难以独善其身。只有通过对话与合作，中国与中亚各国才能共同应对挑战、共维稳定、共享安全。亚信会议提出的亚洲新安全观致力于走出一条共商、共建、共享、共赢的亚洲安全之路。这种共谋和平、共护和平、共享和平的安全观为“丝绸之路经济带”核心区提供了安全合作新模式。“共商”是指“丝绸之路经济带”核心区沿线国家地区形成对发展目标的共识，并共同探讨实现这一目标的过程和路径；“共建”是“丝绸之路经济带”核心区沿线国家地区要全方位推进务实合作，打造政治互信、经济融合、文化包容的命运共同体、责任共同体、利益共同体；“共享”是指“丝绸之路经济带”核心区建设的成果应该由沿线国家的全体人民共同分享。

“丝绸之路经济带”是中国提出的倡议，是开放的、环连亚欧的广阔区域；“丝绸之路经济带”是多元的，呼应了沿线各国实行对外开放、实现繁荣发展的现实需求和共同愿望，顺应了当今时代求和平、谋发展、促合作的历史潮流；“丝绸之路经济带”核心区同时涵盖各个合作领域，合作形式也可以多种多样，它的未来属于沿线的每一个国家和地区，需要得到中亚各国的认同、支持与合作，彼此守望相助，弘义融利，风雨同舟，命运共担。

中国正在致力于积极推动国际关系民主化，尊重“丝绸之路经济带”核心区沿线国家自主选择合作伙伴与合作方式的内在合作愿望，与所有愿意参与“丝绸之路经济带”核心区建设的中亚国家在安全领域努力开展国际合作，共同提升提供国际公共产品和服务的能力。中国希望通过亚信会议等多种机制和平台，更好地加强成员国相互间的政治沟通和战略互信；中国尊重中亚各国的不同文明、不同社会制度、不同发展模式选择，希望合力构建超越传统国际关系模式、文明属性、制度差异、发展差距的新型国家关系，并通过推动更大范围、更高水平、更深层次的大开放、大交流、大融合，彼此成为共同发展、共同安全的“好邻居、好伙伴、好朋友”。

### 2. 次区域层面

中哈霍尔果斯国际边境合作中心开辟了合作新模式

中哈霍尔果斯国际边境合作中心（简称：中哈霍尔果斯合作中心）建立在中国与哈萨克斯坦交界的霍尔果斯边境口岸，主体区占地面积 5.28 平方千米（其中，中方区域面积 3.43 平方千米），主要用作贸易洽谈、商品展销、仓储运输、宾馆饭店、区域性洽谈会举办等；配套区位于合作中心以南，规划面积达 9.73 平方千米（可用作支撑中心发展的产业基地）。合作中心2003年由纳扎尔巴耶夫总统提出，作为中国首个跨国建立的经济、贸易、投资合作中心，其在全国乃至世界都是史无前例的。中哈霍尔果斯国际边境合作中心是中国与其他国家建立的首个跨境合作中心；是在遵守但并不限于WTO所规定的边境贸易、自由贸易区、便利自由贸易等优惠政策，通过两国政府签订合作中心协议的方式，建立由中央政府订立并监督、次一级中央政府加以具体实施的，有严格地域界限和实行边境自由贸易的特殊的次区域贸易安排。它也是中国与中亚在“丝绸之路经济带”上正式建立的首个边境自由贸易区，是由双边辐射到多边的区域经贸合作的重要平台，是个具有创新意义的跨境经贸合作区。在功能、政策、模式、区域定位、发展目标、管理方式和金融等多方面都有较大的创新，开创了中国与次区域地区合作的新模式和新结构。[①]它的建立标志着“丝绸之路经济带”沿线国家开展区域经济合作取得了重大而实质性的突破。为“丝绸之路经济带”自由贸易区的建设提供了新模式和新范例。

环阿尔泰山次区域合作机制开创了自下而上科技推动的新平台

环阿尔泰山次区域合作机制是中、俄、哈、蒙四国各州在同位于阿尔泰山脉接合部共建的跨国区域合作机制。该区域机制所涉及地区主要包括中国新疆阿勒泰地区、俄罗斯阿尔泰边疆区和阿尔泰共和国、哈萨克斯坦东哈萨克斯坦州、蒙古国巴彦乌列盖省和科布多省“四国六方”，区域面积78万平方千米，涵盖507万人。该机制始于1998年3月，由中国新疆科技厅代表团到俄哈蒙三国考察时牵头倡议进行跨界合作开发与合作，并得到各方的积极响应。随后，相关各国成立了四国六方阿尔泰区域合作国际协调委员会，并就重大科研课题联合开展跨界考察、定期轮流举办国际研讨会和签署科技合作议定书等工作。2000年以来，中俄哈蒙阿尔泰区域四国六方机制已在科技、教育、生态环境监测、旅游、地震、农业、交通等领域展开了广泛交流与合作，建立了阿尔泰区域高校校长委员会等机制，自下而上逐渐引起四国的高度重视，参与级别逐步提高。随着“丝绸之路经济带”倡议的逐步落实

① 王海燕：《中国与周边国家区域经济合作的机制创新探析——以中哈霍尔果斯国际边境合作中心为例》，《新疆师范大学学报》（汉文哲学社会科学版）2012年第3期。

以及相关论坛机制的深化拓展，这一区域合作机制先是扩展为“四国九方”（增加了俄罗斯联邦图瓦共和国，蒙古国乌布苏省、戈壁阿勒泰省），2016年又扩展至“四国十二方”（增加了哈萨克斯坦共和国卡拉干达州、阿拉木图市及蒙古国拉不汗省）。以阿尔泰区域为核心，以哈萨克斯坦东部、蒙古国西部、俄罗斯的西西伯利亚地区和中国新疆为经济圈的合作成效日益显著，并在科技合作、旅游发展、矿产资源开发、科研人员培训等多个领域取得了实质性进展。合作领域正在向经贸和人文领域延伸和拓展，从而极大促进了环阿尔泰山区域的跨境全方位合作。各地区科研机构正在设立共同的科研计划，并筹划建立阿尔泰区域国际联合研究基金，支持该区域内的科技研究与合作。此外，各方已初步达成协议，计划建立阿尔泰区域科技园区，以高新技术产业带动区域经济发展。① 中国正努力将阿勒泰建成“丝绸之路经济带”上特殊经济开发区和互联互通国际性综合交通枢纽、面向中亚文化交流的窗口和沿边民族地区和谐进步模范区、向西开放的进出口加工基地和能源资源陆上大通道，并通过这一地区积极承接产业转移并发展成为向西出口制造基地，进一步增强阿勒泰地区在环阿尔泰区域合作的影响力和竞争力。② 中俄哈蒙阿尔泰区域“四国十二方”合作机制对于中国开展与周边国家的科技、经贸、人文等领域的合作具有非常重要的意义，也开创了以科技促经贸、以地方促中央自下而上区域经济一体化的新范式，值得在“丝绸之路经济带”沿线区域鼓励和推广。

中亚区域经济合作机制务实合作见成效

亚洲开发银行继1996年倡议在中国、哈萨克斯坦、吉尔吉斯斯坦、塔吉克斯坦、乌兹别克斯坦五国间开展区域经济合作后，2006年正式提出了《中亚区域经济合作综合行动计划》。2002年，其又将合作成员名单增加了阿富汗、阿塞拜疆、巴基斯坦、蒙古国。随着2016年格鲁吉亚的加入，中亚区域经济合作（CAREC）机制成员已扩大为10个主权国家，以及亚洲开发银行、

---

① 《中俄哈蒙四国专家呼吁建立阿尔泰区域绿色经济带》，http://www.foods1.com/ content/1950411/。

② 俞光新：《以“四国六方”区域合作机制为平台加快推进阿勒泰地区口岸规划建设与发展》，http://www.altxw.com/wyyl/content/2014-09/30/content_9367595.htm。

世界银行、国际货币基金组织、联合国开发计划署、欧洲复兴开发银行、伊斯兰开发银行6个多边金融机构。2002年以来，CAREC共举行了10余次年度部长级会议，先后确定了部长级会议、高官会、行业部门协调委员会三级合作机制，提出以贸易便利化、交通、能源与人力资源开发为合作重点，成立了中亚海关、交通和能源等部门协调委员会以及中亚区域经济合作学院等机构，确定了对中亚地区的多个投资和技术援助项目，通过了关于促进道路安全行动计划、卫生与植物检疫（SPS）措施合作计划、能源战略及工作计划（2016—2020年）等。[①] 近年来，CAREC机制凭借其资金优势组织实施了公路建设、电力供应、环境保护等项目，对中亚国家交通、能源、贸易便利化、贸易政策等重点领域合作发挥了实质性的促进作用。这是中国与中亚多边经济合作较有实质性内容并取得了重要进展的机制，对促进中国与中亚“丝绸之路经济带”核心区建设有重要的示范和借鉴作用。

伊塞克湖国际经济论坛等创新合作议题和模式

伊塞克湖国际经济论坛（Issyk-Kul International Economic Forum）于2014年8月18日在吉尔吉斯斯坦伊塞克湖畔正式举行。与会者为来自吉尔吉斯斯坦、哈萨克斯坦、俄罗斯和中国的专家、政要、企业和社会组织代表。迄今，该论坛已成为中吉等国实业界代表交流信息、增进共识、推动合作、落实项目的重要平台。中吉双方也在致力于将其打造成地区和国际著名的高端经贸合作、交流、促进平台。在论坛上，共建“丝绸之路经济带”、加强区域国家间互利合作、实现共同发展已成为各方共识。

此外，自中亚各国独立以来，由乌鲁木齐对外经济贸易洽谈会（简称：乌洽会）发展而来的中国—亚欧博览会、以上海合作组织成员国和观察员国为主体的西安欧亚经济论坛等中国与中亚各国沿边地区和地方层面的多边次区域经贸合作平台也不断涌现。这些平台既涉及区域间、国家间、地方间多层级的部门合作，又涉及各种专业领域的务实交流，极大地促进了“丝绸之路经济带”核心区的经贸、投资与科技合作。

① 俞光新：《以“四国六方”区域合作机制为平台加快推进阿勒泰地区口岸规划建设与发展》，http://www.altxw.com/wyyl/content/2014-09/30/content_9367595.htm。

### 3. 国家层面

中国是最早承认中亚国家独立并与之建交的国家之一。近三十年来，中国与中亚国家通过国家元首会晤、总理等高层互访、双边政府间合作委员会、能源与经贸等各专业领域合作分委会以及其他合作机制等建立了稳定的互信关系和畅通的交流渠道，为边界领土问题、“一带一路”国际合作倡议与各国发展战略对接等重大议题的设计与解决起到了实质性推动作用。自习近平主席2013年9月在哈萨克斯坦首倡与中亚国家共建“丝绸之路经济带”以来，中亚各国从观望、了解阶段迅速发展到政策和国家发展战略对接的制定和执行阶段，并在中国与中亚国家首脑双边会晤时纷纷签署了有关“丝绸之路经济带”倡议与各国发展战略对接的协议。可以说，首脑会晤机制对中国与中亚区域经济合作的发展起到关键性的引领作用。

哈萨克斯坦方认为，“丝绸之路经济带”倡议与哈国的《哈萨克斯坦—2030》《哈萨克斯坦—2050》战略较为契合。2014年11月，哈萨克斯坦纳扎尔巴耶夫总统又提出“光明之路”新经济政策，对此，中方给予充分支持。2015年5月，习近平主席在时隔一年多的时间里再次访哈，两国首脑一致表达了在平等互利基础上加快推进“丝绸之路经济带”同哈“光明之路”经济战略对接的愿望。2015年12月，中哈两国总理友好会谈期间发表了《中华人民共和国政府和哈萨克斯坦共和国政府联合公报》，提出“尽快启动‘丝绸之路经济带’建设与‘光明之路’新经济政策对接合作规划联合编制工作”。2016年9月2日，在双方首脑推动下，中哈签署《中华人民共和国政府和哈萨克斯坦共和国政府关于“丝绸之路经济带”建设与“光明之路”新经济政策对接合作规划》，[①]重点加强交通运输、工业、农业、能源、新兴产业、金融、知识产权等领域的深度合作，并共同落实好《中华人民共和国政府与哈萨克斯坦共和国政府毗邻地区合作规划纲要（2015—2020年）》。

乌兹别克斯坦方认为，“丝绸之路经济带”倡议正好可帮助实现乌兹别克斯坦的“2015—2019年生产本地化纲要”，乌中两国元首就加强共建“丝

① 《中华人民共和国政府和哈萨克斯坦共和国政府关于“丝绸之路经济带”建设与“光明之路”新经济政策对接合作规划》，http://xbkfs.ndrc.gov.cn/gzdt/201610/t20161013_822490.html。

绸之路经济带”合作很快达成重要共识。2014 年 8 月 19—20 日，乌兹别克斯坦总统卡里莫夫对我国进行国事访问时，与习近平主席共同发表的《中华人民共和国和乌兹别克斯坦共和国联合宣言》表示，双方支持并愿共同落实中方关于建设“丝绸之路经济带”的倡议，将确定新的、具有前景的经济合作方向，进一步推动重点项目。2015 年 6 月 15 日，中国—乌兹别克斯坦政府间合作委员会第三次会议共同签署了《关于在落实建设“丝绸之路经济带”倡议框架下扩大互利经贸合作的议定书》[①]，规定将在共建“丝绸之路经济带”的框架下充分发挥现有双边经贸合作机制的作用，进一步全面深化和拓展两国在贸易、投资、金融和交通通信等领域的互利合作，重点推动大宗商品贸易、基础设施建设、工业项目改造和工业园等项目，实现双边经贸合作和共建“丝绸之路经济带”的融合发展。

土库曼斯坦方认为，“丝绸之路经济带”倡议正好可帮助土实施油气立国和发挥地区国际交通走廊作用战略。2014 年 5 月 11—13 日，土总统别尔德穆哈梅多夫对我国进行国事访问时，与习近平主席共同发表的《中华人民共和国和土库曼斯坦关于发展和深化战略伙伴关系的联合宣言》[②]表示，双方高度评价中土合作委员会及其分委会对深化双方务实合作起到的统筹、指导和协调作用，商定加强经济社会发展政策沟通与协调，努力实现中华民族伟大复兴的“中国梦”同土库曼斯坦建设“强盛幸福时代”发展战略的对接，实现共同发展繁荣，并将共同推动“丝绸之路经济带”建设，研究开展合作的方式及启动具体合作项目，加强在能源、跨境运输、种植业、畜牧业、航天、金融等领域的合作，同时积极推动两国地方间开展务实交流与合作。

吉尔吉斯斯坦方认为，“丝绸之路经济带”倡议与吉于 2011 年出台的《2013—2017 年稳定发展战略》契合。吉总统阿坦巴耶夫在习近平主席 2013 年 9 月赴比什凯克参加上海合作组织峰会并对吉进行国事访问时表示，吉方支持习近平主席建设“丝绸之路经济带”的倡议，愿同中方扩大经贸、

① 王优玲：《中国与乌兹别克斯坦签署共建“丝绸之路经济带”合作文件》，新华网，http://news.xinhuanet.com/fortune/2015-06/17/c_1115646851.htm。

② 《中华人民共和国和土库曼斯坦关于发展和深化战略伙伴关系的联合宣言（全文）》，新华网，http://news.xinhuanet.com/world/2014-05/12/c_1110652783.htm。

能源、互联互通、人文等领域合作，认为落实共建“丝绸之路经济带”倡议对双边合作全面发展具有重要意义。2014 年 5 月 18—21 日，阿坦巴耶夫总统对我国进行国事访问时与习近平主席共同发表的《中华人民共和国和吉尔吉斯共和国关于进一步深化战略伙伴关系的联合宣言》[①]表示，双方愿密切协作确定优先实施的大项目，采取具体落实措施并为此制定完善双边合作的路线图。2017 年 1 月 6 日，阿坦巴耶夫总统在吉中建交 25 周年之际访华时再次重申，吉方愿深化同中方在基础设施、农业等领域合作，积极参与“一带一路”国际合作建设，推进“一带一路”倡议同欧亚经济联盟对接合作。[②]

塔吉克斯坦方认为，中国在塔投资和资金援助多集中在矿业开采、电力电网、交通通信基础设施、农业生产等领域，与塔政府设立的“实现能源独立、摆脱交通困境、保障粮食安全”的“三大国家战略”完全吻合。2015 年 1 月，塔总统拉赫蒙发布的最新国情咨文所确定的“至 2030 年国家战略”与“丝绸之路经济带”建设在诸多理念和政策层面高度契合。2014 年 9 月 12—14 日，习近平主席应塔吉克斯坦共和国总统邀请对塔进行国事访问时，与塔总统埃莫马利·拉赫蒙发表的《中华人民共和国和塔吉克斯坦共和国关于进一步发展和深化战略伙伴关系的联合宣言》[③]指出，共同建设“丝绸之路经济带”的伟大倡议为中塔开展全方位合作提供了新的历史机遇，双方愿密切合作，共同推动“丝绸之路经济带”建设，开辟中塔合作新的广阔前景；双方将加强能源、农业、交通运输、金融等领域合作，并全面提升两国毗邻地区合作水平，积极推动地方务实交流与合作。

中国与中亚国家在遵守国际规则及国际合作机制框架下，在区域层面、次区域层面和国家层面的合作机制建设，将有力保障“丝绸之路经济带”带核心区建设的有效协调和务实推进。

---

① 《中华人民共和国和吉尔吉斯共和国关于进一步深化战略伙伴关系的联合宣言（全文）》，新华网，http://news.xinhuanet.com/world/2014-05/18/c_1110742415.htm。

② 《习近平会见吉尔吉斯斯坦总统》，中国经济网，http://www.ce.cn/xwzx/gnsz/szyw/ 201701/06/t20170106_19445389.shtml。

③ 《中塔关于进一步发展和深化战略伙伴关系的联合宣言》，新华网，http://news.xinhuanet.com/world/2014-09/13/c_1112468962.htm。

## 四、中国与中亚共建区域经济合作机制面临的挑战与应对

### 1. 中国与中亚共建区域合作机制面临诸多挑战

（1）区域安全挑战

中国与中亚国家都面临三股势力的严峻挑战，尤其是乌伊运、东突等恐怖主义、宗教极端势力等对地区安全的挑战越来越不容忽视。2016 年 8 月 30 日，中国驻吉使馆遭汽车炸弹袭击，[①] 表明经历过颜色革命的吉尔吉斯斯坦安全形势依然令人堪忧。此外，阿富汗问题的久拖不决以及中亚地区的毒品走私、跨国犯罪、非法贩售武器等都影响着中亚地区的安全。

（2）政权更迭的不确定性

继土库曼斯坦之后，乌兹别克斯坦和哈萨克斯坦通过选举实现了权力平稳更替，但塔吉克斯坦还存在国家领导人权力能否平稳交替、新领导人如何看待与中国关系及如何对待“丝绸之路经济带”等问题。

（3）其他域外国家区域合作机制或方案的竞争

近年来，美国、日本、欧洲、印度等都提出了中亚区域经济合作的机制或方案。如何平衡协调这些关系对中亚国家是严峻考验。

（4）逆全球化影响

当今世界从多机制、多模式的竞争、交融与交锋日趋激烈的时代进入了全球化与反全球化博弈时期。随着亚太地区经济发展模式的竞争与分化不确定性因素的增加，中亚国家对自身的亚洲国家定位和亚欧通道的认识越发清晰，各国选择区域合作机制的自主性加强，中亚区域碎片化或一体化的拉锯战正在加剧，中亚区域经济发展的走向面临众多变数。所有这些因素无疑将对中亚各国全球化选择走向产生深远影响。

① 王琦：《中国驻吉尔吉斯斯坦机构提升安保级别应对复杂安全形势》，国际在线网，http://news.cri.cn/20161102/8f69f0a6-f779-38a7-d1af-d5a788db24ba.html。

（5）区域与次区域合作机制的定位问题

中亚地区的区域和次区域合作机制众多且交叉重叠与竞争，如何差异化定位与合作是难以规避的现实问题。

（6）合作质效的提高问题

中亚区域经济合作及贸易便利化进程推动缓慢，中亚成员间贸易增长额有限。目前中亚区域内海关、进出境检验检疫、交通运输等功能便利化合作进程滞后于贸易发展速度；中国对中亚国家单向投资明显，合作项目进展缓慢。中亚自贸区由局部到整体建成的不确定因素较多。

### 2. 应对思考

（1）中国应进一步与中亚国家加大在上海合作组织等机制下的安全合作力度

继续开展联合军事演习，共同打击“三股势力”、贩运毒品和其他跨国有组织犯罪活动；加强彼此间执法、安全和防务部门交流、培训与合作，共享情报、信息和经验；同地区国家合力推进解决阿富汗重建问题；在边境敏感地区开展跨境联合执法合作、联合打击枪毒走私和国际恐怖活动等，加强边境安全，共同防范非法贩运武器等，共同构建上海合作组织命运共同体。

（2）合力促进中亚地区政治稳定

中国在坚持不干涉别国内政的情况下，与中亚国家高层保持互信与联络通道的畅通，与联合国及其他国际社会一道，在中亚国家政权交替时期防止动荡发生，共同维护中亚地区安全与平稳过渡。

（3）以开放包容的姿态，寻求在中亚区域内多种区域合作机制或方案的互补与合作

摒弃零和思维，客观看待其他国家在中亚区域的存在及所持立场，在维护好与中亚各国良好关系基础上，寻找与美、俄、欧等在中亚开展合作的契合点，共同为提高中亚经济发展水平、改善民生等进行广泛合作，合力提升中亚地区的互联互通与经济发展水平。

（4）鼓励中亚国家的全球化选择

尊重中亚国家自主选择其发展道路的权利，借助中国与中亚国家共建“丝绸之路经济带”的契机，充分发挥中国经济增长的引擎作用，做大亚欧经济这块蛋糕，主动带动和帮助中亚国家经济发展，并照顾各方自身发展能力差异，增加中亚区域的向心力、凝聚力，使中亚国家能够分享积极参与全球化的成果，提升各自的国力和人民生活水平。

（5）差异化竞争

明确定位，鼓励中亚区域及次区域各方合作的积极性，充分发挥各机制的潜力和带动作用，细分合作区域和领域，形成百舸争流、良性互动的格局。

（6）强化与中亚国家双边和多边合作机制的沟通与协调

通过建设跨境、跨机制自贸区，促进中国与中亚国家海关、出入境检验检疫、交通运输、外汇、税务、银行等功能领域的信息共享与合作，提高办事效率，责任均担，利益共享，切实推动中亚区域经济发展。

# 第四章

# 中国与中亚国家共建经济走廊的路径

区域经济合作中基础设施合作是非常重要的领域，其中最核心的就是交通运输体系的合作。基础设施的规划与建设应考虑到整个区域经济发展的现状和需要，在区域内和区际间进行统一规划、统一实施、统一协调，其合作的理想模式是共建、共享、共管模式。基础设施合作是区域经济一体化发展、物流畅通的硬件保证。为实现区域经济一体化，应对现有的各地交通设施进行合作利用，从分散到联通，从局部到整体，以发挥最大的经济效益。

习近平主席提出“丝绸之路经济带”要实现“五通”（经济政策沟通、道路联通、贸易畅通、货币流通、民心相通）。其中，道路联通在“丝绸之路经济带”的建设中起着重要的基础性作用，其实质就是中国与中亚共建当代立体丝绸之路。随着中国与中亚国家经贸关系的不断深化以及双方对交通运输合作需求的不断增强，通过中国与中亚立体丝绸之路的建设与拓展，中国与中亚国家之间的经济合作将会得到长足发展，并在“丝绸之路经济带”建设中形成新亮点。中亚将通过这条经济走廊与中国共建利益、责任和命运共同体，并在广阔的亚欧大陆构建新的区域经济发展格局。

# 一、经济走廊概念界定

## 1. 概念界定：交通运输地理学中的通达性与流动性[①]

经济走廊目前尚无权威的概念界定。笔者综合各种解释定义为：走廊是连接两个或多个地带的交通通道；经济走廊就是在此交通通道上通过经济活动，连接起该地带的核心节点城市，实现由点到面、从面到片的多层次区域经济合作模式。经济走廊需要解决通达性和流动性问题，须在高度的政治互信、经济相互依存和区域合作机制保障基础上实施，其实施路径在于构筑起立体交叉互补的多元化交通网络。

综合交通运输系统（Comprehensive Transportation System）是指建立在铁路、公路、管道、航空、水运等多种运输方式基础上的支持整个社会经济发展的基础设施系统。综合交通运输系统不仅是运输设施的简单制造，它更强调通过发展交通运输来促进资源的有效利用和优化配置，进而提高中国与中亚国家交通运输合作的通达性与流动性。

通达性与流动性是交通地理学的两个核心概念。其中，通达性（Accessibility）指的是通过某种特定的交通运输工具从一个给定的地区到达另一个目的地的便利程度。[②] 美国地理学家汉森·沃特（Hansen Walter）在1959年最早提出此概念。他认为，通达性是指在一定的空间当中不同区域之间相互作用机会的可能性。[③] 交通运输基础设施作为社会生产、生活的基本需要以及跨国人文经济交流的前提，其目的在于通过基础设施的建设，发展各种交通运输，以此来提高空间与空间之间生产力相互组合的通达性，最终提高空间内的生产效率以及社会生活水平。从经济学角度来看，运输成本是人们经济活动中不得不考量的因素，区域之间的通达性直接影响着生产力的地域组合。

流动性（liquidity）指的是两个给定空间之间人员、货物以及信息的相

① 王海燕：《“一带一路”视域下中蒙俄经济走廊建设的机制保障与实施路径》，《华东师范大学学报》（哲学社会科学版）2016年第5期，第126—127页。

② 李平华、陆玉麟：《可达性研究的回顾与展望》，《地理科学进展》2005年第3期。

③ Walter. G., Hansen, “How Accessibility Shapes Land Use,” *Journal of the American Institute of Planners*, Vol.25, (1959): 73—76.

互往来，它以空间通达性为基础。城市经济学和区域经济学认为，运输成本或资源流动成本与经济要素的流动性直接相关。基于逐利性考虑，流动性会导致资源向成本低的区域流动，进而形成特有的资源分布格局。[①]一般而言，通达程度越高则流动程度也越高，二者呈正相关性。

“交通运输在全球化进程中扮演着双重角色，它不仅是世界经济全球化的内在动力，同时也是经济全球化进程中的最大受益者。”[②]从当前的发展形势来看，中国与中亚国家之间交通运输合作中的通达性与流动性程度还不能够满足双方之间经济发展的需求。随着区域经济一体化趋势的不断深入发展，提高中国与中亚国家之间的交通通达性与流动性是促进双方经济发展的必然要求。通达性与流动性不仅是指运输设施的简单制造，更强调通过发展交通运输来促进资源的有效利用和优化配置。

### 2. 中国—中亚经济走廊的范畴与内涵

中国与中亚国家经济走廊建设就是构建综合交通运输系统。综合交通运输系统的构建指的是通过双边的合作，构建集铁路、公路、管道、航空乃至海运为一体的交通运输合作体系。目前，在铁路、公路以及管道运输方面，双方合作已经取得了巨大成就。在航空方面，这里虽然有乌鲁木齐和喀什两个国际航空港，但其在货物运输方面存在成本高等局限性。这也是双方产品贸易结构导致的结果。中国与中亚国家的产品贸易主要集中在不适合用航空运输的初级产品和低附加值产品方面。因此，在经济发展中，若双方能够加强高科技产品方面的合作则有助于增强航空运输需求。当然，构建中国与中亚国家的综合交通运输系统也离不开海运的合作。目前，中国与中亚国家之间没有直接的海运线路，但这并不意味着双方之间的海运合作没有可能。为此，2013 年，李克强总理提出了构建“中巴经济走廊”的倡议。中巴经济走廊是指中国和巴基斯坦两国共同打造的中国新疆乌鲁木齐—喀什—红其拉

---

① 宋英杰：《交通基础设施的经济集聚效应：基于新经济地理理论的分析》，博士学位论文，山东大学，2013。

② D.G. Janelle and M. Beuthe, “Globalization and Research Issues in Transportation,” *Journal of Transport Geography*, Vol.5, No.3 ( September 1997) : 199—206.

甫—巴基斯坦苏斯特—洪扎—吉尔吉特—白沙瓦—伊斯兰堡—卡拉奇—瓜达尔港全长 4721 千米的交通大动脉。中巴经济走廊的建成将使中国新疆拥有新的出海口，形成一条直接辐射吉尔吉斯斯坦、阿富汗、伊朗、印度、波斯湾地区的经济通道。从某种程度上来看，这也可成为未来中国新疆与中亚国家发展海运合作的起点和基础。

中国—中亚经济走廊是指以中国经中亚、亚欧等地不同层次和各具特色的带状地域经济单元为基点，依托三条亚欧大陆桥、中亚天然气管道等交通运输干线并以其为发展轴，再以轴上经济发达的北京、上海、西安、乌鲁木齐、阿拉木图、塔什干、圣彼得堡等沿途若干个大城市为核心，联结带动周围不同等级规模城市的经济发展，由此形成点状密集、面状辐射、线状延伸的生产、流通一体化经济区域。①

中国—中亚经济走廊的主要内涵为：A. 本着周边是首要的原则，共同发展，促进周边和谐稳定，睦邻、安邻、富邻，共建亚欧命运、责任和利益共同体；B. 推进亚欧基础设施互联互通和跨境合作，物畅其流，人畅其通；C. 加强同亚太经合组织、上海合作组织等亚欧区域机制的合作，最大程度保障中西南亚区域发展和各国经济安全，促进中西南亚地区贸易便利化，共同构建有利于各国的更加开放透明，便利各种生产要素流通的市场体系，形成拥有超过 15 亿人口的统一大市场；②D. 重构区域产业分工体系，利用彼此资源、技术、设备等互补优势，在保障技术、设备等先进性和环保性前提下，互助建立更加健全合理的产业结构，在国际市场上获得竞争优势；E. 重塑国际金融体系，促进区域投融资便利化；F. 在世界经济全球化、区域化、一体化和中国所倡导和推进的“丝绸之路经济带”建设的大背景下，“共同发展、共同繁荣”，以期为同是发展中国家、转型国家、新兴经济体国家的中亚各国在世界市场上获得更多的市场份额，在世界多极化利益再分配格局中赢得与自身实力相匹配的份额。

① 王海燕：《“一带一路”视域下中亚国家经济社会发展形势探究》，《新疆师范大学学报》（汉文哲学社会科学版）2015 年第 5 期，第 78—86 页。

② 作者根据世界人口网（http://www.renkou.org.cn/）数据计算得出。

## 二、中国与中亚共建经济走廊具备良好基础

### 1. 中国与中亚已建立政治互信关系

多年来，中国同中亚地区各国均已建立起全面战略伙伴关系，解决了历史遗留的边界问题，使“丝绸之路经济带”的构建具有了扎实的政治经济基础。目前，中国同中亚国家双边高层互访频繁，彼此就开展长期睦邻友好、互利共赢的合作达成广泛共识。2013 年 9 月，习近平主席的“中亚之行”将中国同中亚国家双边关系提升到了前所未有的水平。当前，中国同中亚国家关系处于最好时期。

### 2. 中亚对发展与中国的经济合作需求越来越迫切

“丝绸之路经济带”东连亚太经济圈，西系欧洲经济圈，中亚居于中间枢纽地段，也是经济最不发达的凹陷地带。中亚均为内陆地区，没有出海口，长期以来对外经济往来受到极大限制。中亚国家处于经济结构转型和经济发展关键时期，拓展国际经济合作的客观诉求较为迫切。近年来，乌兹别克斯坦、吉尔吉斯斯坦和塔吉克斯坦等国都把吸引投资发展基础设施建设作为经济发展战略的优先任务之一。“丝绸之路经济带”正好符合中亚拓展对外经济联系的客观诉求和现实需求。与中国的合作可以使中亚国家摆脱“内陆国”或“双重内陆国”的困扰，为其经济发展提供更广阔的地缘空间。凭借“丝绸之路经济带”上的中国—中亚跨境运输走廊，中亚不仅可以早日实现国际运输通道多元化的梦想，还可以尽享两端的发展机遇。“丝绸之路经济带”建设无疑给中亚商品进入太平洋、同亚太地区国家扩展国际经济合作带来了新的历史契机。

### 3. 地缘优势无可替代

古丝绸之路上的中国和中亚国家作为欧亚大陆以及新亚欧大陆桥的中间地带，双方之间有条件也有实力构筑一条物流大通道，连接欧亚大陆东西两端的发达经济圈。新亚欧大陆桥辐射 30 多个国家和地区，辐射面积达到 5000 多万平方千米，辐射人口占世界总人口的近 75%。对于发达国家（尤其是大陆桥两端的日本、韩国、欧洲等发达国家和地区）来说，中亚是一个能

源丰富、人口众多的巨大市场，是他们开展资本输出的理想之地；另一方面，对于中亚国家来说，借助大陆桥的优势，通过完善相关的开放政策，可以吸引更多的国际资本，学习更多的先进技术和管理经验，以此来促进自身经济的发展，增强参与国际经济合作的能力。当前，亚太地区是世界经济发展的主要动力源之一。中亚地区应当主动参与到亚太地区经济秩序建设的进程中来，而中国提出的“一带一路”国际合作倡议就是一个很好的机遇。“一带一路”国际合作的发展离不开中亚国家的参与，因为中亚国家的参与是“一带一路”国际合作能否成功建成的关键因素之一。

#### 4. 口岸优势突出提供了双方多种合作路径

中国与中亚国家的口岸合作优势具体表现为三个方面。A. 中国与中亚国家有着漫长的边界线，随着双边经贸关系以及交通运输合作的不断开展，边界线已经不再是阻隔双边合作的障碍，反而成了双边合作的起点。B. 中国与中亚国家的口岸合作数量不断增多，且口岸的基础设施建设不断得到完善。目前，中国与中亚国家之间已经形成了一个比较完整的口岸合作体系（请参见表 4.1），铁路口岸、公路口岸以及航空港都得到了迅速发展。这种完整的口岸合作体系无疑是推动“立体丝绸之路”发展的巨大动力。C. 中国与中亚口岸进出口贸易辐射范围不断扩大，进出口商品呈现多样化发展。中国向西出口的范围已从哈萨克斯坦拓展到俄罗斯、吉尔吉斯斯坦、塔吉克斯坦、乌兹别克斯坦、巴基斯坦等国。

#### 5. 中国与中亚经济深度融合的发展机遇

近年来，中国不仅是中亚商品出口的运输大通道，而且是中亚国家重要的贸易伙伴和投资方。在中亚地区，中国是土库曼斯坦的第一大贸易伙伴，是哈萨克斯坦、乌兹别克斯坦、吉尔吉斯斯坦的第二大贸易伙伴。中国与中亚国家的贸易额已达到甚至超越俄罗斯与中亚国家的水平。目前，中国与中亚国家在贸易、产业结构等领域的互补性尤其明显。近几年，在国际大宗能源资源产品价格低迷、国际买方市场逆转以及中亚各国经济普遍面临越来越大的下行压力形势下，中国作为中亚国家主要能源资源支柱产业的需求方对

**表 4.1　中国与中亚国家一类陆路边境口岸一览**

| 名　称 | 类　型 | 所属地州 | 依托城镇 | 开放时间 | 接壤国家 | 对口口岸 |
|---|---|---|---|---|---|---|
| 阿黑土别克 | 公路 | 阿勒泰地区 | 哈巴河县 | 尚未开通 | 哈萨克斯坦 | 阿连谢夫卡 |
| 吉木乃 | 公路 | 阿勒泰地区 | 吉木乃县 | 1994 年 3 月 | 哈萨克斯坦 | 迈哈布奇盖 |
| 巴克图 | 公路 | 塔城地区 | 塔城市 | 1990 年 10 月 | 哈萨克斯坦 | 巴克特 |
| 阿拉山口 | 铁路、公路、管道 | 博尔塔拉州 | 博乐市 | 1991 年 7 月 | 哈萨克斯坦 | 多斯特克 |
| 霍尔果斯 | 公路、铁路、管道 | 伊犁州直 | 霍城县 | 1983 年 11 月 | 哈萨克斯坦 | 霍尔果斯 |
| 都拉塔 | 公路 | 伊犁州直 | 察布查尔县 | 1994 年 3 月 | 哈萨克斯坦 | 科里扎特 |
| 木扎尔特 | 公路 | 伊犁州直 | 昭苏县 | 尚未开通 | 哈萨克斯坦 | 纳林果勒 |
| 吐尔尕特 | 公路 | 克孜勒苏州 | 乌恰县 | 1983 年 12 月 | 吉尔吉斯斯坦 | 图噜噶尔特 |
| 伊尔克什坦 | 公路 | 克孜勒苏州 | 乌恰县 | 1998 年 1 月 | 吉尔吉斯斯坦 | 伊尔克什坦 |
| 卡拉苏 | 公路 | 喀什地区 | 塔什库尔干县 | 临时开放 | 塔吉克斯坦 | 阔勒买 |

资料来源：作者根据中国口岸协会网站（http://www.caop.org.cn）资料整理制作。

中亚各国的经济发展和稳定意义更加重大。比如，中国向中亚出口大量工农业制成品并从中亚进口大量原材料资源，使双方贸易依存度不断提高。此外，中国的银行和大型国企不仅为中亚国家在矿产、交通、能源等领域的基础设施项目提供了大量融资并积极参与建设等，而且为中亚国家经济的可持续发展注入了重要的新动力（参见表 4.1 所示中国与中亚国家一类陆路边境口岸开通情况）。可以说，中国与中亚国家经济依存度的提高为“丝绸之路经济带”跨境运输走廊建设奠定了越来越扎实的物质基础。

### 6. 中亚越来越多国家已加入世界贸易组织提供的规则平台

世界贸易组织（WTO）是当代最重要的国际经济组织之一，被誉为“经济联合国”，负责监督成员经济体之间各种贸易协议的执行情况，为全球区域合作提供了更加有序的环境与规则平台。最近 20 多年来，中亚国家先后已经加入或正在积极考虑加入 WTO。吉尔吉斯斯坦共和国于 1998 年 10 月 14 日加入 WTO，是 WTO 的第 134 个成员，也是独联体国家中最先加入该组织的国家。塔吉克斯坦 2001 年开始加入 WTO 谈判，至 2012 年 12 月 10 日正式加入该组织。哈萨克斯坦于 1996 年 1 月提出加入申请，终于在 2015 年 11 月 30 日正式成为 WTO 第 162 个成员国。哈总统纳扎尔巴耶夫称“加入 WTO 是哈萨克斯坦独立历史上的一座里程碑”“将为进入我国经济重要领域的外国投资者提供新的机遇”。[①] 乌兹别克斯坦 1994 年提出加入“关贸总协定”（WTO 的前身）的申请，现已成为 WTO 观察员。多年来谈谈停停，到 2012 年 10 月，乌举办了入世培训研讨会，[②] 乌方认为，入世问题是一把“双刃剑”，必须选择一条稳妥的入世之路。土库曼斯坦政府 2013 年 2 月决定启动加入 WTO 谈判，争取早日成为成员，[③] 并把成为 WTO 观察员国作为入世进程的第一步。2019 年 7 月 15 日，土总统批准成立政府入世问题研究委员会。同时，决定在经济和发展部下属的战略规划和经济发展研究所建立工作小组，负责研究入世的一系列问题，对入世后可能带来的经济影响进行分析。在可预见的未来，不论国际局势如何变化，已充分享受到世界经济全球化利益的中亚国家会紧抓入世和开放的机遇，加快区域经济合作步伐，更好地融入经济全球化的历史进程。中亚区域经济合作也将由此更加规范。

### 7. 中亚已建立各种合作机制为跨境走廊提供保障

亚欧地区的区域和次区域合作机制可为中国与中亚经济一体化发展助力。当今世界尽管出现了逆全球化逆流，但世界经济全球化、区域经济一体化潮流依然是主流，各种多边经济合作机制不断涌现，跨境跨区域合作成为新时代的重要特征。

（1）中国与中亚国家的多边合作机制成就显著

目前，中国与中亚国家在上海合作组织、亚信会议、亚行中亚行动计

---

① 黄璐、文龙杰：《哈萨克斯坦正式成为第 162 个世贸成员国》，中国新闻网，http://www.chinanews.com/gj/2015/12-01/7650786.shtml。

② 《乌兹别克斯坦举办入世培训研讨会》，http://news.hexun.com/2012-10-22/ 147064241.html?from=rss。

③ 《土库曼斯坦决定启动加入世界贸易组织谈判》，http://www.foods1.com/content/ 1996573/。

划、亚洲合作对话等现有多边区域合作机制框架下，秉持开放的地区主义，鼓励包容性合作，取得了众多卓有成效的积极成果。此外，中哈霍尔果斯国际边境合作中心、中俄哈蒙四国六方机制、中国—亚欧博览会、欧亚经济论坛等次区域合作机制对中国密切与中亚的经济一体化合作提供了重要的支撑平台。

（2）欧亚经济联盟是中亚经济一体化的重要平台

目前，哈萨克斯坦和吉尔吉斯斯坦已成为欧亚经济联盟正式成员，塔吉克斯坦政府正在研究加入欧亚经济联盟的问题。中国也积极支持欧亚经济联盟的推进，并在建设包容性的“丝绸之路经济带”框架下寻求与其开展合作的路径。比如，2015 年 5 月 10 日，中国与俄罗斯签署了《关于丝绸之路经济带建设与欧亚经济联盟建设对接合作的联合声明》。所有这些将更好地推动中国—中亚跨境运输走廊贯通亚欧，[①] 助力中国与中亚由点到面早日实现区域经济一体化。

（3）独联体国家的其他合作形式也在助推中亚区域一体化进程

2011 年 10 月 18 日，俄罗斯、乌克兰、白俄罗斯、哈萨克斯坦、吉尔吉斯斯坦、塔吉克斯坦、摩尔多瓦、亚美尼亚等独联体成员国的政府总理或代总理签署了《独联体自由贸易区条约》。[②] 随后 2014 年 5 月乌兹别克斯坦成为该条约的第 9 个缔约国，[③] 中亚区域一体化进程又迈出了积极的一步。

（4）中国与中亚关于交通方面的多边协议不断增加

2014 年 9 月，中国、哈萨克斯坦、俄罗斯、塔吉克斯坦、乌兹别克斯坦、吉尔吉斯斯坦六国代表在杜尚别签署了《上海合作组织成员国政府间国际道路运输便利化协定》（2017 年 1 月 20 日起正式生效）[④]。该协定赋予各当事方道路运输承运人和车辆在许可证制度下，按商定的线路从事跨境和过境运

① 《丝绸之路经济带对接欧亚经济联盟》，《金融时报》2015 年 5 月 11 日。

② 刘恺、鲁金博：《独联体国家签署自由贸易区条约》，新华网，http://finance.qq.com/a/2011 1019/00 0562.htm。

③ 国际文传电讯社（塔什干）2013 年 12 月 28 日。

④ 《上合成员国政府代表共商国际道路运输便利化问题》，人民网，http://world.people.com.cn/n1/2017 / 0706/c1002-29386981.html。

输的权利，倡导各方协调和简化国际道路运输文件、程序和要求，并成立国际道路运输便利化联合委员会，协调处理合作中出现的问题；其有关非上海合作组织成员国也可申请加入的开放性为整个中亚及周边国家开展国际道路运输合作提供了有效的法律基础和保障。该协定签署后，上海合作组织六国将逐步形成国际道路运输网络，对“丝绸之路经济带”建设具有重要的推动作用。2017 年 10 月 19 日，中国、白俄罗斯、德国、哈萨克斯坦、蒙古国、波兰、俄罗斯等国家，在郑州共同签署了《中欧班列运输联合工作组第一次会议纪要》。各方一致同意共同推动中欧班列在白俄罗斯、哈萨克斯坦、蒙古、俄罗斯铁路段“三列合并为二列”或“二列合并为一列”运输组织方式，以提高运输效率。这次会议标志着中欧班列国际合作机制的正式建立，[①] 从而进一步推动了中国—中亚经济走廊的多国合作。

## 三、中国—中亚经济走廊建设的路径

在地理上，中亚各国地处欧亚中心内陆，没有一处能够直接入海，地理因素使中亚各国之间互相依存。因为在这个区域内只有在开放的内陆运输体系才能保证各国能够顺利地跨越国界与国际市场连接。随着中亚区域经济一体化的发展以及中国“丝绸之路经济带”倡议的提出，中国与中亚国家之间的贸易合作取得了很大发展，同时也对作为运输大通道的中国与中亚的跨境经济走廊合作的广度和深度提出了更高的要求。

中国与中亚跨境经济走廊合作的实施包括交通大通道、物流基础设施、信息合作和标准一致化等在内的软硬件立体交叉互补网络方面的建设。其目的就是通过互联互通的基础设施建设实现物畅其流，人畅其通；“共同发展、共同繁荣”。这也就是构建“立体丝绸之路”的宏伟蓝图，具体包含三个方面：陆上，建设以新亚欧大陆桥、亚洲公路网、中哈石油管道、中国—中亚天然气管道等为依托的铁路、公路、管道为主的“陆上丝绸之路”；空中，建设

① 《中欧班列国际合作机制建立》，央视网，http://tv.cntv.cn/video/C10336/b5228dd02 fe9496da28c393f76c5c76a。

以阿斯塔纳、塔什干、比什凯克、乌鲁木齐、喀什等为航空港的“空中丝绸之路”；海上，建设以哈萨克斯坦最具发展潜力的库雷克港口、中国连云港以及巴基斯坦的瓜达尔港等为核心的“海上丝绸之路”。此外，“信息丝绸之路”建设也是中国—中亚经济走廊建设的重要组成部分。

### 1.“陆上丝绸之路”建设

“陆上丝绸之路”是指由铁路运输、公路运输、管道运输和水运在内的立体交叉和联运网络所构成的中国与中亚交通运输大通道。

（1）铁路跨境运输网络建设

中亚位于欧亚大陆的中心地带，其独特的地理位置和自然条件使铁路运输成了在现有技术条件下中亚国家对外开展国际贸易的最便捷和最经济的运输合作方式。我国与中亚国家的铁路运输合作起步于20世纪90年代初期，以新亚欧大陆桥的贯通为标志。铁路跨境运输是中国—中亚经济走廊建设的最重要领域，占据双方货运的70%以上，对沿线经济的带动作用最明显。通过这条通道，一方面将中国内地发达省区的商品经过中国西部出境到中亚，再辐射到欧洲市场；另一方面又将中亚国家商品通过中国输送到东南亚国家。

20余年来，随着多条铁路运输线路的开通，中国与中亚地区铁路网已基本形成“丝绸之路经济带”的北线和中线两条经济走廊。其中，1992年中哈铁路的联网使新亚欧大陆桥正式贯通。这条东起连云港，经哈萨克斯坦、俄罗斯等国，西至鹿特丹港直抵欧洲的新亚欧大陆桥（沿陇海铁路、兰新铁路深入中亚地区的铁路干线）是中国—中亚经济走廊的最重要干线，长约10870千米，横贯整个亚欧大陆，连接着中国、中亚、西亚、中东、欧洲等国家和地区。由于所经路线很大一部分是原“丝绸之路”，所以人们又称之为现代“丝绸之路”。其中，哈萨克斯坦已经成为中国与中亚交通运输合作的最重要国家。

近年来，沿新亚欧大陆桥线路陆续开通的“渝新欧”“汉新欧”“蓉欧”“郑欧”“合新欧”“义新欧”货运班列等横跨亚欧的多条铁路干线和支线，途经我国10多个省区，辐射亚欧大陆30多个国家和地区，比第一亚欧大陆桥缩短陆上运距2000—2500千米（陆桥运输比海上运输运费节省20%—25%，时间缩短一个月左右），并陆续开发限时运达、水铁联运、空铁联运、公铁联运、国际联运等特色运输产品；形成了“高铁＋高速”快速交通网，推动形成重庆、成都、连云港、郑州、武汉、西安、乌鲁木齐、阿拉木图等国内外“一带一路”新的区域运输中心。另一方面，中国—中亚—西亚两条经济走廊主要包括“丝绸之风”、哈土伊铁路项目、中哈乌土伊铁路。其将中亚铁路网与伊朗铁路网相连的捷詹—萨拉赫斯—马什哈德铁路干线于 1992 年 5 月开始修建，1997 年 5 月土库曼斯坦与伊朗的铁路对接，1997 年开始过货。新亚欧大陆桥和中亚—伊朗铁路项目构建起了中亚地区跨国铁路网的基础骨架。

随着欧亚之间贸易运输量的不断扩大，中亚地区运输通道的瓶颈限制日益突出。在这种情况下，中亚国家开始规划和建设新的跨国铁路。从各国已经提出和正在修建的项目来看，依照走向，可以将它们概括为“三横”“两纵”的基本框架：“三横”是“丝绸之风”项目，塔、阿、土铁路和中、吉、乌铁路；“两纵”是哈、土、伊铁路和俄、哈、吉、塔铁路。

未来很有前景的将是扩建、改造通往中亚、南亚的第一亚欧大陆桥的北线、中线和南线，开发“苏满欧”班列等第一亚欧大陆桥延伸至中亚国家的支线；启动中吉乌铁路中吉路段的建设；[①] 将中亚高铁、欧亚高铁和泛亚高铁等纳入中国—中亚经济走廊建设项目中。规划中的中国—吉尔吉斯斯坦—乌兹别克斯坦国际铁路应是“陆上丝绸之路”的一条大动脉（沿线国家拥有丰富的能源资源，也是中国商品输出的传统市场）。其东起中国新疆喀什站，西至乌兹别克斯坦的安集延，全长 504 千米，在中国境内长 175.9 千米，吉尔吉斯斯坦境内 278.1 千米，乌兹别克斯坦约 50 千米。该铁路经过中国与吉尔吉斯斯坦边境的吐尔尕特山口，以及吉尔吉斯斯坦的卡拉苏或贾拉尔拉巴德。[②] 目前，该线路只剩下吉尔吉斯斯坦段未修。一旦修好，将直接连通中国和乌兹别克斯坦，开辟新的南北向铁路，成为中国—中亚—西亚经济走廊的又一运输大动脉。

---

① 2016 年 2 月 27 日，“丝绸之路经济带”铁路网中吉乌铁路的重要一环——乌兹别克斯坦安格连至琶布铁路甘姆奇克隧道贯通。这意味着乌兹别克斯坦段已修好，只剩下吉尔吉斯段了。

② 《中吉乌铁路前期工作取得重大进展国内段年内有望开工建设》，http://www.mofcom.gov.cn/article/difang/bingtuan/201102/20110207410736.shtml 。

（2）油气管道运输网络建设

中国与中亚能源合作的最重大成果之一就是开辟了我国首个陆上能源通道，其中主要是中哈石油管道和中国—中亚天然气管道。

中哈原油管道

中哈原油管道全长超过 2800 千米，西起里海的阿特劳，途经肯基亚克、库姆科尔和阿塔苏，从中哈边界阿拉山口进入中国，最终到达中国的独山子炼油厂。这条管道将哈萨克斯坦西部的原油输送至中国境内，“十二五”期间连续 5 年输油量超过 1000 万吨。[①] 自 2006 年 7 月投产到 2017 年 3 月 29 日 11 点 58 分，中哈原油管道作为我国第一条陆路跨国原油通道实现累计向中国输油 1 亿吨。这标志着中哈原油管道正式跨进“亿吨时代”。自此，该管道被誉为“丝绸之路第一管道”。中哈管道拓展了我国原油进口渠道，有效地保障了独山子石化、乌鲁木齐石化、玉门石化、兰州石化和四川石化等炼厂的原油加工需求以及中国西部地区能源供应平衡，对保障国家能源安全发挥了十分重要的作用。

中哈原油管道的建设开创了我国企业“走出去”并与国外开展油田开发、管道建设、工程服务等多维度、一体化能源国际合作的新模式。作为中国第一条跨境陆路原油管道，中哈原油管道的建设、投产和运营为后续的中亚天然气管道、中俄原油管道和中缅油气管道的建设与运营提供了丰富而宝贵的经验以及成熟的管理模式。同时，中哈原油管道也作为海外跨国管道建设人才培养摇篮，已先后为其他海外项目输送各类建设和管理人员。[②] 中哈原油管道开辟了我国第一条原油进口的陆上通道，是“丝绸之路经济带”核心区跨境运输走廊的重要组成部分，使中国的供油线路更加安全，对我国的能源安全意义重大。随着 2014 年 6 月 11 日哈萨克斯坦对俄罗斯通过哈萨克斯坦境内向中国出口石油的合作协议的批准，俄罗斯出口到中国的石油将通过中

① 陈福来：《中哈管道输油五连超千万吨》，中国石油新闻中心，http://news.cnpc.com.cn/system/2016/01/12/001575462.shtml。

② 《中哈原油管道：累计输油一亿吨，构筑一带一路合作典范》，http://www.xinhuanet.com/energy/ 2017-03/29/c_1120717876.htm。

哈原油管道得以正式实现，[①] 从而使中哈原油管道的战略重要性进一步提升。

中国—中亚天然气管道

中国—中亚天然气管道是中国修建的第一条跨多国的长输天然气管道，是我国四大能源通道之一，也是目前世界上距离最长、等级最高的天然气输送管道。起于阿姆河右岸土库曼斯坦和乌兹别克斯坦边境的格达伊姆，经乌兹别克斯坦和哈萨克斯坦，通过中国的霍尔果斯口岸进入中国。这条管道建设从 2006 年 4 月签署协议到 2008 年开工建设至今，目前已经通气投产的包括 A、B、C 三线，全长 1833 千米。此外，D 线已于 2014 年 9 月开工建设，其以土库曼斯坦复兴气田为气源，途经乌、塔、吉三国，止于我国新疆乌恰末站，全长 1000 千米。这条管道在线路上首次途经塔吉克斯坦和吉尔吉斯斯坦两个国家，与已建成的连接土库曼斯坦、乌兹别克斯坦、哈萨克斯坦的 A、B、C 线一道，将形成中国—中亚天然气管道网。这样，南北天然气走廊像张开的双臂拥抱中国，把中亚五国与中国紧密相联，进一步加深了中国与中亚国家的能源合作。自中国、土库曼斯坦、哈萨克斯坦、乌兹别克斯坦四国元首 2009 年 12 月 14 日在土库曼斯坦阿姆河第一天然气处理厂共同转动通气阀门正式开始输气以来，该管道目前已形成 A、B、C 三线并行输气格局，年输气能力达到 550 亿立方米。截至 2017 年年底，该管道累计输气 2032.33 亿立方米，合计 14524.69 万吨（这些天然气的气源主要来自土库曼斯坦、乌兹别克斯坦）。[②] 中亚在与中国的能源合作中不仅是重要的参与者与合作者，而且扮演着不可替代的能源大通道的重要作用。

（3）公路运输网络建设

中国与中亚的公路运输带已基本成形。这个运输带东起连云港，途经西安、乌鲁木齐、阿拉山口、巴克图、霍尔果斯等重要城市和口岸，向外延伸至哈萨克斯坦、塔吉克斯坦、吉尔吉斯斯坦，并经哈萨克斯坦进入乌兹别克斯坦、土库曼斯坦。公路运输的发展不仅大大缩短了中国与中亚之间的空间、时间距离，

---

① 盖兹：《风云变幻凸显中哈原油管道战略意义》，http://news.cnpc.com.cn/system/2014/06/17/001492187.shtml。

② 朱景朝、李明：《中亚天然气管道 2017 年向中国输气逾 387 亿立方米》，中国新闻网，http://www.chinanews.com/cj/2018/01-05/8417217.shtml。

同时带动了中国和中亚国家口岸经济的发展，促进了中国向西开放的步伐。

中国与中亚地区公路相互衔接。中国与中亚国家连接的主要干线公路均加入了亚洲公路网，由中国连云港经西安至霍尔果斯的国家高速公路与穿越中亚的欧洲 E40 号公路相连。中国已开通“比什凯克—土尔尕特”公路、中吉乌公路和 E-40 公路等多条通往哈萨克斯坦、吉尔吉斯斯坦、塔吉克斯坦口岸的公路线路，尤其与吉尔吉斯斯坦、塔吉克斯坦的货物运输主要通过公路完成，在双方的经贸合作中发挥了重要作用。

2013 年年底基本完成建设的“中国西部—欧洲西部（双西公路）”交通走廊是中国和中亚公路运输合作的又一成功典范。双西公路东起中国东部海滨城市连云港，进入哈萨克斯坦后从北部出境进入俄罗斯，经奥伦堡、喀山、莫斯科抵达圣彼得堡，与欧洲公路网相连，全长 8445 千米。其中，哈萨克斯坦境内线路全长 2787 千米，沿线总人口 460 万，占哈人口总数的 1/3。① 中国境内全长 3425 千米。根据测算，双西公路交通走廊全线开通后，将成为中亚地区最重要的货物运输大干线，经过哈萨克斯坦领土的公路货运量将由目前的每年 90 万吨增至 350 万吨；中国输欧货物在途时间将由 45（海运）天缩短 10—11（陆运）天，平均每年可创造经济效益 550 亿坚戈（约合 4.6 亿美元）。双西公路开辟了我国公路从海港经陆路再到波罗的海的跨境运输大通道。沿途的哈萨克斯坦和俄罗斯都很重视该线路的建设，并将之视为“丝绸之路经济带”的重要交通线路之一。

（4）物流基础设施建设

物流是供应链活动的一部分，是习近平主席在主持 2014 年 APEC 领导人非正式会议时提出的实施全球价值链、供应链领域合作倡议的一部分②，也是“陆上丝绸之路”建设的重要组成部分。多年来，中国与中亚的物流基础设施建设滞后于双方的经贸发展水平和发展速度。随着交通线路延伸，中国与中亚之间对物流服务的优质化和全球化要求越来越高，双方物流基础设施建设需与时俱进。目前，中国和中亚国家虽然在乌鲁木齐、霍尔果斯、阿拉山口、阿

① 《哈萨克斯坦交通概况》，Globserver，http://globserver.cn/en/node/562。

② 习近平：《APEC 会议决定实施全球价值链、供应链合作倡议》，http://politics.people.com.cn/n/2014/1111/c1024-26007099.html。

拉木图、比什凯克、塔什干等多个主要城市已建立了包括保税物流区、特色商品口岸、多式联运集疏中心、国际陆港联检中心、物流信息中心、国际商品展示交易中心、国际陆港商务中心等物流基地，但在这些基地内物流企业无论物流装备还是管理经验都与美欧大型物流企业存在较大差距。随着交通运输线路的延伸，我国的物流基础设施建设也在学习美欧一些大型物流企业的经验，中国的企业跨越国境也在尝试与中亚合作建立物流基地或建立中国企业与中亚企业战略联盟等。今后还需要推进物流技术装备现代化，鼓励中国西部的物流企业与内地先进物流企业合作，在中亚国家采用先进适用技术和装备，提升物流装备的专业化水平；同时需要加强物流标准化建设，推进中国与中亚区域物流协调发展，打造物流通道，改善区域物流条件，积极发展具有特色优势的农产品、矿产品等大宗商品物流产业；大力发展绿色物流，优化运输结构，合理配置各类运输方式，促进节能减排，减少返空、迂回运输。

目前，连接中国与中亚各国的亚欧光缆已经建成。中国与哈萨克斯坦、吉尔吉斯斯坦和塔吉克斯坦已对中亚国家共开放了 17 个国家一类口岸。可以说，以铁路为主体，包括公路、航空、管道、通信和口岸设施在内连接中国—中亚的交通走廊硬件设施已经初步建成。

### 2.“空中丝绸之路”建设

航空运输主要用于促进人员往来。同公路、铁路、管道相比，中国与中亚国家之间区域航空运输合作在区域一体化进程中的作用同样不可忽视。当前，中亚区域经济一体化的深入发展对该地区区域航空运输的发展提出了更高的要求，而区域航空运输的发展又反过来可以促进该地区之间人文科技、商贸物流的合作与发展，尤其是促进人畅其流。

目前，中国与中亚国家之间开通了多个国际航班。国内从北京、乌鲁木齐、西安、广州、上海、重庆、喀什等地已经开通直达哈萨克斯坦阿拉木图、乌兹别克斯坦塔什干、吉尔吉斯斯坦比什凯克、塔吉克斯坦杜尚别、土库曼斯坦阿什哈巴德等中亚国家主要城市的航线。这些航班线路的开通不仅符合中亚区域经济发展的需求，同时也为“丝绸之路经济带”的建设及中亚地区经济的发展注入了新鲜血液。目前，乌鲁木齐、北京、广州逐渐成为中国与中亚国家航运的重要中转站，在中国与中亚国家的合作中占据重要地位。

未来，中国应进一步加强与中亚国家的航空合作，努力开辟辐射中亚各国甚至南亚、欧洲等地的国际航线，使中国新疆成为连接中亚乃至世界航空运输网络中的重要节点。其中，乌鲁木齐具备成为“空中丝绸之路”重要节点的地理优势。首先乌鲁木齐机场距阿拉木图、努尔苏丹以及比什凯克的航程均在两小时左右；距离欧洲重要国家的航程也仅仅在七八个小时之内；向南与巴基斯坦伊斯兰堡、印度新德里等城市的空中航程基本上都在2000千米以内；向东与北京、上海、广州以及韩国、日本的航程大约在五小时以内。显然，乌鲁木齐作为大中亚地区的核心城市之一，其空中优势明显，有能力成为“空中丝绸之路”的重要节点。此外，喀什国际机场与乌鲁木齐机场同为中国一级航空口岸，是通往中亚国家的另一个重要国际航空港。鉴于喀什与中亚、南亚的辐射半径最短，在“空中丝绸之路”的构建当中，喀什将与乌鲁木齐一道将扮演不可或缺的关键角色。

### 3.“海上丝绸之路”建设

水运是中国与中亚国家亟须合作的领域，如中国协助中亚国家商品入境中国，陆路经中国中部到达上海、连云港、日照、广州等沿海城市，与水路联运，将“丝绸之路经济带”与东南亚的“海上丝绸之路”通道对接；中亚国家协助中国商品出境，经里海到俄罗斯及波罗的海延伸到欧洲等地。开辟水陆联运、海铁联运、空铁联运通道，将极大地拓展中国与中亚国家商品的市场，为各国带来巨大的市场前景。

目前，中国与中亚国家的海运合作因受地缘因素的制约而发展缓慢，一方面中亚国家缺少出海口，海运业不发达；另一方面，中国与中亚国家之间如果走海运的话运输距离非常遥远。但值得注意的是，自李克强总理提出“中巴经济走廊”概念后，中国与中亚国家的海运合作似乎可以借助巴基斯坦来实现。“中巴经济走廊”的战略意义在于为我国新疆打通了一个通往中亚、西亚各国的出海口，也使中国与中亚国家的“海上丝绸之路”得以发展。“中巴经济走廊”在我国境内始于新疆南部地区的喀什，由红其拉普口岸出国。喀什至红其拉甫口岸约450千米，由国道314线连接，除红其拉普达坂隧道、乌鲁克热瓦提达坂隧道、盖孜河谷段外，其他地段地形和地质状况都较为良好，交通线路控制工程较为一般。在该线路上，从红其拉甫口岸出国沿N35喀喇昆国际公路进入巴基斯坦境内后，再深入巴基斯坦首都伊斯兰堡，全线约520千米。“中巴经济走廊”建成以后，其北段可与中国新疆的铁路、公路、油气管线连接。从此以后，中亚和中东的油气和原材料均可通过“西气东输”和兰新线、陇海线运达我国东部及沿海各港口。由巴基斯坦的瓜达尔港到我国东部城市连云港约6700多千米，而沿海路经马六甲和台湾海峡运输距离将近15000千米。由此可见，“中巴经济走廊”节省超过一半的距离。长远来看，这里将是非洲和中东地区与我国甚至日韩商贸交往的最佳便捷通道。此外，“中巴经济走廊”往西北可连接“丝绸之路经济带”，从而使中亚甚至俄罗斯和欧洲各国有了一条面向印度洋和太平洋的出海捷径。中国新疆由此也就成为“中巴经济走廊”和“丝绸之路经济带”的双桥头堡，是贯穿中亚南亚的交会点。

#### 4.“信息丝绸之路”建设

信息通信合作在广义上属于交通运输合作的一个部分。从这个意义上说，“信息丝绸之路”也属于“立体丝绸之路”构建的一部分。

（1）建立信息共享机制

随着信息化的不断普及，国际社会对跨国、跨地区的合作在如何实现实时通信、协同工作、信息共享等方面提出了许多新的要求。传统的合作方式已不能适应这些新的挑战。目前，中国与中亚国家已构建了多个信息交流与通信合作的平台，为日后区域之间深入开展信息通信合作打下了良好的社会基础。2013年9月2日，中国与亚欧区域通信交流与合作会议在中国新疆乌鲁木齐举行，会议主题为“推动亚欧地区通信网络一体化”。在会议上，中国工业和信息化部副部长指出，中国将加快新疆与中亚地区信息通信业务的合作，使新疆成为面向亚欧大陆的区域国际通信业务中心、国际通信转接中心。[①] 随着 2014 年 4 月新疆中亚科技经济信息中心分中心在阿拉山口市的落成，阿拉山口作为“丝绸之路经济带”战略节点城市，其在中国与中亚国家之间建立信息共享机制方面已迈出了重要的一步。

功能领域的信息合作越来越重要。中国与中亚国家的信息合作，尤其是海关、进出境检验检疫、交通运输、金融等功能领域的信息互通合作早已开展。比如，21 世纪以来，乌鲁木齐海关与哈萨克斯坦等中亚国家的海关开展了进出口商品和人员监管以及手续办理、统计数据信息交换、互认海关单证和标识、中哈原油管道监管、中哈霍尔果斯国际合作中心等双边合作。[②] 今后中国与中亚国家还需进一步在进出境检验检疫、交通运输、边境口岸等功能领域，加快企业物流信息系统建设，提升核心物流企业合作能力，打通物流信息链，实现物流信息全程可追踪；加快物流公共信息平台建设，积极推进全社会物流信息资源的开发利用；推进交通运输物流公共信息平台发展以及铁路、公路、水路、民航、邮政、海关、检验检疫等信息资源互通，促进物流信息与公共服务信息有效对接，鼓励区域间和行业内的物流平台信息共享并实现互联互通。

（2）强化电子商务合作

我国首个面向上海合作组织的第三方全流程电子商务交易和服务平台（“亚欧国际物资交易中心”）和国内首家云计算交易平台（“新疆中亚商品交易中心”）在中国新疆的奎屯市和克拉玛依市先后成立。这两处以中亚国家原材料交易所中国交易中心为切入点而搭建的电子商务合作平台正在逐步发展成为从事集国际原材料跨境现货拍卖交易服务、疆内特色商品批发零售服务、口岸公共物流管理信息服务、大型企业物流及供应链管理服务和融资服务于一体的国际物资交易中心。[③] 此外，阿里巴巴集团联合聚划算、天猫国际、速卖通、菜鸟网等以中国对中亚主要口岸及综合保税区为目标，举办了“汇聚全球·新丝绸之路”活动。活动期间，主办方精选了“丝绸之路

① 《中国—亚欧区域通信交流与合作论坛在乌鲁木齐举行》，http://news.ts.cn/content/2013-09/02/conte nt_8647614.htm。

② 王海燕等著：《贸易投资便利化：中国与哈萨克斯坦》，华东师范大学出版社，2012，第 54—55 页。

③ http://www.ktrcw.com/Company/showCompany.asp?companyid=134260。

经济带”沿线国家特色产品（如哈萨克斯坦生态面粉、格鲁吉亚红酒和榛子等优质产品）以及代表中国西部各区域优质特色的农产品并集合中国西部知名品牌和知名网商组成主题团，共同向全国乃至全世界加以展示和推介。[①]所有这些业务，一方面可以为国内外企业提供国际和国内贸易全流程的电子交易服务，另一方面也有助于更好地推动中国与新亚欧大陆桥沿线国家和地区在信息业及电子商务方面进一步深化合作。

（3）推动标准化建设

标准化建设是中国与中亚跨境运输走廊合作的薄弱环节，也是亟须强化的合作领域。在运输便利化的软件方面，中国与中亚国家已经签署了 19 项运输协定（其中包括中国与哈萨克斯坦、吉尔吉斯斯坦、塔吉克斯坦和乌兹别克斯坦签署的双边汽车运输协定、实施细则和国际汽车运输许可证制度协议等）。2014 年 9 月，上海合作组织成员国共同签署的《上海合作组织成员国政府间国际道路运输便利化协定》规定：成员国将逐步形成国际道路运输统一网络。2017 年在“一带一路”国际合作高峰论坛上，中国海关总署与哈萨克斯坦、荷兰、波兰等国海关部门签署了要求深化沿线海关“信息互换、监管互认、执法互助”的合作文件；中国海关总署与国际道路运输联盟签署了促进国际物流大通道建设及实施《国际公路运输公约》的合作文件；中国国家质检总局与蒙古国、哈萨克斯坦、吉尔吉斯斯坦、乌兹别克斯坦、挪威、爱尔兰、塞尔维亚、荷兰等国相关部门签署了检验检疫合作协议，与联合国工业发展组织、乌克兰和阿塞拜疆相关部门签署了标准、计量、认证、认可等国家质量技术基础领域合作协议，与俄罗斯、白俄罗斯、塞尔维亚、蒙古国、哈萨克斯坦、希腊、瑞士等国有关部门签署了《关于加强标准合作，助推“一带一路”建设联合倡议》。[②]这些协定的签署，为新亚欧大陆桥交通走廊的畅通奠定了法律基础。标准化建设将减少成员国间的贸易、运输、检验检疫、海关等各方面壁垒，减少企业成本，极大地促进中国与亚欧国家和地区的区

① 《阿里巴巴集团与新疆合作助推跨境电商发展》，中国新闻网，http://www.chinanews.com/cj/2016/09-20/8009445.shtml。

② 《“一带一路”国际合作高峰论坛成果清单（全文）》，http://www.xinhuanet.com/silkroad/2017-05/16/c_1120976848.htm。

域经济合作。

中国—中亚经济走廊建设不仅是交通运输线路的建设，而且是涉及沿线国家和地区经济发展、社会民生发展的综合系统工程，需要综合施策。由于沿线国家和地区发展严重不平衡，尤其是处于中部的中亚各国与俄罗斯等希望依托和用好新亚欧大陆桥这条黄金通道，发挥沿线节点重要综合交通枢纽的作用，变“过路经济”为“通道经济”，需要综合施策，因地制宜，加强通道经济建设。这些措施有的已开展，有的还在尝试酝酿中，主要包括：中国境内沿桥地带实行沿海地区的开放政策，并根据需要继续设立各种开发区和保税区甚至自由贸易区；在亚欧国家与当地政府和企业合作建立资源型开发区，或按照高起点和国际接轨的要求建立资源和资源加工型新型企业；促进沿线地区工业化和城市化；开办中国中西部农业合作开发区，建立亚欧农产品批发交易中心；根据交通枢纽、资源状况、地理位置，以中心城市为依托，在沿桥地区建立若干个经济发展区（如以日照为中心的国际经济贸易合作区、以徐州为中心的淮海经济区、以郑州为中心的中原经济区、以西安为中心的关天经济区、以兰州为中心的西北经济区、以乌鲁木齐为中心的西部经济区等）；中国企业积极参与沿线亚欧国家和地区设立的开发区、特殊经济区、工业园区等建设。所有这些将有效地促进中国与亚欧沿线国家和地区的发展和繁荣。

综上所述，中国与中亚国家共建经济走廊建设已取得一定成果，初步建立起贯通东西的中国—亚欧丝绸之路运输走廊，为“丝绸之路经济带”建设创造了基础条件，建立了多元化的发展格局，开辟了经济发展和融合的新起点。

## 四、中国—中亚经济走廊建设面临的挑战与思考

中国—中亚经济走廊建设的核心是解决通达性与流动性问题，以实现道路联通，为经济发展奠定基础。中国—中亚经济走廊建设不能一蹴而就，是个长期过程，目前及今后还面临诸多挑战。从当前国际形势来看，提高中国—

中亚经济走廊的通达性与流动性受到多方面限制。除了中国与中亚国家之间经济合作机制的不完善之外，复杂的地形、气候也是影响通达性与流动性的因素；中亚地区并不乐观的安全形势、地区内部矛盾以及大国利益角逐都是中国与中亚共建经济走廊进程中需要共同面对的问题。

### 1. 中国—中亚经济走廊建设面临的挑战

（1）交通运输合作机制不完善

本文所指的交通运输合作机制包含通关合作、信息共享、技术合作以及人员交流四个层面的内容。通关合作方面，中国与中亚国家之间虽然存在个别的关税优惠区（例如发展中的中哈霍尔果斯国际边境合作中心、喀什综合保税区等），但由于欧亚经济联盟等其他关税合作形式的存在以及中亚国家对中国资本输出的担忧，双方之间关税合作不仅没有进展，反而成为区域保护主义的工具。当然，这并非意味着中国与中亚国家在关税合作方面没有共同利益。就目前发展态势来看，哈萨克斯坦与俄罗斯的关系并不像欧亚经济联盟所规划的那样发展。相反，俄哈两国在能源贸易、农产品关税等方面出现了许多矛盾。近年来，鉴于俄哈矛盾日积月累，随着中哈关系的不断深化，哈萨克斯坦逐渐认识到与俄罗斯的所谓联盟仅仅是其“多边外交”政策中的一部分，并非全部。欧亚经济联盟对于哈萨克斯坦来说并非仅仅是一种对俄罗斯的政治靠拢，毕竟哈萨克斯坦支持欧亚联盟的构想一方面可以让其处理好与俄罗斯的关系；另一方面也有利于哈萨克斯坦推动中亚一体化愿望的实现，以增强中亚在世界上的话语权。①

信息共享方面，由于语言不畅通，中国与中亚国家的信息合作呈现出两大特征：A. 信息交流主要在双边政府高层之间展开，民间信息交流则主要是在各国各行业的领军企业之间开展，民间普通企业合作范围较小；B. 中国与中亚国家的信息共享平台主要集中于中国新疆。例如，新疆亚心网（俄语版）是目前做得相对比较成熟的交流平台，一些中亚国家的企业可以通过亚心网直接发布合作要约等。

① Golam Mostafa, “The Concept of ‘Eurasia’: Kazakhstan’s Eurasian Policy and its Implications,” Journal of Eurasian Studies, Volume 4, Issue 2, July 2013, pp.160—170。

技术合作方面，这类合作涉及交通运输合作中的相关技术标准统一问题，其中铁轨宽度、货车长度等是比较典型的问题。中国与中亚各国之间由于交通运输标准的不一致、手续烦琐等因素，导致货物的过境、通关、时间、效率等成本较高，进而严重影响经济走廊建设。以铁路轨距为例，国际铁路协会曾制定过三种标准，第一是宽度为1435毫米的国际标准轨距，中国以及欧洲大部分国家采用这一标准轨距；第二是大于1520毫米的宽轨距，俄罗斯、哈萨克斯坦、乌兹别克斯坦等中亚国家采用此标准；第三是小于1067毫米的窄轨距，适用范围较小，以东南亚国家为主。[①] 为此，中国与中亚国家的货物需要在口岸换装才能顺利出入境。这种“通而不畅”的局面对于区域经济合作显然是不利的。

人员交流机制方面，目前，中国与中亚国家之间尚未建立起系统性的交流机制。现在彼此交流大多以留学生、访问学者等形式出现，且数量和交流深度有限。

未来，中国与中亚各国之间为了更好地促进双边或多边合作，应加大共建合作机制的力度，促进人员交流、信息共享、技术标准的统一，实现关税合作的新突破，为双边经济的发展奠定基础。

（2）复杂的地理环境阻碍交通运输的发展

总体来看，中亚地区的地形呈东南高、西北低走向，与我国新疆交界的地区地形都比较复杂，海拔较高。塔吉克斯坦东部属于帕米尔地区（帕米尔号称“世界屋脊”），平均在4000米以上。吉尔吉斯斯坦东部的天山山脉是阻碍中吉交通运输合作的天然屏障。哈萨克斯坦虽然是与中国合作最广也最深入的国家，但其地形也并不十分乐观。哈国西部虽然海拔较低，但其东部地区则以山地为主，边缘地区的阿尔泰山、塔尔巴哈台山、阿拉套山山脉海拔均在1000米以上。这也给中哈之间的交通运输合作带来了困难。高海拔使得中亚国家和中国新疆交界地的气候异常恶劣。以帕米尔高原为例，该地区属于强烈的大陆性高山严寒气候，冬季非常漫长，一般从10月至次年4月，绝对最低气温接近零下50摄氏度，夏季非常短暂，适合交通的时间不长。

① Track Gauge, http://en.wikipedia.org/wiki/Track_gauge.

地形与气候的特点决定了交通运输的线路设计、勘察以及运营成本都很高。因此，无论采取哪种运输方式，其对地形气候的依赖性都不可小觑。具体而言，公路的建设及其运输最容易受到地形和气候的影响。中国新疆和中亚国家交界处地质构造复杂、冻土面积较广、严寒地带较多，滑坡和泥石流频发。以314国道为例，这是通往塔吉克斯坦、巴基斯坦等国家的重要通道。其沿路地形极其复杂，冰川滑坡的可能性很大。许多地方绵延上百里的道路没有一条县道平坦。就铁路而言，虽然铁路较公路受气候的影响要小得多，但铁路造价昂贵，在穿越雄山峻岭过程中，往往受到资金和人力的限制。管道运输虽然成本低、运输方便，但其运输对象仅局限于石油、天然气等液体或气体。

（3）中亚安全问题构成经济合作的不稳定因素

"中亚国家与世界上大多数国家一样，存在两种形式的安全威胁：传统安全威胁和非传统安全威胁。"①中亚五国自独立以来并没有发生由国家发动的战争以及其他关系国家独立、领土主权等传统安全的威胁，反而诸如"三股势力"、毒品走私、水资源争端等非传统安全问题才是中亚国家面临的最大安全威胁，且毒恐勾结、恐怖势力与宗教极端势力的勾结越来越甚。

中亚区域安全形势不容乐观

中国西部和中亚面临着严峻的恐怖主义、极端主义和分裂主义威胁。起源于沙特阿拉伯极端保守的萨拉菲主义的伊斯兰解放党在中亚地区的势力不断增长；乌兹别克的伊斯兰运动也有可能再度对乌兹别克斯坦、塔吉克斯坦、吉尔吉斯斯坦和中国的边界构成威胁；美国撤军后相邻的阿富汗未来安全走势和毒品问题将长期影响中国与中亚地区；西亚北非地区持续的政治动荡也无时不在冲击着欧亚大陆；随着中亚国家领导人交接时间的临近，中亚能否保持内政稳定也令人担忧。这些都影响中国与中亚跨境运输走廊的安全。

中亚各国的内部矛盾也是威胁中亚地区安全形势的因素之一

中亚各国内部矛盾具体表现在经济发展的不平衡；资源分布的不均衡；中亚国家间领土纷争、水资源冲突等问题上。仅哈萨克斯坦与乌兹别克斯坦

① 赵常庆：《中亚五国新论》，昆仑出版社，2014，第166页。

的 GDP 总量多年来就一直占了中亚五国总量的 80% 左右。当然，中亚五国之间的经济差距不仅体现在经济总量上，也体现在资源的分布上。哈萨克斯坦是中亚国家中能源最为丰富的国家，其拥有丰富的石油、天然气以及多种矿产资源。在与中国的合作中，哈萨克斯坦也凭借其独特的联通亚欧大陆的地理优势一枝独秀。例如，在与中国的交通运输合作中，一些巨大的工程项目最大的中亚受益国是哈萨克斯坦。

上海合作组织等中亚地区机制保障能源安全的能力不足

2009 年以来，国际能源价格大幅下跌、国际金融危机和页岩气革命导致上海合作组织主要能源输出国与能源进口国的地位发生较大变化。原先的卖方市场开始向买方市场转变，哈、乌、土等国也意识到可靠的购买方很重要，于是把目光从向西看更多地转向该组织成员国和观察员国，尤其是中国等重要需求国。能源出口占重要比重的哈萨克斯坦、土库曼斯坦和乌兹别克斯坦等国积极加强与中国的能源合作。然而，上海合作组织目前还不具备保护能源管道等关键基础设施的机制安排，缺乏相应的实体和应急机制。

（4）大国博弈制约中国—中亚经济走廊的发展

中亚的特殊地理位置及其战略地位使得这一地区成为世界和地区大国的必争之地。从世界大国的角度来看，美国、俄罗斯都有着各自的目的。俄罗斯凭借其传统影响力以及在中亚地区广泛分布的俄罗斯民族，依旧在努力实施其中亚构想。普京二次执政以来，从俄白哈三国关税同盟到“欧亚经济联盟”，俄罗斯意图从经济、政治上拉拢中亚国家以恢复其昔日的地位。2015 年 1 月 1 日，《欧亚经济联盟条约》的生效使得该欧亚经济联盟构想已初步实现。美国在中亚则更多的是基于战略考量，推行“中亚新战略”，目的在于打击恐怖主义、获取能源以及推进中亚国家的民主进程三个方面。[①]

中国在中亚推行的是睦邻友好外交政策，主要侧重于与中亚国家开展经济合作。“丝绸之路经济带”就是一个加强中国与中亚国家经济合作，各取所需的双赢构想，而并非政治意识形态的输出。如果中亚地区只有一个大国

① 赵常庆：《中亚五国新论》，昆仑出版社，2014，第 282 页。

主导的话，中亚各国将不会面临选择与哪个大国开展合作的问题，但现状是中亚国家在面对“欧亚联盟”“丝绸之路经济带”以及美国的“中亚新战略”三种合作框架时难免会出现选择困境。由此可见，中国与中亚国家共建经济走廊面临较多的不确定因素。

### 2. 促进中国—中亚经济走廊建设的思考

2013 年 9 月，“丝绸之路经济带”的提出为中国与中亚国家开展交通运输合作奠定了一个框架性基础。在此基础上，中国与中亚国家可以针对交通运输领域的合作开展战略性洽谈，并制定相应的合作政策。在“丝绸之路经济带”倡议的五通建设中，互联互通建设起着基础性作用。具体而言就是提高当前中国与中亚国家之间交通运输合作中的通达性与流动性水平，打造中国与中亚国家交通基础设施新格局。

（1）促进交通走廊建设投融资渠道多元化

中国与中亚跨境经济走廊建设耗资巨大，回收慢、周期长，亟须来源多元化的融资渠道和建立规范透明的区域融资机制。

中国与中亚国家不断加强彼此的金融合作，确保交通运输合作的资金基础。2004 年以来，中国作为负责任的大国践行互惠共赢的理念，在上海合作组织框架内向中亚国家提供了上百亿美元优惠贷款，中国与俄、吉、哈三国先后签署了边境贸易本币结算协议；中国人民银行已与“丝绸之路经济带”沿线国家，如乌兹别克斯坦、哈萨克斯坦等多个国家和地区签署了双边本币互换协议，与吉尔吉斯斯坦、哈萨克斯坦等中亚国家签订了双边本币结算协议，并开展了与哈萨克斯坦坚戈等部分国家货币的直接交易或挂牌交易。这些成果为便利中国与中亚国家或地区的贸易投资合作发挥了积极作用，同时也为交通运输合作的顺利开展提供了融资渠道。上海合作组织正着手为合作项目提供融资平台；由中方牵头的国家开发银行开展授信和融资额度规模已超过 500 亿美元。

在“丝绸之路经济带”倡议提出一个月后，中国国家主席习近平在访问印度尼西亚时提出了另一个战略性的构想：建立亚洲基础设施投资银行（Asian Infrastructure Investment Bank，AIIB，以下简称：亚投行）。2015 年 4 月 15

日，亚投行意向创始成员国全部确定，共计 57 个国家。从表 4.2 我们可以看出，从意向创始成员国分布来看，中亚五国当中有四个是最初的意向成员国。他们是哈萨克斯坦、乌兹别克斯坦、塔吉克斯坦以及吉尔吉斯斯坦（可见中亚国家参与中亚区域经济合作较为积极主动）。亚投行的成立将在很大程度上缓解中国与中亚国家交通运输合作中的融资等问题。而亚投行的建立使得中国与中亚国家之间的交通运输合作能够站在一个新的起点，打造更加符合“丝绸之路经济带”发展要求的交通基础设施新格局。

**.2　中亚国家等参与亚洲基础设施投资开发银行意向成员国时间**

| 加入时间 | 意向创始成员国（包括已提交申请国家） |
|---|---|
| 2014 年 10 月 24 日 | 哈萨克斯坦、乌兹别克斯坦、巴基斯坦、印度、蒙古国、缅甸、老挝、泰国、越南、新加坡等 21 国为首批签约国 |
| 2015 年 1 月 4 日 | 新西兰 |
| 2015 年 1 月 13 日 | 塔吉克斯坦、沙特阿拉伯 |
| 2015 年 3 月 12 日 | 英国 |
| 2015 年 3 月 18 日 | 法国、德国、意大利 |
| 2015 年 3 月 26 日 | 韩国、土耳其 |
| 2015 年 3 月 29 日 | 澳大利亚 |
| 2015 年 3 月 30 日 | 埃及、芬兰、俄罗斯 |
| 2015 年 4 月 14 日 | 吉尔吉斯斯坦 |

资料来源：作者根据中国外交部、商务部相关资料整理。

2014年11月8日，我国宣布出资400亿美元成立丝路基金，为“一带一路”沿线国家基础设施、资源开发、产业合作等与互联互通有关项目提供投融资支持。如中国铁路总公司批复了库尔勒至格尔木铁路先期开工段站前工程初步设计。库尔勒至格尔木铁路正好联通西亚、地中海、黑海地区的陆路运输大通道和能源陆路通道，是丝路上的重点项目。[①]

亚投行、丝路基金、上海合作组织银联体、世界银行、亚洲开发银行等

① 《“一带一路”概念板块调研：400 亿丝路基金输血基建，交运建筑建材最火》，http://news.hexun.com/2014-11-16/170442493.html。

多种金融机构都可参与到中国—中亚经济走廊建设当中。中国与中亚国家应当携手并进，首先在交通基础设施领域的合作上打造交通走廊建设新格局。从目前基础设施布局来看，中国与中亚国家的铁路运输线路还比较单一，主要集中在第二亚欧大陆桥上。然而，从中亚通往中国的道路不应仅仅局限在第二亚欧大陆桥上，因为除此之外至少还有两条道路可以选择。第一条是从中亚出发通过西亚，经土耳其再经过黑海、地中海，通过苏伊士运河进入印度洋，最后经过马六甲海峡到达中国南部港口。这一条道路早已有之，还需借助"亚投行"的力量加强中亚国家西部地区交通运输能力，提高其向西出海的运量和能力。第二条道路则是从中亚国家向南经过阿富汗、巴基斯坦，再经中巴经济走廊进入中国，或者通过打通吉尔吉斯斯坦和塔吉克斯坦到中国喀什的铁路线路，以此在南疆地区增加一条通往中国内地的铁路干线。当然，这种布局需依赖中巴经济走廊的顺利开展。在管道运输方面，应当加强中国—中亚天然气管道D线的建设进程，确保各项工程项目顺利完成。

（2）加强机制共建和标准化建设

创新运输合作机制对于统筹开发中国—中亚之间的交通运输走廊，制定统一的关税税率和交通法规，加强双方在技术标准上的一致性，最终实现经济空间的通达性与流动性具有重大意义。如前文所述，目前中国与中亚之间在运输合作方面缺乏相应的体制和制度。人员交流、信息共享、技术合作以及通关合作等都存在较大的提升空间。未来，中国与中亚国家应当加强机制共建，促进人员交流、信息共享、通关合作、实现关税合作的新突破，为双边经济的发展奠定基础。

技术标准的统一和一致化建设是中国与中亚跨境运输走廊合作的薄弱环节，也是亟须强化的合作领域。在运输便利化的软件方面，中国与中亚国家已经签署了19项运输协定。其中包括中国与哈萨克斯坦、吉尔吉斯斯坦、塔吉克斯坦和乌兹别克斯坦签署的双边汽车运输协定、实施细则和国际汽车运输许可证制度协议等。此外，上海合作组织成员国于2014年9月共同签署了《上海合作组织成员国政府间国际道路运输便利化协定》。这些协定的签署，为“丝绸之路经济带”交通走廊的畅通奠定了法律基础。

（3）强化上海合作组织安全合作

经济合作的开展离不开安全的保障。多年来，中亚地区不仅存在武装冲突等传统安全威胁，同时也存在诸如极端主义、恐怖主义、毒品走私以及非法武器贩运等非传统安全威胁。为了加强中国与中亚国家在安全问题上的合作，中国与中亚国家签署了多项联合打击“三股势力”的文件并在上海合作组织框架内建立了联合反恐等安全协调机制，为维护中亚地区的安全与稳定提供了重要保障。在2014年5月召开的亚信峰会中，中国国家主席习近平首次提出了“共同、综合、合作、可持续”的亚洲新安全观。[①] 这种新安全观强调尊重和保障每一个国家安全，并要通过对话合作，促进各国和本地区安全。从中国与中亚国家安全合作的角度来看，亚洲新安全观对彼此的安全合作都具有指导意义。在共建“立体丝绸之路”的过程中，中国与中亚国家应当在安全问题上加强合作，秉持共同、综合、合作、可持续的安全合作理念，以上海合作组织为平台，深入开展多边或双边合作，确保“立体丝绸之路”能够顺利开展。

中亚的安全隐患不仅表现在“三股势力”、毒品走私等问题上，而且也表现在中亚国家之间存在矛盾这一问题上。因此，上海合作组织不仅是中国与中亚国家开展安全合作的平台，也是中亚国家之间开展安全合作的平台。如果中亚各国不能有效处理好彼此之间的矛盾，这将不利于中亚地区的安全与稳定，也将削弱上海合作组织的向心力和行动力。

在中国与中亚国家区域经济合作中，上海合作组织作为一个区域性的综合性机制，应当发挥其特有作用。总体而言，上海合作组织的目标主要有三：A. 加强和巩固成员国之间的政治互信；B. 促进成员国之间的经济贸易合作；C. 加强各方在文化、教育等领域的合作。因此，上海合作组织在安全领域至少要做好两个方面的工作：A. 在打击“三股势力”、毒品走私等共同利益问题上协调一致，深化合作；B. 中亚各国应当在加强政治互信，化解彼此在边界、

① 《习近平亚信峰会发言首次提出对恐怖主义零容忍》，http://news.sina.com.cn/c/2014-05-22/045930193178.shtml。

水资源问题上的争议，实现成员国的内部稳定，而不是将上海合作组织看成追求利益平衡甚至利益制衡的机制。①

近20年来，从上海合作组织的合作范围和所取得的成就来看，政治领域的成就最显著。各方围绕安全、反恐等安全问题开展了深入且卓有成效的合作。近年来，上海合作组织成员国、观察员国和对话伙伴国秉承共同安全的宗旨，围绕打击恐怖主义、分裂主义、极端主义等安全问题多次开展了意见交流并举行了反恐军事演习，签署了《打击恐怖主义、分裂主义和极端主义上海公约》以及《上海合作组织反恐怖主义公约》等多边协议，为形成有效的安全合作机制奠定了重要的法律基础。

（4）处理好与俄罗斯等国家的关系

中亚是中俄以及其他地区性大国都十分重视的地区。任何一个国家的中亚政策都将受到其他国家的影响。中国的“丝绸之路经济带”倡议自提出以来就是一个开放包容的构想，任何国家或地区都可以参加。2013年以来，中俄关系在很大程度上得到了深化和拓展，双方之间的政治经济联系不断增强，在大国战略上具有一定程度上的一致性。在中亚这一特殊地区，中国和俄罗斯作为中亚邻国都希望保持中亚地区的安全和稳定发展。在可预见的将来，中国作为重要的能源需求国有助于俄罗斯和中亚国家作为能源供应国保持与中方的合作。就俄罗斯近年来积极推进的欧亚经济联盟而言，中国的关切点在于：“是否‘欧亚经济联盟’能够为中国在与欧洲、南亚和中东国家之间的贸易往来中创造一个安全、低成本和高速运转的空间。”②因此，从长远利益考虑，在“丝绸之路经济带”与“欧亚经济联盟”之间寻找利益共同点，建立一个共赢包容的经济发展空间是中国和俄罗斯以及中亚国家应当考虑的。这并非也不应该是一个零和局面。因此，中国可以在安全问题上加强与俄罗斯的合作，共同维护中亚地区的安全与稳定，确保亚欧区域经济建设平稳发展。

① 王海运：《中亚地区安全形势及强化上合组织维稳合作的思考》，《俄罗斯中亚东欧研究》2011年第1期。

② Johannes F. Linn, “China's and Russia's Interests in Central Asia: Connecting the Dots in Kazakhstan,” http://www.brookings.edu/research/opinions/2013/09/17-china-russia-interests-kazakhstan-linn.

# 第五章

# 中国与中亚国家产业合作的主要领域

产业合作是中国与中亚区域经济合作的重点领域。中国与中亚国家的产业合作就是基于各国优势资源和产业链位置进行的国际分工，旨在更大限度地优化资源配置，提高资源利用水平和生产效率。由于近期及未来中国与中亚区域经济合作的目的是共建“丝绸之路经济带”，因此，中国与中亚国家需要研究在“丝绸之路经济带”中的产业优势，各国的产业发展战略以及产业合作的重点领域，分析中国与中亚区域经济合作面临的挑战以及应对的方略。

## 一、产业链与产业合作

### 1. 产业链的概念

产业链是产业经济学中的一个概念，是各个产业部门之间基于一定的技术经济关联并依据特定的逻辑关系和时空布局关系客观形成的链条式关联关系形态。产业链是一个包含价值链、企业链、供需链和空间链四个维度的概念。这四个维度在相互对接的均衡过程中形成了产业链。

① 郑大庆、张赞、于俊府：《产业链整合理论探讨》,《科技进步与对策》2011 年第 2 期，第 64—68 页。

价值链概念是由哈佛商学院教授迈克尔·波特（Michael Porter）1985 年在《竞争优势》（*Competitive Advantage*）一书中提出的。他认为，“每一个企业都是在设计、生产、销售、发送和辅助其产品形成过程中进行种种活动的集合体。所有这些活动可以用一个价值链来表明”。

产业链的本质是一个具有某种内在联系的企业群结构，它是一个相对宏观的概念，存在两维属性：结构属性和价值属性。产业链中大量存在着上下游关系和相互价值的交换，上游环节向下游环节输送产品或服务，下游环节向上游环节反馈信息。

### 2. 产业链的特点

（1）整体性

构成产业价值链的各个组成部分是一个有机整体。它们相互联动、相互制约、相互依存。每个环节都是由大量的同类企业构成，上游产业（环节）和下游产业（环节）之间存在着大量的信息、物质、资金方面的交换关系，是一个价值递增过程。同时产业价值链之间相互交织，往往呈现出多层次的网络结构。在新的竞争环境下，产业中的竞争不仅表现为单个企业之间的竞争，还表现为一条产业链同另一条产业链的竞争，一个企业集群同另一个集群之间的竞争，甚至是国与国之间企业的相互竞争。

（2）增值性

后面的价值增值环节在前面价值产品的基础上进一步面向新的客户，生产出新的价值产品。但是，这并不意味着前面环节投入的价值量在后面都能够实现。如果存在价值增值瓶颈，价值链上一部分投入的价值将会损失掉，无法实现增值。

（3）循环性

价值增值实现的过程是一个不断循环的过程。这一特点，对于参与价值链的、持续经营的企业具有重要意义，因为企业长期化价值的最大实现比起短期价值的实现有更重要的意义。如果一条产业价值链无法实现有效的循环，那么这条产业价值链必将濒临“死亡”。

（4）层次性

从系统角度看，存在着标准制订—设备开发—终端产品的技术层次，三个层次之间技术衔接要求严格。设备和终端产品都是在一定标准之下进行开发的；每生产一台设备或产品都需要付给标准持有企业一定的标准使用费用。

（5）差异性

产业价值链的各个环节存在着增加值与盈利水平的差异性。产业价值链的各个环节对要素条件的需求存在差异性。不同的环节，对于技术、人力、资本、规模等要求不同，因而具有不同区位偏好。

产业链体现的是产业部门间基于技术经济联系而表现出的环环相扣的关联关系（产业层次、产业关联度、资源加工深度和满足需求程度等）。区域产业链条则将产业链的研究深入区域产业系统内部，分析各区域之间、产业部门之间的链条式关联关系，反映区域之间产业的分工合作、互补互动、协调运行等问题。

### 3. 产业链类型与合作模式

（1）产业链类型

产业链类型可分为狭义产业链和广义产业链。狭义产业链是指从原材料一直到终端产品制造的各生产部门的完整链条，主要面向具体生产制造环节；广义产业链则是在面向生产的狭义产业链基础上尽可能地向上下游拓展延伸。产业链向上游延伸一般使得产业链进入基础产业环节和技术研发环节，向下游拓展则进入市场拓展环节。产业链的实质就是不同产业企业之间的关联，而这种产业关联的实质则是各产业中的企业之间供给与需求的关系。构建合理的产业链分工体系有利于企业成本的降低和区域经济的发展。

产业价值链理论的形成有着坚实的理论基础，其发展集点、线、面、网研究于一身，贯穿价值创造、分配、传递全过程。其理论体系既与产业链、价值链、供应链等理论相关，又包含价值系统、价值网、价值星座及全球价值链理论。理论的多元化促进了产业价值链体系的创新与完善。

（2）产业链合作模式

合作本质是对分离状态的现状进行调整、组合和一体化。产业链合作是对产业链进行调整和协同的过程。对产业链合作的分析可以分别从宏观、产业和微观视角着手。产业链合作是产业链环节中的某个主导企业通过调整、优化相关企业关系使其协同行动，借以提高整个产业链的运作效能并最终提升企业竞争优势的过程。

以合作企业在产业链上所处位置判断，可分为横向合作、纵向合作以及混合合作三种类型。横向合作是指通过对产业链上相同类型企业的约束来提高企业的集中度，扩大市场势力，增加对市场价格的控制力，从而获得垄断利润。纵向合作是指产业链上的企业通过对上下游企业施加纵向约束，使之接受一体化或准一体化的合约，通过产量或价格控制实现纵向的产业利润最大化。混合合作又称为斜向合作，是指和本产业紧密相关的企业进行一体化或是约束，它既包括了横向合作又包括了纵向合作，是两者的结合。

以合作是否涉及股权的转让可分为股权并购、拆分以及战略联盟。股权并购是股权并购型产业链合作，实质上产业链上的主导企业通过股权并购或控股的方式对产业链上关键环节的企业实施控制，以构筑通畅、稳定和完整的产业链合作模式。拆分是指原来包括多个产业链环节的企业将其中的一个或多个环节从企业中剥离出去，变企业分工为市场分工，以提高企业的核心竞争力和专业化水平。战略联盟型产业链合作是指主导企业与产业链上关键企业结成战略联盟，以达到提高整个产业链及企业自身竞争力的目的。

## 二、中国与中亚国家的经济发展战略对接

中国与中亚国家在共建“丝绸之路经济带”方面有众多契合点，理应在实现“丝绸之路经济带”长久繁荣目标上实施发展战略对接。

中国的发展战略是着眼“丝绸之路经济带”的建设以及奠定欧盟、中亚的总体利益格局，巩固发展中欧贸易，积极加强与中亚国家特别是门户国家哈萨克斯坦在能源资源、交通、文化等领域的合作。按照国家构建“丝绸之

路经济带”的总体要求，中国已开展实施陆桥经济带两端腹地开发引领战略、沿桥经济带次区域中心城市群联动发展战略、重要战略支点口岸优先开发战略，以提高贸易便利性为核心，以扩大货物贸易量为目标，并从国家层面谋划陆桥经济带发展规划，旨在建立完善的国际国内（国家部委间、省级及地方政府间、部门间）横向、纵向通关协调机制，突出重点，优先发展陆桥两端经济腹地货物贸易，确立基础设施优先投资领域，明晰次区域功能定位，从战略高度统筹做好“丝绸之路经济带”核心区的规划布局和顶层设计，达到对中国现代产业体系、新型城镇、交通运输、互联互通信息网络、民生发展进行体系化建设的目标。① 中国在“丝绸之路经济带”上的布局将以新亚欧大陆桥经济走廊和中国—中亚—西亚经济走廊为纽带，围绕“丝绸之路经济带”核心区战略目标，开展国家大型油气生产加工和储备基地、煤炭煤电煤化工基地、大型风电基地建设，构筑能源、交通、通信三大通道，完成区域性交通枢纽、商贸物流、金融、文化科教、医疗服务五大中心以及十大进出口产业集聚区的布局，并按照近期、中期和远期分阶段实施。②

### 1. 中亚国家发展战略与“丝绸之路经济带”倡议对接

处于“丝绸之路经济带”核心区的中亚国家正在主动将中国的“丝绸之路经济带”建设与各自的发展战略（如哈萨克斯坦“光明之路”新经济政策③、乌兹别克斯坦2015年发展规划、土库曼斯坦2030年经济发展战略规划、吉尔吉斯斯坦2013—2017年发展规划、塔吉克斯坦2000—2020年发展规划）进行对接。目前，共建“丝绸之路经济带”已纳入中国与中亚五国签署的联合宣言等政治文件或双边合作协议④。这些举措不仅将极大促进沿线国家的经济贸易联系，推动以交通、通信、油气管道等基础设施互联互通建设，而且为巩固地区国家友好关系、进一步促进本地区和平稳定提供了新的历史契机。

① 王玉刚：《丝绸之路经济带发展战略的几点思考》，http://a681830348.xinjiang1.mynet.cn/_d276813557.htm。

② 李香才：《新疆推进丝绸之路经济带核心区建设》，《中国资本证券报》2015年5月13日。

③ 《习近平会见哈萨克斯坦总理马西莫夫》，《光明日报》2015年3月28日。

④ 2016年6月15日，中乌共同签署了《关于在落实建设“丝绸之路经济带”倡议框架下扩大互利经贸合作的议定书》；《中国与乌兹别克斯坦签署共建“丝绸之路经济带”合作文件》，新华网，http://news.xinhuanet.com/world/2015-06/17/c_1115646851.htm。

### 2. "丝绸之路经济带"倡议与欧亚经济联盟规划的对接

随着2016年5月8日中俄《关于丝绸之路经济带建设与欧亚经济联盟建设对接合作的联合声明》的签署，"丝绸之路经济带"有望发展成为欧亚经济联盟与亚太经济圈相连接的桥梁，并将为亚欧经济一体化进程注入新活力。其所具有的划时代意义在以下几方面。首先，中国与俄罗斯同处于"丝绸之路经济带"的重要区域，起着不可替代的主导作用；中亚既处于"丝绸之路经济带"的核心区，又多为欧亚经济联盟的重要成员，对"丝绸之路经济带"与欧亚经济联盟的对接发挥重要的纽带作用。其次，在世界经济区域化、一体化的新形势下，俄罗斯向东看和中国向西开放的交会点在中亚，中亚国家作为中国和俄罗斯的共同邻国对双方的安全和经济空间拓展意义重大；同时，中国与俄罗斯同为中亚国家排名前列的贸易和投资伙伴，两国对中亚目前和未来的发展起着举足轻重的作用。最后，中国与俄罗斯在中亚地区的经济合作符合中、俄、中亚国家各方的共同利益和内在诉求，中国与中亚国家、俄罗斯在产业结构、资源禀赋、通道与基础设施建设、金融与保险等融资机制等多方面存在互补性而非竞争性，具有广阔的合作空间和持续长久合作的潜力与动力。因此，尽管"丝绸之路经济带"与欧亚经济联盟有诸多的不同和相近之处，在未来的发展中也面临很多共同挑战需要共同应对，但双方在中亚对接却可以达到双赢甚至多赢的效果，前景看好。

展望未来，"一带一路"倡议提出之后的亚欧区域经济一体化将可能在更大范围拓展，并可能从建立区域自贸区入手实施。如早在2004年，首任上海合作组织秘书长就曾探讨过建立上海合作组织自贸区的可能性。[①] 哈萨克斯坦方曾提供了对接"丝绸之路经济带"和欧亚经济联盟的可行性方案（在欧亚经济联盟、上海合作组织和"丝绸之路经济带"三个框架下建立一个自贸区的倡议）。[②]2016年4月，俄罗斯杜马主席谢尔盖·纳雷什金在比什凯克举行的"欧亚经济前景"国际论坛上表示，俄方支持哈萨克斯坦总统纳扎

① 《上海合作组织秘书长：在框架下建立自贸区可行"》，中国新闻网，http://news.china.com/zh_cn/finance/11009723/20040122/11610031.html。

② 《哈萨克斯坦驻华大使：中国"一带一路"对接哈"光明之路"》，中国经济网，http://intl.ce.cn/specials/zxxx/201606/03/t20160603_12503157.shtml。

尔巴耶夫关于将2016年设定为欧亚经济联盟和第三国及国际政府间组织合作年的提议，现在最重要的是保障欧亚经济联盟发展与“丝绸之路经济带”建设对接以及在未来同中国和其他亚洲国家建立自贸区。[①]继2010年普京提出建立欧洲经济新体系并倡议建立一个从葡萄牙里斯本到俄符拉迪沃斯托克的经济共同体的构想因欧洲制裁受挫后[②]，俄罗斯总统普京2016年6月宣布了有关欧亚经济联盟成员国与中国等建立大欧亚伙伴关系的计划（参与者可以包括欧亚经济联盟成员国以及中国、印度、巴基斯坦、伊朗等与俄罗斯关系密切的国家和组织），并支持哈萨克斯坦提出的有关欧亚经济联盟应致力于同上海合作组织、东盟等组织进一步深化合作的建议（可以从简化和统一行业合作、投资、卫生、海关、知识产权保护等领域的规范标准入手实施）。[③]从上述众多倡议和方案中可以看出，亚欧区域经济一体化的趋势正在加强，中国与中亚共建“丝绸之路经济带”的内在需求与外部环境正在趋于一致，中国与中亚区域经济合作的密切度和相互依赖度在提高。展望未来，中国的向西开放战略将和中亚地区有效对接，进而有助于使“丝绸之路经济带”发展成为亚欧地区的又一极具潜力的增长极，而产业合作是双方合作的一个极其重要的方面。

## 三、中国与中亚国家产业合作的主要领域

考虑到中亚国家产业特点，目前及未来一个阶段，中国与中亚国家的产业合作主要可在以下领域开展。

### 1. 农业领域

中国与中亚国家的农业主要包括种植业、果蔬业和畜牧业。种植业是中亚国家的重要产业之一，尤其是哈萨克斯坦的小麦和乌兹别克斯坦的棉花产

① 中国驻哈萨克斯坦使馆经商处：《俄杜马主席：有必要建立欧亚经济联盟—中国自贸区》，http://kz.mofcom.gov.cn/article/zxhz/zhxm/201604/20160401293735.shtml。

② 《国际时评：打造“大欧亚”俄罗斯欲破西方孤立》，新华网，http://news.xinhuanet.com/world/2016-06/18/c_1119068172.htm。

③ 王海燕：《上合成共建“一带一路”重要平台》，《文汇报》2016年6月23日。

量在世界都居前列。中亚国家和中国生产的农作物主要有小麦、玉米、水稻等粮食作物以及棉花、甜菜、向日葵等经济作物。中国新疆和中亚国家的果蔬业主要有西瓜、甜瓜、樱桃等各种水果，同时也是番茄等蔬菜的高产地。其中，果蔬业是哈萨克斯坦、乌兹别克斯坦和吉尔吉斯斯坦的优势产业。畜牧业也是中国新疆、内蒙古等地和中亚国家的重要产业之一。基于以上各国农作物种植与畜牧养殖特点，中国新疆与中亚国家可在经济作物和粮食作物的品种资源搜集、良种引进与选育、品种与种子审定、良种繁育与推广、设施农业[①]、大规模机械化集约化种植与收获、病虫害的生物和机械防治技术等植物保护、节水灌溉、荒漠治理与土壤改良、果蔬新品种引进和大面积推广以及改进畜群结构、草场改良、家禽集约化大规模生产等方面开展全方位卓有成效的合作。[②]

由于气候、水土等条件相近，目前中国西部与中亚国家在粮食作物和经济作物种植方面的合作正在不断深入。但就中国与中亚国家在种植业和畜产品加工的各自优势而言，双方在农业领域开展深度合作的潜力还有很大发展空间。

### 2. 工业领域

工业领域的合作是中国与中亚国家产能合作的重点领域，也是中亚国家非常期待合作的领域。中亚国家希望通过产能合作构建本国产业体系并在区域合作分工中占有一席之地。中国因在工业多领域、多技术和多设备方面处于世界领先地位，可在一定程度上满足中亚国家的需要，因此，工业领域的合作是双方目前及未来很长时期合作的重中之重。

（1）矿产勘探、开采与加工

中亚国家与中国都是资源富集区。彼此矿产资源丰富，许多矿产的蕴藏量在世界都居前列，尤其在有色金属勘探、开采和加工方面存在许多相同之处。目前，中国与哈萨克斯坦、乌兹别克斯坦、吉尔吉斯斯坦、塔吉克斯坦

① 设施农业就是利用温室、大棚等设施进行蔬菜、瓜果、花卉等作物生产的一种栽培方式。

② 王海燕主编：《经济合作与发展——中国新疆与中亚五国》，新疆人民出版社，2003。

在该领域的合作之处较多。中亚国家的金属工业发展较早，在苏联时期就已成为重要的生产基地，在黑色金属、有色金属、稀有金属及贵金属的勘探上也有着丰富的经验。其中，哈萨克斯坦黑色金属业已形成了一个从采矿、选矿、冶炼到成品生产等流程完整的工业体系，已掌握多种热轧钢和冷轧钢的生产技术。该国除从事炼铁、炼钢和轧钢外，还经营铁矿、锰矿、铬矿、焦煤及耐火和熔剂材料、铁合金生产等，其生产技术水平及产量都较高。产品不仅供应本国，还远销独联体及世界其他国家。哈萨克斯坦和乌兹别克斯坦拥有苏联时期最大的有色金属企业和科研机构，其产品不仅能满足苏联时期航空、航天、火箭、电子、军工、核工业和一些新兴部门的需要，还销往世界多个国家。吉尔吉斯斯坦和塔吉克斯坦的稀有金属资源也较丰富，冶炼技术发展较快。

中国尤其对黑金属和有色金属制成品的后加工能力较强，有较为先进的炼钢炼铁技术和现代化的管理方法，因此生产技术水平和效率较高，正好弥补了中亚国家在这一方面的不足。在贵金属方面，中国黄金开采和冶炼技术较为先进，其低品位堆浸技术经济效益高，为大规模利用低品位金矿开创了先例。

中国与中亚国家在金属工业方面的合作一直较多，规模较大，但主要集中在贸易上，在生产领域的还较少，但国外已有很多企业参与到了中亚国家的金属业生产中。随着“一带一路”基础设施大项目的实施，中亚国家对金属产品等需求也日益上升。因此，中国可更多地与中亚国家开展这一领域的合作。

（2）非金属矿的生产

在中亚国家的国民经济中，化学工业是能充分利用资源和开辟原料资源的工业部门，中亚国家的化工原料类非金属矿资源非常丰富。在加强化学工业同其他工业及内部行业合作以及节约原料与能源、废料废物利用、综合利用、化工大型化与综合化等方面，中亚国家有着丰富的经验和较为先进的技术。他们的制盐业发展速度较快，在提高制盐技术、增产增效方面有优势。

中亚国家可生产上百种磷肥、磷酸、硫酸等化工产品，其中有些产品有很强的技术优势，不仅供应本国，还出口国外；在冶金辅助原料非金属矿的勘探、开采和加工方面，中亚国家也有技术优势。中国的非金属矿产储量大，分布广，优势突出，部分矿产品位高、质量佳，用其生产的元明粉、硫化碱等产品在国际市场上享有良好声誉；中国的建筑材料优势矿众多，有一些国内外罕见的品种，出产的大理石、花岗岩、水泥等建材品种和质量在国内外市场都少见。中国与哈萨克斯坦在建材等非金属矿领域可合作的方面较多。

综上所述，在资源领域，中国与中亚国家的合作主要涉及对双方经济发展都很重要的支柱型产业，如能源类、金属类和非金属类矿产的勘探、开采及加工等。其中能源类包括石油、天然气和煤炭等双方储量都很大的矿产勘探、开采及后加工；金属类包括黑色金属、有色金属、稀有金属和贵金属的勘探、开采和加工；非金属矿包括化工原料非金属矿、建筑材料非金属矿、特种非金属矿和冶金辅助原料非金属矿等的勘探、开采和加工。由于双方都是资源富集区，在这一领域的合作有很大的潜力。值得强调的是，由于中国经济对资源和能源的长期需求以及构建多元化稳定来源渠道的需要，中亚国家对稳定的市场有需求，中国与中亚国家在该领域的合作将是长期互利的。

（3）能源勘探、开采与加工

中亚国家的石油工业发展较早，到20世纪60年代初期中亚国家的石油工业进入了大发展阶段。由于其原油产量较高，因此，在石油、天然气的勘探、选冶技术上较为发达。哈萨克斯坦对输油管输送原油的加热法经过多年实践与改造已很成熟，可确保中哈原油管道输送的畅通。20世纪90年代初，中亚国家独立后先后与世界上主要的石油公司建立了合作关系，引进了西方先进的石油勘探和开采技术，在完善石油加工工艺中采取了卓有成效的措施。中亚国家的天然气工业发展也较早，在天然气加工和输气管道建设上也有一些很好的经验。中亚国家的煤炭是主要的动力资源，除供应钢铁工业之外，主要用于发电。中国在油田开采和管理上实现了高度自动化，已达到世界先进水平；在石油钻井、炼油、管道开发、整装沙漠油田等技术上比中亚国家先进；在煤炭机械化开采和建立以煤炭为燃料的大型环保型热力供暖站上有很强的技术优势。因此，在复杂油矿的开采、石油天然气的开发、输油管道的建设、煤炭开采等领域，中亚国家与中国合作的项目较多。未来在相当长时期，中亚地区作为中国实施能源进口多元化战略的一个重要能源供应区，双方在能源领域尤其是油气资源领域的合作将成为彼此经济合作中最重要、最有战略意义的领域之一。[①]

由于中国和中亚国家都是石油、天然气主产地，中国与中亚国家的化工产品生产都呈现出方兴未艾的良好势头。其中，中国与哈萨克斯坦、乌兹别克斯坦和土库曼斯坦在石油、天然气类化工产品及其他矿物类化工产品领域的可合作之处较多。例如，中亚国家在聚乙烯、聚丙烯、乙烯和丙烯生产及为油田开发提供廉价电力和减少环境污染等方面有较为成熟的技术。中国在炼油及石化工业方面发展较快，已建成投产特大型燃料—润滑油—化工型石化企业与燃料—润滑油—沥青型大型现代化炼油厂和亚洲最大的石化工业基地，可生产包括化肥、化纤、塑料、合成氨、尿素、氮肥等几百种油品及石化产品。其中所产沥青为国内最佳高等级公路用材并可打入国际市场。在哈萨克斯坦等中亚国家提出的主要任务中，除钻挖新井外，还将增加地质勘探总量、建设开采设施、建设和投产新的加工设施、按国际和国内两个方向铺设石油管道、在石油开采与加工区建设和开发生产性基础设施与社会基础设施等，并明确这些都将在外国伙伴的参与下共同完成，中国应抓住这种机遇，参与到与中亚国家在该领域的合作项目中。

中国与中亚各国在石油工程技术服务、提供能源勘探和开采的技术设备、合作勘探和开采能源田、合作经营能源股份公司以及合建能源管道等领域进行了广泛的合作，业务范围涉及上中下游各个方面，涵盖油气勘探、开发、管道、炼油和销售等领域，并横贯中国与中亚重要油气合作区和管廊带，成为跨国间区域合作的成功典范。现在，中国企业在中亚地区形成了集勘探开发、管道运输、炼油化工和产品销售为一体的、完整的石油产业链，为国家

① 司正家、王海燕等著：《沿边开放和新疆边境民族地区开放型经济发展研究》，中国经济出版社，2011，第303—343页。

构筑了一条新的能源战略通道。

（4）机械工业

机械工业是国民经济的装备工业，其规模和水平是衡量一个国家科技水平和经济实力的重要标志，中国和中亚国家都很重视机电工业的发展。中国和中亚国家的机械工业主要包括农业机械、汽车工业、石化通用机械和基础件等。中亚国家的机械工业发展较早，在其工业结构中，电机制造业、重型机器制造业和农机制造业占主要地位，机床、仪表、工具等制造企业也得到了优先发展。近年来，中亚国家机械工业发展较快，又开发出了多种机械产品。其中，乌兹别克斯坦和哈萨克斯坦大力引进西方国家的技术和设备，积极发展飞机制造和汽车制造业等，产品远销独联体等国家和地区。中国与中亚国家的农业机械互补性较强。比如，中亚国家因沿袭苏联的农庄体制，生产规模仍然很大，普遍使用的是大中型农机具，较有优势的农业机械是以悬耕、耙地、犁地为主的耕整机械和以插秧、犁栽、收获等为主的种植机械。中亚国家在农机产品的推出和研发方面力量很雄厚，偏重于大中型机械设备，生产水平较高。中亚国家有关机械采棉的相关技术，从种子分类加工到产前、产中、产后都有一整套农机设备，相关机具的完整性、配套性、通用性较好，把农业机械看作一个整体进行系统设计和制造，总体生产效率较高。中国较有优势的农业机械是以平地、推土、开沟、挖掘为主的平整机械和以中耕、追肥、植保、打顶等为主的管理机械，既有适应大规模集约化生产的大型农机具，又有适合小农户使用的中小型农机具。为此，中国已开始与中亚国家开展了农机产品、机电产品等方面的合作。其中，中国每年出口中亚国家的产品中机械产品占比最大，双方在该领域的合作大有可为。

（5）电力工业

中亚五国和中国的电力工业主要分水电、火电、核电、风电和气电五种，其中，中亚国家主要有水电、火电和核电三种；中国五种都有，技术很强。哈萨克斯坦和乌兹别克斯坦充分利用本国丰富的煤炭、重油、天然气等原料，一直朝着兴建大电厂、发展大功率机组的方向发展，火电厂建厂快，投资少，且通过不断的技术改造，能耗少。中亚国家较早开始建立联合电网，不断提高集中供电程度，建立和发展大电网和统一联合电网。这对调节各地区之间的电力余缺、减少备用机组、节省基建投资和运费及降低高峰负荷都十分有利。吉尔吉斯斯坦、塔吉克斯坦两国的水电较为发达，水力资源丰富，在发展梯级水电站建设上也很有特色。他们不仅充分开发包括地热水资源在内的各种水资源建设水电站，而且大搞综合利用工程，发展灌溉、养鱼、供水等多种经营，以推动地区经济综合发展。吉尔吉斯斯坦的伊塞克湖是世界最大高山湖泊，吉方很希望与中国合作开发其水力资源建立水电站。同时，在塔吉克斯坦拥有中亚最大的水电站——努列克水电站。塔吉克斯坦和吉尔吉斯斯坦等中亚国家的领导人多次在多种场合表示希望中国参与其电力开发与建设，同时盼望在风力发电、太阳能发电和核电等方面与中国开展有关技术、设备、规划等多层次合作。此外，中国可借鉴中亚国家较为成熟的煤炭火电技术。

（6）建材工业

中亚国家的水泥工业发展较早，并已建成一大批规模较大的水泥、石棉水泥构件、石棉水泥制品、石板瓦、装配式钢筋混凝土构件等建材企业，主要产品有水泥、石棉瓦、陶瓷水管、大型混凝土壁块、硅酸盐构件等。中亚国家为改进建材工业的结构和提高技术水平，新建、改造和合并了一批现有企业，并建立了生产玻璃及其他产品的工厂，开始生产一些新型建材。中国的建材工业发展较快，门类较齐全，其生产的水泥、石材、砌面材料等在中亚国家产销率很高，主要建材产品有水泥、平板玻璃、大理石和花岗岩以及包括红砖、油毡、炉渣砌块、石膏空心砌块在内的房建材料；包括耐火砖、高铝砖、镁制砖、石棉等在内的耐火材料；包括涂料、塑料管材、玻璃钢等在内的化学建材；等等。中亚国家在水泥生产上采用悬窑等节电新型装备，降低水泥生产电耗，提高水泥产量，并减少环境污染；在建筑卫生陶瓷和无机非金属材料等建材生产上采用了喷雾干燥、多功能施釉线等先进的工艺技术，建材产品多样化，可满足中亚市场不同的需要。在建材领域，中亚国家对中国设备、技术和产品需求很大，双方合作潜力巨大。

（7）轻纺工业

中亚国家的轻纺工业中纺织、缝纫、制鞋、皮革所占比重较大，并能利用合成纤维和人造纤维生产出质量较好的呢绒织品、西服面料、大衣面料等毛织品和针织内衣、长短袜等针织品，还能生产出结实耐磨的鞋类、皮革类、毡筒类制品及具有浓郁民族特色的地毯、壁挂等产品。中亚国家还利用现有资源，挖掘潜力，新建了包括羊毛初级加工厂、衣料厂、缝纫厂等，并对现有企业进行改造和技术更新，改善生产条件设备，提高优质产品比重，使本地轻纺工业初具规模。其中，土库曼斯坦和乌兹别克斯坦的轻纺工业发展较好。

较之中亚国家，中国上海等地的轻纺工业已形成具有一定规模、一定技术水平、门类较为齐全的轻纺工业体系（主要包括棉纺、毛纺、丝织、麻纺、棉针织、毛针织、印染、化纤、服装等行业的产品生产）；注意引进先进的管理经验和技术，对重点企业、关键设备、关键工艺进行引进改造，对传统加工业进行结构调整，从以数量发展为主向以提高质量为主转变；并利用丰富的石油天然气资源加速发展化纤工业，开发出了一批纯化纤、化纤混纺、化纤纺绸和化纤无纺布等深加工产品；研制出多种麻纤混纺产品，开发出多品种、高档次、高附加值的真丝绸和化纤纺真丝产品，并重点抓了毛纺企业的技术改造，使毛纺产品向“细、薄、浅”方向发展，不断提高印染及后整理水平。中方的所有这些优势，可与中亚国家进行互利深度合作。此外，中亚国家的棉花产量在世界占比都在前列，对发展轻纺工业需求很迫切，可在该领域与中国开展全方位合作。

（8）食品工业

中亚五国的食品工业历史较为悠久，主要包括肠衣业、乳品业、制糖业、磨粉碾米业、榨油业、水果蔬菜加工业、罐头业、酿酒业、盐业、渔业、烟草工业等部门。食品工业是中亚诸国工业中少有的发展水平较一致，门类较为齐全，优势较强的领域之一，也是近年来中亚国家大力发展民族工业最重要和最有成效的领域之一。由于农业和畜牧业产品丰富，原料充足，中亚国家在肠衣业、乳品业、制糖业、动物制品的罐头业和渔业上发展得较好。肉类工业是中亚国家食品工业的主要部门，其产值约占整个食品工业的1/3以上；中亚国家拥有苏联时期最大的肉类罐头联合企业，其鱼子酱罐头等制品独具特色，远销独联体及其他国家；肠衣类制品深受周边国家居民的喜爱；乳品业比较发达，拥有众多的奶油、干酪、奶粉、酸奶加工厂，规模较大，加工技术已很纯熟；制糖业加工能力较强；烤面包业和通心粉生产很有特色。近年来，中国逐渐放开了对中亚食品进口的一些准入标准。中国与中亚各国在食品工业开展互补性合作的领域越来越多。其中在乳品业、制糖业、磨粉碾米业、榨油业、饮料业、水果蔬菜加工业、罐头业、酿酒业、盐业等领域，中国与中亚国家开展合作将对丰富中国居民的菜篮子并满足人民对美好生活的需求起到积极的促进作用。

（9）民用品工业

中亚五国和中国的民用品工业主要指家用电器、日用百货、办公用品等产品的生产。中亚国家独立前曾经能够生产出大量的录音机、电动吸尘器、洗衣机、电冰箱和冷藏箱等家用电器。独立后，由于工艺落后、设备老化以及无钱更新换代和大量外来进口产品的冲击等原因，中亚国家家用电器的生产迅速萎缩。近年来，由于与韩国LG等大型企业合资，其电视机产量已增长到独立前的20倍以上水平，并已开始生产空调等新产品。目前，中亚国家基本上能生产一些中低档日化用品；首饰制品、小百货和小五金尚未形成规模生产；电饭锅、微波炉等小家电生产则还几乎是空白。相比之下，中国在日用百货、办公用品等民用品生产各个领域都具有明显优势，已经和中亚国家开展全方位合作，并很快惠及中亚国家普通民众。

从以上分析可以看出，由于中亚国家拥有中国发展工业所需的丰富的资源能源，中国拥有中亚国家发展工业所需的技术、设备和市场，中国与中亚国家有较多的合作空间，合作前景广阔。

### 3. 服务业领域

随着中国与中亚国家的产业升级和经济发展水平的提高，服务业成为中国与中亚国家亟待大力开发的合作领域。这主要包括交通运输、教育、医疗、体育、文化产业等领域全方位的合作。这些合作可极大地改善双方人民的生活质量，明显增强人们的获得感，促进民心相通。[①]

（1）旅游业

旅游业对于中亚五国和中国来说，都是新兴产业，各方基础较为薄弱、各项设施亟待配套和完善，但这也恰恰是发展潜力巨大、各地都希望快速发展的领域。早在公元前2世纪，张骞就开通了东起长安（今西安），经我国陕西、甘肃河西走廊、新疆塔里木盆地、葱岭，西至中亚和南亚的古丝绸之路。这些地方既是古今通往西亚和欧洲的重要交通要道，也是历史上亚欧两大洲文化、经济联系的纽带。在漫漫历史长河中形成了无数文化遗址和历史古迹。丝绸之路不但意味着中亚国家与中国多年割舍不断的联系，而且因为其昔日辉煌令人缅怀而独具旅游价值。近年，世界银行已提出振兴古丝绸之路规划，中国的“一带一路”倡议也是开发旅游业的很好契机。在此背景下，中国与中亚国家可共同开发古丝绸之路上独具文化内涵、历史遗迹、民俗风情、自然景观和地域特色的旅游资源。近年来，中国相关国际旅行社先后开通的哈萨克斯坦8日游以及与哈萨克斯坦、吉尔吉斯斯坦10日游等跨境旅游和边境旅游线路非常受国内外游客的欢迎。从中亚各国前往中国内地风景名胜区（如九寨沟、黄山、海南以及广州、珠海、港澳台等地），再经中国前往南亚新马泰旅游等线路已开始逐渐受到中亚国家游客的关注。由于中亚各国和中国的文化底蕴与生活背景不同，旅游的人文内涵和当地建筑等人文景观也有很大差异，双方在旅游领域的合作空间巨大。

（2）通信信息业

通信业是中亚五国独立后发展最快的一个领域。在此领域，各国主要提供国际国内电话、有线和无线广播电视、移动通信、互联网等业务服务。近年，中国正与中亚及欧洲国家商定共建亚欧光缆通信系统；德国和哈萨克斯坦在哈萨克斯坦共同建立了电视通信合资企业；英国、美国还帮助哈萨克斯坦发展现代化通信。中国已与中亚国家在电话、电缆、互联网、通信技术等

① 王海燕：《新地缘经济：中国与中亚》，世界知识出版社，2012，第201—204页。

多领域开展了深度合作，成为中亚国家电信领域稳定的供应商之一。2001 年，中国建立了面向中亚五国的科技经济信息中心，开展包括数据库建设、网站建设、资料交换和人员培训等在内的业务服务。其中数据库建设涉及广泛收集中亚五国经济、科技、旅游、贸易、政策法规、统计资料等信息，实现在互联网上的发布和提供分类检索或全文检索功能。“中亚在线”网站建成后，可实现网上信息交流和信息资源共享。该经济信息中心还计划为中亚五国科技信息部门培训计算机网络、数据库信息处理、汉语言软件应用与文献管理方面的专业人才。今后，中国与中亚国家还可在大数据应用、软件开发、当地语言文字处理系统、电子商务、电视广播节目提供等多领域开展合作。

（3）电子商务合作[①]

中国与中亚国家可共同开拓彼此的跨境电子商务市场，分享电子商务的发展经验，并拓展通往欧洲、南亚、西亚、东南亚等第三方市场。目前，中国与包括中亚国家在内的沿线各国共同推出了中欧班列多式联运“一单制”跨境区块链平台、跨境电商报通关结算一站式服务。其中，中国乌鲁木齐国际陆港区跨境电子商务试点产业园区为跨境电商企业提供了全方位的清关、报税等服务，并在积极探索“商贸 + 互联网 + 物流”融合发展新模式。

目前，中国与中亚国家在服务业领域面临非常好的发展机遇，双方可借助“一带一路”倡议加强在互联互通、民心相通等领域的合作。

## 四、中国与中亚国家产业合作面临的挑战与思考

### 1. 中国与中亚国家产业合作面临的挑战

（1）安全挑战

中亚地区面临的安全形势不容乐观，三股势力、毒品走私等非传统安全影响较大；中亚国家内部关系复杂，领土、水资源争端、地区领导地位之争等多重因素影响中亚区域安全与中亚内部合作，进而影响产业合作的信心。

① 王海燕：《中国与中亚国家共建数字丝绸之路：基础、挑战与路径》，《国际问题研究》2020 年第 2 期。

（2）大国博弈与小国博弈并存

中亚区域内现存相关国际合作组织的竞争与合作影响中亚对外合作尤其是大项目标的走向，不利于产业的规划和配套实施。

（3）中亚国家的投资环境仍需改善

目前，中亚各国贪污腐败指数较高，国家间、具体部门间沟通障碍重重，产业项目落实的时间和资金成本较高。

（4）战略对接仍需深入落实

当前，中亚国家产业规模和市场普遍偏小，上下游产业链配套严重不足，影响整装产业的落地。因此，中国与中亚国家在战略对接过程中，特别是在合作规划产业分工与布局上还须更好地加强沟通。

（5）基础设施配套不足

目前，中亚各国包装等配套产业缺乏，物流等基础设施建设相对滞后，缺少具有丰富跨国经验的大型物流企业，影响产业的落地。尤其是交通运输标准不一致、项目实施的标准不统一以及手续烦琐等带来的过境、通关、时间、效率等成本较高，增加了产业合作的成本。

（6）投融资成本高

当前，中国各国企业投融资渠道不够多元，尤其民营企业融资难，影响了产业链的快速形成。

（7）人才缺乏

目前，中亚国家熟练和训练有素的产业工人不足，加上他们的纪律性较差，影响合作的实施效率，同时缺乏既懂技术又懂管理的复合型人才，人员签证不够便利，影响产业合作的实施。

**2. 解决方案**

（1）加强顶层设计

从区域内和区域外构建区域安全的架构，建立不同层级合作保障机制，从多方面保障中国企业在中亚的利益与安全。

（2）构建区域经济合作的主体机制

构建双边与多边合作并行、区域和次区域合作并重的合作体系，把中国外交战略与援疆战略和中亚各国外交战略有机对接，引导符合双方经济发展水平和发展战略的产业流向，合作规划较为科学、明晰的产业分工体系，逐步推动区域经济一体化。

（3）与中亚各国加强政策沟通

协助中亚国家构建良好的投资环境，不断完善有效保障贸易与投资的区域政策与软硬环境建设，加强政策沟通与协商。

（4）加强物流基础设施建设

加强互联互通的基础设施建设，规划布局大型物流企业，共建工业园区和经济特区，为产业链整体配套落地建立良好的外部实施条件。

（5）金融创新

中国企业不仅应与各国本地银行合作，而且应与亚投行、丝路基金、上海合作组织银联体、亚洲开发银行、世界银行、伊斯兰银行等金融机构合作，构建多元化的投融资体系、保险体系和风险保障机制，有效规避汇率动荡等金融风险和损失，保障产业合作的资金落实和经济安全。

（6）合作推进区域标准一致化建设

在各种工业产品的施工标准、验收标准、海关标准、运输标准、税收标准等多领域推动一致化、体系化、配套化建设。

（7）构建人文交流合作平台，促进多领域合作

与中亚国家政府及各部门保持良好的合作关系及畅通的交流机制；保障中国公民在中亚的安全；争取更多劳务配比和签证便利。

总之，产业合作是个长期而艰巨的过程，需要中国与中亚国家强烈的内在需求与外部良好的环境构建，更需要科学合理的规划与逐项实施。所有这些是中国与中亚国家进行区域经济合作，共建“丝绸之路经济带”中最至关重要的领域，需要付出极大的努力与各方面的协同配合。

第六章

# 中国与中亚国家的媒体合作

民心相通是中国与中亚区域经济合作的社会根基，媒体合作是促进民心相通的重要手段。中亚地区是“丝绸之路经济带”建设的重要区域。近年来，中国与中亚国家受众对双方信息需求大幅度上升，中国与中亚国家的媒体合作呈现方兴未艾的良好发展势头。中亚国家的媒体对中国的报道普遍增加；随着中国派驻中亚国家的媒体增加，中国国内对中亚国家的报道量也大幅度上升。媒体合作多元化，促进了中国与中亚国家的相互了解与民心相通。随着“一带一路”倡议的提出与务实合作的推进，中国与中亚国家的媒体合作面临重大的历史性机遇，但也面临各种挑战，需要采取选择合适的进入方式、增加人员培训、细分合作领域和市场等措施分阶段、分步骤地开展合作。展望未来，中国与中亚国家的媒体合作潜力巨大，前景广阔。

近年来，随着人类科学技术的突飞猛进以及世界信息全球化、现代化、畅通化的迅猛发展，媒体作为信息传播的重要载体对促进民心相通发挥着越来越重要的作用。它会促进中国与“一带一路”沿线人民的相互了解、适时沟通和文化互鉴；并在信息更加对称、畅通、全面、准确的基础上帮助人们对彼此认知、交往等做出更加客观、及时的判断，帮助决策者适时制定合作与否、如何合作等更加有效的策略。正如2014年中国国家主席习近平在北京召开的加强互联互通伙伴关系对话会上强调指出的，“自古以来互联互通就是人类社会的共同追求，如果将‘一带一路’比喻为亚洲腾飞的两只翅膀，那么互联互通就是两只翅膀的血脉经络”。建立互联互通伙伴关系网，媒体是促进民心相通的重要网络之一。2017年5月15日《“一带一路”国际合作高峰论坛圆桌峰会联合公报》明确提出：要“加强人文交流和民间纽带，深化教育、科技、体育、卫生、智库、媒体以及包括实习培训在内的能力建设等领域务实合作”。

自习近平总书记提出“一带一路”倡议以来，“一带一路”国际合作已成为我国企业“走出去”的重要平台。长远来看，随着“一带一路”倡议的不断推广，我国国际影响力必将进一步提升。在这一过程中，发挥媒体的传播与沟通作用有利于增进文化了解，促进“民心相通”。

本文所探讨的媒体合作，就是在探寻如何健全和完善中国和中亚地区合作的“血脉经络”，通过中国与中亚各国媒体合作，促进观念整合，更好地发挥加强民心相通、促进友好往来的作用，广泛凝聚合作共识，夯实“一带一路”建设的民意基础，为“丝绸之路经济带”繁荣发展注入新动力，建立互联互通新格局。

## 一、媒体与媒体合作

### 1. 媒体的概念

媒体是指人借助用来传递信息与获取信息的工具、渠道、载体、中介物或技术手段，抑或是实现信息从信息源传递到受信者的一切技术手段。从其定义来看，媒体有两层含义：A. 承载信息的物体；B. 指储存、呈现、处理、传递信息的实体。加拿大著名传播学家创始者麦克卢汉（Marshall McLuhan）在其代表作《理解媒体》（*Understanding Media*）一书的开篇中就指出了媒体的本质。他认为“媒体即讯息”，对于社会的发展和活动而言，媒体本身才是真正有意义的讯息，即人类只有在拥有了某种媒体之后才有可能从事与之相适应的传播和其他社会活动。[①]本文所指的媒体正是基于麦克卢汉所定义的媒体概念。

随着科技的发展以及人们对讯息的追求，当前社会已经出现一种新的媒体，即自媒体（We Media），又称“公民媒体”或“个人媒体”。2003年，美国学者谢因波曼（Shein Bowman）与克里斯威理斯（Chris Willis）共同提出了有关自媒体的研究报告，认为自媒体是普通大众将数字科技与全球知识体系融合后提供与分享他们自身的事实、新闻的途径。当前，自媒体正以其独特的作用在人与人之间的沟通以及讯息的共享等方面发挥着重要作用。

通过媒体的顺利传播可实现社会环境的守望、预警与告知，通过传播政府信息和社会成员的声音可保证社会管理过程的顺利，以及政府与社会成员之间的相互沟通与理解信任。

### 2. 媒体合作主体与内容

媒体合作参与的主体主要有国家与地方政府部门以及媒体组织。各主体在媒体合作中发挥的作用可理解为不同层级主体在全球化背景下能够为媒体合作提供何种规制。一般来说，国家层面给予宏观战略引导和支持；地方政府提供具体的法规和政策规制；媒体组织则涉及更为具体的人员合作、内容交换传播的合作机制、协议及职业标准制订等。

各主体媒体合作的治理对象与利用媒体合作所要治理的内容，在国家层面表现为政治上共同价值的传递、外交互信及推动区域合作目标的达成；在地方层面表现更多的是经济上的合作、具体合作意向的建立；媒体组织自身则是人才的培养、内容的共享等。三者是层叠套嵌的，高层次内容之下套嵌低层次内容。跨国媒体合作的形式直接输入内容产品，从扮演内容提供商的角色到积极筹备专业频道，资本投入与本地传媒联手，合作开发互联网市场，以电子商务为核心的多媒体战略（嵇美云，2001）；媒体活动全球化的方式表现为直接出口、特许生产/版面特许、合资和直接国外投资等（罗伯特，

① 〔加〕马歇尔·麦克卢汉著：《理解媒体——论人的延伸》，何道宽译，商务出版社，2000，第5—30页。

胡森林，2004）。

从实践来看，媒体合作多用于重大主题、重大典型、重大事件以及涉及面广的热点、难点问题的报道，具有报道手段丰富、深度挖掘、传播范围大、受众面广的特点。媒体合作扩大了报道规模，壮大了报道声势，增加了报道深度和受众面，形成了强大的新闻舆论合力。要达到最佳合力效果，首先在选题上要牢牢把握导向正确、服务大局，又贴近群众、关注生活的原则。

媒体合作报道运作的要点：导向一致——各媒体围绕一个主题、一个中心，运用多种报道手段，既包含报道思想的统一、报道手段的优势互补与嫁接以及报道特色的充分施展，又包含报道步调的协调、报道力量的组合调度以及手段多样化与优势强化及密切协作。总之，融新闻性、知识性、服务性于一体。

影响人们对媒体选择的主要因素：A. 内容的吸引力、适应性（传统媒体在这方面有优势）；B. 接触媒体的便捷性（新媒体在便携性、交互性等方面优势明显）；C. 受众接触媒体时时间花费的支付成本。此外，不同区域、不同条件也会影响到对媒体的选择。

### 3. 媒体合作方式

美国西北大学教授里奇·戈登（Rich Gordon）在谈到媒体组织融合概念时，将融合分成了五个方面：媒体所有权的融合、媒体战术的融合、媒体组织结构的融合、信息采集的融合和故事叙述呈现的融合。[①]

（1）媒体合作分类

按合作媒体分类

同类型媒体合作、多类型媒体交叉合作。

按媒体层次分类

横向联合：一种是同地区不同类型媒体的合作，另一种是跨地区媒体的合作；纵向合作：能够同时覆盖某一地区的不同层次的媒体之间的合作（如

① Rich Gordon, "Convergence Defined," *Online Journalism Review*, http://www.ojr.org/ojr/business/1068686368.php.

县市级报纸、地市级报纸、省级报纸及中央级报纸之间的合作）；全方位合作：横向（如中央各大新闻媒体之间）与纵向（如省市电视台与中央电视台之间）合作。

按合作程度分类

临时性合作：围绕一个主题宣传、一个事件跟踪，双方或多方联手合作，报道活动结束，合作也就结束；固定性合作，合作各方协定长期合办专栏、提供素材再加工制作等。

按合作组织方式分类

协调性合作：围绕一个主题，由上级部门和新闻主管部门对各新闻单位进行组织、协调，联合报道；主动性合作：为配合某项工作，围绕某个主题、某个事件，媒体之间主动联系主动联合组织报道。

（2）媒体合作模式

中方特别制作，合作方播出

多是租赁时段的节目，专门针对对象国制作的对外传播节目，具有很强的针对性，是真正意义上的对外传播。

中方制作，落地国播出

通过商业运作，整频道落地。整频道落地节目是为国内受众制作的节目，没有针对落地国受众做调整，是内宣外播。

中方制作，境内播出

主要指媒体自制且仅限在媒体所属境内播出。

### 4. 媒体合作绩效评估

对于国家和地方政府而言，主要是说明规制是否透明；在一段时间内用数据说明双方媒体合作频率是否增加；就媒体合作达成的合作意向、机制是否增加以及媒体合作是否持续运转和是否吸收更多的媒体以及成员参加；等等。

在媒体组织层面，除了考察机制人才互换、内容共享频次增加等要素外，对媒体合作，绩效评估还应包括：评估其内容质量是否有提高；传播内容数量、形式、话语是否有改进以及关于受众对传播内容接受程度的考察（这是媒体合作绩效最为直接的评价体系）。

此外，新闻舆论合力是指形成新闻舆论的各个方面、各要素同时或连续作用而产生的舆论影响力。形成新闻舆论合力的主要方式包括不同媒体间的相互合作；同一媒体各种报道形式的配合以及一种报道形式的连续作用；等等。

### 5. 媒体合作的意义

传媒业是一个依附性和派生性很强的产业，它与经济社会的发展状况密切相关，对社会经济环境因素的变化异常敏感。媒体合作是提高舆论引导能力、内容生产能力、公共服务能力和媒体传播能力的有效途径，以媒体合作为契机，加强媒体之间的合作，吸收先进经验，有利于媒体竞争实力的提升。

（1）媒体合作可促进区域融合

经济全球化、区域经济协调及一体化已经成为世界经济发展的大趋势，区域经济合作与发展已经成为主导趋势，区域媒体加强合作也成了一个亟待研究和推进的课题。当前，媒体的产业属性已经凸显，媒体合作也应当甚至必须成为区域一体化进程中的重要内容。一体化不能不考虑传播的因素，媒体在区域经济社会发展过程中的整合与凝聚作用无论如何也不能轻视。从某种意义上讲，没有媒体的融合，没有媒体的区域传播，区域一体化的推进就不会真正实现。媒体间的合作与融合促进了区域经济社会的融合，区域媒体的合作将有力推动区域经济社会一体化的进程，并将成为媒体合作与融合的巨大社会贡献。传播是社会关系的整合。按照社会学家杜威的观点，传播是所有人际关系的基础，传播生产社会财富，传播沟通人际关系，传播使集体生活成为可能。①

（2）媒体合作有利于实现资源共享，提高报道的广度和深度

重大新闻事件是媒体吸引受众、广告客户和提升自身形象的重要契机。如北京奥运会、世界杯足球赛、上海合作组织峰会等，场面宏大，需要报道的新闻点很多。显然，单兵作战会错过很多精彩内容。此时，一些地域相同、报道规模相似的媒体就可以采用合作的方式，在统一的组织协调下将报道力

① 陈卫星：《传播的观念》，人民出版社，2008，第55页。

量分布到各个活动场地，形成稿件统一发布至指定的平台，而后各家媒体根据自身编辑方针和传播目标的需要，从平台上自由下载相应稿件，从而达到全方位、多角度地为受众提供信息的目的。

（3）媒体合作是一种协同作战，有利于降低采访的难度和风险

由于媒体合作采访的社会影响较大，更容易获得活动主办单位的支持。但一些弱势媒体由于影响力所限，很难进入一些重要的会议、交接现场，想独立完成采访报道更是困难。媒体合作组团后，可以扩大影响，实现统筹安排，内外兼顾，降低单兵作战带来的难度和风险，进而确保新闻报道的数量和质量。

（4）媒体合作可以降低报道成本，实现新闻传播的经济效益

媒体在采访报道新闻事件时，既要考虑该事件的社会效益，同时也要减少采访报道的成本。因此，对一些大型采访报道，媒体间的合作可以节约成本、减少开支。这一点在一些地方媒体身上体现得尤为明显。从后期的传播看，媒体合作生产的新闻产品集中起来以后，除满足自身需要外，还可以将其统一包装、联合招商，有偿提供给其他媒体。这不仅最大限度降低了报道成本，而且提高了新闻产品的经济附加值。

## 二、中亚国家媒体对中国报道的路径差异

### 1. 中亚国家媒体发展概况

中亚国家媒体在各国独立初期曾出现过混乱无序的状态。各种政治派别、民族力量、社会思潮都曾利用不同媒体传播政见、相互攻击，造成社会动荡，政局不稳。[①]但是，几年以后，社会逐步由乱而治且趋于稳定。各国政府开始采用经济、法律等多种方式对媒体进行调控管理，将巩固国家独立和主权、保持社会稳定作为基本国策，实行经济改革，逐步向市场经济过渡。[②]21世纪以来，除吉尔吉斯斯坦经历了颜色革命，几经动荡外，其他中亚国家政局

① 于洪君：《“民主之岛”的困惑——吉尔吉斯共和国新闻自由纵横谈》，《国际新闻界》1998年第1期，第13—16页。

② 于洪君：《哈萨克斯坦：“新闻革命”面面观》，《国际新闻界》1998年第4期。

较为稳定，各国经济连续保持独联体国家相对较高的增长率，媒体的发展也有了一定的起色。中亚各国以苏联时期对媒体的管理为基础逐步建立起各自相对独立完整的媒体体系。其主要由报纸、杂志等平面媒体，广播、电视、影视等电波媒体，固定互联网和移动通信网等网络媒体这三大类媒体构成。由此也就形成了中亚国家媒体传播的主要路径。中亚国家的媒体受众[①]主要通过上述媒体获得信息并进行信息传播和交流，形成了本国媒体与外国媒体互补的格局。近年来，与全球一道，互联网和移动互联网在中亚国家呈现出方兴未艾的发展势头。

总体来看，中亚国家独立近 30 年来，由于各国经济发展水平差距大，各国媒体探索出了一条符合各国经济发展水平、各具特色的发展之路。总的说来，中亚各国媒体发展模式既没有变成欧美国家所期望的西方模式，也与苏联时期的新闻出版制度迥然相异，各具特色。这些媒体的分布由苏联时期各州都有，发展为集中在首都或其他人口和资本较为密集的中心城市。除了唯一经历了颜色革命的吉尔吉斯斯坦媒体向西方的所谓“自由民主模式”靠近之外，其他各国媒体的运行机制基本上是多元与单一混杂。根据国家安全与政治需要，构成了各有侧重的媒体发展格局和起伏不定的媒体发展轨迹。

### 2. 中亚各国媒体分类

总体来看，中亚国家不同媒体的发展各不相同。按照平面媒体的总数看，从高到低排序依次为哈萨克斯坦、吉尔吉斯斯坦、乌兹别克斯坦、塔吉克斯坦和土库曼斯坦；按照电波媒体的总数看，从高到低排序依次为哈萨克斯坦、吉尔吉斯斯坦、塔吉克斯坦、乌兹别克斯坦和土库曼斯坦；按照网络媒体固定宽带互联网 / 人均 GDP 比值来看，从高到低排序依次为吉尔吉斯斯坦、乌兹别克斯坦、哈萨克斯坦、塔吉克斯坦和土库曼斯坦。其中，哈萨克斯坦综合实力最强，媒体节目制作水平较高，传播能力较强（详见表 6.1）。

中亚国家独立后，中国与中亚国家的媒体合作逐渐增加。随着双方政治、安全、经济、人文等各领域交往的增多，中国与中亚各国媒体相互报道的频

① 媒体受众：受众指的是信息传播的接收者，包括报刊和书籍读者、广播听众、电影电视观众、网民。受众从宏观上来看是一个巨大的集合体，从微观上来看又体现为具有丰富社会多样性的人。

**.1 中亚国家及其媒体概况**

| 国 别 | 口岸类型 | | | | 媒体总数（个）[⑤] | 平面媒体 | | 电波媒体 | | 网络媒体[⑥] | |
|---|---|---|---|---|---|---|---|---|---|---|---|
| | 领土面积（万平方千米）[①] | 人口总数（万人）[②] | 人口密度（每千米土地面积人数）[③] | 人均 GDP（美元）[④] | | 报纸 | 杂志 | 广播电视公司 | 通讯社 | 固定宽带互联网/人均 GDP | 电话线路数量/人均 GDP |
| 哈萨克斯坦 | 272.49 | 1754.44 | 6.50 | 10509.98 | 2116 | 1327 | 591 | 187 | 11 | 0.124 | 0.235 |
| 乌兹别克斯坦 | 44.89 | 3129.89 | 73.58 | 2132.07 | ＞800 | 515 | 167 | ＞20 | 3 | 0.167 | 0.396 |
| 土库曼斯坦 | 49.12 | 537.4 | 11.43 | 6672.48 | 40 | 23 | 14 | 2 | 1 | 0.001 | 0.181 |
| 吉尔吉斯斯坦 | 19.99 | 595.73 | 31.06 | 1103.22 | 900 | 631 | 191 | 99 | 3 | 0.336 | 0.648 |
| 塔吉克斯坦 | 14.31 | 845.15 | 60.60 | 925.91 | 300 | 207 | 60 | 26 | 7 | 0.008 | 0.573 |

注：本表由作者根据历年能找到的统计数据自制。由于中亚国家媒体开办与关闭变化较快，此表媒体数据为不完全统计。

资料来源：

① 赵常庆编著：《列国志·哈萨克斯坦》（2004）；孙壮志、苏畅、吴宏伟编著：《列国志·乌兹别克斯坦》（2004）；施玉宇编著：《列国志·土库曼斯坦》（2005）；刘庚岑、徐小云编著：《列国志·吉尔吉斯斯坦》（2005）；刘启云编著：《列国志·塔吉克斯坦》（2006），社会科学文献出版社。

②均为 2015 年数据大部分引自 http://www.cisstat.ru/，但土库曼斯坦数据引自 http://data.worldbank.org/。

③④均为 2015 年数据引自 http://data.worldbank.org/。

⑤ 哈萨克斯坦为 2005 年数据（引自《哈萨克斯坦共和国文化、信息与体育部报告》）；乌兹别克斯坦数据大约为 2005 年估算值；土库曼斯坦为 2007 年数据；吉尔吉斯斯坦为 2006 年数据（引自 http://www.ia-centr.ru/public _details.php?id=64）；塔吉克斯坦为 2011 年数据，请参见杨波著：《塔吉克斯坦国家发展与社会文化研究》，第 276—279 页，（广州）中国出版集团、世界图书出版公司，2015。参见赵永华著：《中亚转型国家的新闻体制与媒体发展》，第 38 页、第 210—217 页、第 239—243 页、第 61—63 页，中国书籍出版社，2013。

⑥ 均为 2015 年数据（引自世界银行网，http://data.worldbank.org/），参见朱振鑫、杨晓：《“一带一路”进展全梳理》（政策篇 & 国别篇）·民生宏观，参见 http://chuansong.me/n/1576305144727。

次和信息量不断加大，逐步形成了以下转变：中亚国家媒体尤其是主流媒体对中国的报道从负面较多到正面较多；信息量占总量比重不断增大；开始增加深度分析和解读并配合双方政府间交往以及重大活动增加专题报道量；媒体路径由单一媒体向平面媒体、电波媒体和网络媒体交叉全覆盖、多角度、多层次报道转变。

（1）哈萨克斯坦媒体分类

哈萨克斯坦全媒体报道哈、中两国的信息量较大。哈国平面媒体的种类在中亚国家中最多，主要包括《哈萨克斯坦真理报》《主权哈萨克斯坦报》《哈萨克斯坦消息报》《哈萨克斯坦共青团真理报》等主要传播政府信息的报纸。这些媒体对哈国受众和中国关注哈国的受众实时了解哈国政府信息和政策等起到了主导作用。中方媒体关于哈国官方信息的报道很大一部分来自这些媒体。此外，哈国的《卡拉万》《全景报》《快报》《实业周报》《大都市报》等媒体以传播企业和受众关注的经贸、社会信息为主，刊发商业性广告和资讯量较大，对哈国经济和社会发展影响较大，是中哈双方企业家最为关注的媒体。《哈萨克斯坦时尚》《哈萨克斯坦市场经济》《思想》《国际商务》《自由》《约会》《季节》《哈萨克斯坦鉴宝专家》《萨哈尔文化》《石油观察》等政治、社会、商业、文学类杂志众多，活跃程度较高，信息量较为丰富。其中也有对中国的信息或中哈关系的深度报道，且对中、哈两国各类受众了解哈国政治、经济、社会、文化生活的各领域及其与中国的关系起到了重要的传播作用。

哈萨克斯坦的电波媒体主要包括：欧亚第一频道、哈萨克斯坦国家电视台、哈巴尔电视频道等国有电视台和其他地方电视频道；商业电视频道KTK、独立电视频道HTK、数字电视频道31频道等国营和私营的特色频道；哈萨克斯坦欧洲之声电台、NS电台、哈巴尔电台等国有和商业电台；等等。此外，哈萨克斯坦通讯社和“今日—哈萨克斯坦”通讯社等国有和私营通讯社几乎覆盖哈萨克斯坦全境。其节目制作水准在中亚国家相对较高。其所传播哈萨克斯坦社会、政治、经济、人文等多领域及其与中国关系等全方位的信息，占据哈萨克斯坦居民业余生活的时间较多，在哈受众面较广，影响较大。

近年来，哈萨克斯坦的互联网发展非常快，主要政府机构、院校、研究机构、企业等都有自己的网站，直接发布相关信息（其中包括政务公开、信息共享，透明度较高，资讯比较及时详尽）。这是哈改善贸易投资软环境的重要表现。总体比较，2015 年哈固定宽带互联网 / 人均国内生产总值（GDP）和电话线路数量 / 人均 GDP 分别为 0.124 和 0.235，[①] 在中亚五国中排名分别为第 3、第 4 名。由此可见，哈网络媒体的发展速度相对较慢，电子商务的发展方兴未艾，与中国合作还有较大发展潜力。

（2）乌兹别克斯坦媒体分类

乌兹别克斯坦的媒体主要反映的是政府声音，对中国和中乌关系的报道以正面为主，信息量有限。乌国的平面媒体主要以《人民论坛报》《乌兹别克斯坦之声报》《东方真理报》《公正报》《教育报》《体育报》等政府和政党主办的报纸为主。这些是乌、中受众了解乌官方信息和国内国外政策的主要渠道，也是中方媒体较多引用的乌权威信息主要来源之一。[②] 乌的《生意人报》《业主报》《东方商业通讯》《海关消息报》等主要传播商业、经济等信息。这些是乌、中经贸界人士了解乌经贸信息和政策及乌中经贸合作的重要渠道。乌公开出版的刊物数量有限，其中涉及政治、文学、经济等领域的刊物，有些不定期公开出版，有些则属于内部发行，信息量有限。

电波媒体主要有“乌兹别克斯坦”频道、“青年电视”频道、“塔什干”频道、“体育”频道等隶属于乌国家广播电视集团的国有电视媒体；国家广播电台包括“火”（Mashal）、友谊（Dostlik）、青年（Yoshlar）等四套节目，私有电台为“谷底回声”（FM, Эхо Долины）、“乌兹别克音乐”电台（Uzbegim Taronasi）等。通讯社包括乌兹别克斯坦国家通讯社（UzA）、世界通讯社（Jahon）和突厥斯坦新闻外部世界通讯社（Turkistan Press Outside World Agency）。这些是乌受众了解本国及世界的重要媒体，其中对中国和乌中关

① 均为 2015 年数据，资料来源于（世界银行）http://data.worldbank.org/。参见朱振鑫、杨晓：《“一带一路”进展全梳理》（政策篇 & 国别篇）· 民生宏观，http://chuansong.me/n/1576305144727。

② 王海燕：《新地缘经济——中国与中亚》，世界知识出版社，2012，第 61—64 页。

系的报道近年来不断增多。

2015 年乌兹别克斯坦固定宽带互联网 / 人均 GDP 和电话线路数量 / 人均 GDP 分别为 0.167 和 0.396，在中亚五国中分列第 2、第 3 名。网络媒体已成为乌受教育程度较高人群获取各类资讯的重要途径之一。其中，乌中电子商务合作近几年开始增长。

（3）土库曼斯坦媒体分类

土库曼斯坦的媒体较为单一，对中土关系的报道以政府官方活动为主，但信息量极其有限。土平面媒体主要有《土库曼斯坦报》《中立的土库曼斯坦报》《祖国报》《复兴报》《土库曼斯坦世界报》《阿什哈巴德报》等政府或政党主办的报纸，以及《正义报》（法律类）和《文学与艺术》报等专业报纸，刊物出版和发行量都较小。电波媒体主要包括土库曼斯坦国家广播电视公司拥有的五个电视频道 TMT-1、TMT-2、TMT-3、TMT-4、TMT-5；土库曼斯坦国家广播电台；土库曼斯坦国家通讯社。

土是世界上互联网普及程度最低的国家之一，网络媒体在中亚五国中发展最晚，近年来网络使用率不断提升。土受众主要通过平面媒体和电波媒体获得有关土各领域信息及其与中国的信息，对现代中国及土中关系的报道还很不充分。

（4）吉尔吉斯斯坦媒体分类

吉尔吉斯斯坦全媒体报道本国及吉中关系的正面和负面信息量都较大，信息较为多元，但也存在一些报道片面、不真实的信息。吉平面媒体主要有《比什凯克晚报》《吉尔吉斯旗帜报》《吉尔吉斯斯坦言论报》《共和国报》《吉尔吉斯时代报》《潮流报》《吉尔吉斯华侨报》《回民报》等少量政府主办和大量私人为主的报纸，还可分为亲政府的和反对派的报纸和专门针对生意人的报纸；吉有一些政治、经济、文学、文化类刊物，但发行量有限，连续出版的不多，生存困难的较多。

吉电波媒体中，电视媒体分为全国性和地方性的，其中包括拥有唯一一家覆盖全国的吉尔吉斯共和国国家广播电视公司（HTPK）和“第 5 频道”“金字塔”等几家私营电视台，以及覆盖各州的电视频道，较晚建立的吉公众教育广播电视台（KOOPT）、商业广播电视公司等播放的电视节目只在首都及附近地区播出；主要广播电台有国家广播电台、“钻石”电台等；主要通讯社是吉尔吉斯斯坦“卡巴尔”国家通讯社以及私营通讯社阿基快（Akipress）通讯社、“24 小时”通讯社和“吉尔吉斯新闻”通讯社等。

网络媒体在吉国发展最快，为吉受众提供了很大比重的时事信息，并可以看到不同立场的观点，成为吉受众心中最客观的信息源。中方媒体引用较多的是吉少量官方报刊的较为可靠的信息；由于吉媒体环境相对在中亚国家最自由，吉媒体又急需资金、技术等支持。近年来，中吉媒体合作较为多元，几乎包括全媒体、各类所有制的媒体合作。

（5）塔吉克斯坦媒体分类

塔吉克斯坦媒体对塔中信息的报道以平面媒体和电波媒体为主。塔平面媒体主要有《亚洲之声报》（Азиа-плюс）和《人民报》《杜尚别晚报》《人民论坛报》《生意政治报》等政府、不同政党与私人主办的报纸；刊物品种和数量较少，印刷质量较低，影响力有限。电视和广播等电波媒体在塔媒体中占据主导地位，塔 80% 的居民主要通过这两种媒体获取信息，[①] 主要有塔“第一频道”（Шабакаи аввал）、萨菲纳电台（TV Safina）、“身边的世界”等全国电视台及其他地方电视台；塔吉克斯坦广播（Таджикистана）“祖国”（Ватан）国家广播电台、“亚洲之声”（Азиа-плюс）等广播电台；塔通社、艾维斯托（Авесто）、瓦罗路德（Вароруд）等国有和私人通讯社。由于独立之初连年内战，财力、技术、人才等各种因素制约，塔吉克斯坦网络媒体起步较晚，加上政府对互联网采取封闭政策，尚未在塔新闻领域占据稳定位置。近年来，联合国、欧安组织等国际组织支持的项目促进了塔网络发展，未来跨欧亚电缆连接将使塔成为连接东西方的信息中心之一。[②] 中国媒体对

① 〔Tajikistan〕Sulton Khamadov, Dushanbe, “90 YEARS OF HISTORY: TAJIK PRESS NOW AND THEN,” Media Insight Central Asia, May 24, 2002.

② “Tajikistan Internet usage, broadband and telecommunications reports,” http://www. internetworldstats.com/asia/tj.htm.

塔信息的引用主要来自塔官方的平面媒体和电波媒体，中塔电子商务的合作还很有限。

### 3. 中亚国家媒体对中国的态度

总体来看，随着中国近年来经济实力的增强和在世界影响力的上升，中亚国家各类媒体对中国的报道数量都大幅上升。在中国与中亚国家睦邻友好关系不断发展的前提下，中亚各国主流媒体基本上对华持友好态度。如吉发行量最大的《比什凯克晚报》每天都会从中国新闻网站（俄文）上查询大量资讯，其中对中国新疆的各类经济资讯和信息以及反映双边关系发展情况等的引用率较高。哈官方控制的《哈萨克斯坦真理报》及国家电视台基本上能够积极评价中国和平友好的外交政策、客观报道中国国内的重大事件和改革建设的成就等。

另外，受“中国威胁论”和西方媒体反华宣传的影响，中亚国家当地少数纸媒（如《快报》《卡拉万》《格林威治时间报》）、商业电视台等经常有涉华反面报道（比如涉及双边关系问题、非法移民问题、民族问题等）。产生这些负面报道的主要原因：A. 中亚各国媒体和社会大多对中国缺乏了解，媒体信息采集的渠道很有限；B. 一些媒体对华负面报道的目的不是针对中国，而是想借此损害本国政府的形象；C. 中亚国家媒体涉华的大部分负面报道源于西方新闻媒体，由于新闻来源局限、经济效益和猎奇的需要等原因，他们往往不进行核实地援引西方媒体信息；D. 在中亚国家也存在极少数西方资助的反华媒体且主要集中在东突问题上（如有东突组织秘密出版的刊物《东突厥斯坦之声》及公开发行的报纸《维吾尔斯坦之声》等。这些报刊不定期出版，印数在 2000—3000 份，发行对象是当地的维吾尔族人）。正因为上述原因，随着中国与中亚共建“丝绸之路经济带”核心区国际合作的开展，特别是双方越来越密切的经贸往来，彼此媒体间的直接交流以及从客观、全方位视角对项目合作方的及时报道就显得非常重要和迫切。

## 三、中国媒体对中亚国家的报道路径趋向多元

### 1. 中国媒体对中亚国家的报道

近年来，随着中国与中亚国家经济交往的省区越来越多，途经中亚国家的中欧班列日益频繁，我国国内尤其是沿海发达地区对中亚国家信息的需求呈急剧上升之势，中国媒体对中亚信息的报道从以往的新疆、陕西等西部省区媒体为主，扩展到了沿海等地乃至全国媒体并呈平面、电波和网络全媒体多方位、多视角报道态势。

在中国，针对中亚国家的报道以报刊等平面媒体和网站等网络媒体为主，电波媒体相对较少。目前，随着媒体技术发展的日新月异，国内平面媒体与网络媒体之间或者电波媒体与网络媒体之间均呈日益融合态势。各媒体开始纷纷向多元化、多种所有制、多视角合作方向纵深发展。

由于主办单位和定位不同，进入中亚国家的中国媒体的所有制形式、目标受众以及资金来源均有所不同，因此，相关媒体对中亚国家报道的内容、形式、运行机制和进入中亚国家的方式也自然有所不同。

### 2. 中国主流媒体在中亚业务的开展情况

近年来，中国在中亚国家的媒体从中央主流媒体到地方政府和私人媒体日益增加。派出常驻记者的媒体机构主要有：《人民日报》《光明日报》《经济日报》《环球时报》《法制日报》和新华社等平面媒体，CCTV4 和 CCTV 俄语频道等电波媒体和部分网络媒体（如新华社在建设现代全媒体集团，拥有各种新闻发布形式和媒体工具，包括传统通讯社业务、报刊业务、网络业务、经济信息服务、数据库和搜索服务、手机和网络及大屏幕等新媒体、电视台等综合性架构）。[①] 上述媒体主要的常驻地点是哈萨克斯坦的阿拉木图市（现有人口 150 万）和新首都努尔苏丹市。因中亚各国来往相对便利和自由，这些记者还同时兼驻中亚其他国家的记者。在这些媒体中，也有个别在乌兹别克斯坦首都塔什干和吉尔吉斯斯坦首都比什凯克设立了记者站等常驻机构。此外，我国新疆经济报传媒集团作为地方媒体利用地缘便利条件自 2006 年

① 胡正荣、李继东、姬德强：《2014 中国国际传播发展报告》，社会科学文献出版社，2014。

开始向中亚国家派驻记者和设立办事处（现已在塔吉克斯坦、吉尔吉斯斯坦、哈萨克斯坦设立了记者站和办事处）。目前，在中亚国家公开发行的中国报刊等纸质媒体已近20家，还有些私人投资的内部发行报刊十余种；媒体语言主要采用俄语、英语或中亚国家其他相关官方语言。

### 3. 华人华侨私人媒体与中国地方媒体在中亚的发展简况

值得关注的是，部分华人创办的私人媒体在中亚国家发挥了重要的影响（如吉尔吉斯华人华侨协会创办的中文报纸《吉尔吉斯华侨报》在吉国取得了中、吉、俄三种文版许可证以及国际发行刊号；我国回族华侨在吉当地创办的服务吉国十几万东干族（回族）的俄文版《回民报》在当地民众中获得较大影响）。他们及时传播了来自中国经济发展、留学等社会各领域的信息且免费赠阅，极大地促进了吉回民与我国陕西、新疆等地的经贸和人文交流。另外，《大陆侨》杂志是由新疆对外文化交流协会和比什凯克人文大学联合主办，新疆经济报传媒集团承办的俄文杂志；内容主要以中国经济信息为重点并辅以中国文化信息；发行区域主要面向俄语区的吉、哈、乌等中亚国家的政府、商业机构、企业社会团体、外国机构以及大学、大型综合商贸市场、宾馆酒店、境外航班、国际列车、华人华侨社团等，发行量为11000份左右；是迄今中国新疆乃至全国面向中亚及俄罗斯发行量最大、最权威的俄文杂志。《友邻》杂志是中国新疆与哈萨克斯坦民间组织共同创办的用哈语出版的综合性文化类期刊，也是我国新疆第一家走出国门的哈萨克语期刊杂志；每月出版一次，全彩印刷；杂志以图文并茂的形式向哈国读者介绍中国的历史、传统文化、民俗风光以及社会和经济发展状况。这些在中亚国家的中国媒体为促进中国与中亚国家受众的相互认知和理解起到了重要的作用。

### 4. 中国内地关于中国与中亚国际合作事务报道的专有媒体

在我国国内，针对中亚国家市场的中国媒体如雨后春笋般相继涌现，既有专业报刊等对中亚政治、安全、经济、社会等各领域的深度分析与解读，又有市场化运作，传播纯商贸信息的广告、电子商务、微信平台等，政府、私人对该类媒体的投资都在加大，前景十分看好。

（1）平面媒体

其中，平面媒体主要有《新疆日报》《新疆经济报》等报纸以及北京的《俄罗斯中亚东欧研究》《欧亚经济》（原名为《俄罗斯中亚东欧市场》）、上海的《俄罗斯研究》等学术期刊、中国新疆的《中亚信息》《大陆桥视野》《中国经贸》（中亚版）等专门杂志。此外，《新疆社会科学》《新疆师范大学学报》《新疆大学学报》《新疆社科论坛》《新疆财经》等学术刊物陆续开设了中亚专栏。这些媒体是我国受众了解中亚信息的主要来源。

（2）电波媒体

电波媒体中，我国新疆地区的少数民族语言广播和电视节目可辐射到周边的中亚国家，中央四套节目和俄语电视节目可覆盖包括中亚国家在内的整个独联体地区。

（3）网络媒体

网络媒体中，我国涉及中亚国家的专门网站已达上百家，主要有上海合作组织网、中国商务部网、中国外交部网等网站。近年来，这些网站不仅陆续增加了有关中亚的专栏，而且增加了许多直接来自中亚国家媒体的信息。新疆、陕西等我国西部省区各级政府网都设有关于中亚的专门信息，郑州、重庆、武汉等第二亚欧大陆桥班列沿途省区的政府网站涉及中亚及双方合作的信息也越来越多。

在中国新疆，有关中亚的资讯已深入人们生活的各个领域，建立了专门的信息网站（如天山网、亚心网、中亚贸易网、中亚科技信息网等），每天更新翻译来自中亚国家各领域的直接信息；几乎所有口岸政府网站及边贸企业网站都会介绍和更新有关中亚的资讯和专业信息。如我国新疆的奎屯市在中国（奎屯）—乌兹别克斯坦商品交易平台的基础上，在商务部支持下由商贸、物流和科技企业共同投资组建的国有企业亚欧国际物资中心（2011 年正式成立），建立了我国首个面向上海合作组织成员国间多边贸易的第三方全流程电子商务交易与服务平台，直接为企业提供专业的“跨境竞价拍卖”“跨境征信”“跨境结算”“跨境物流”等贸易金融服务。①2014 年 9 月，我国新疆克拉玛依市成立的国内首家云计算交易平台（新疆中亚商品交易中心股份有限公司）主要围绕“互联网金融化理论”“西数东输”“云经济师”三个战略规划发展。② 所有这些为我国受众了解中亚国家政治、安全、经济、社会等各领域信息提供了越来越及时、详细的咨询乃至直接的业务服务，极大地促进了民心相通。③

### 5. 中国与中亚媒体合作平台

近年来，中国与中亚的媒体合作正在向更加务实的纵深方向发展，媒体多边合作平台正在建设。中国与中亚国家联合举办的论坛不胜枚举。其中有“中国·新疆 2007 中西亚媒体论坛”“中亚传播论坛”“丝绸之路经济带媒体合作论坛”“一带一路媒体合作论坛”等行业合作论坛以及中国—中亚合作论坛、中国—亚欧博览会、欧亚经济论坛媒体合作分论坛等综合性论坛与博览会，形成了多边与双边皆有的定期或不定期合作交流机制。人民日报社积极承担起媒体的责任和使命，推动信息资源共享，与 23 个国家的 33 家主流媒体签署了《双边合作谅解备忘录》，建立了稿件互换机制，加大了内容推送力度。尤其是由人民日报社从 2014 年起一年一度主办的“一带一路”媒体合作论坛已成为由中国媒体举办、参与国家最广、媒体数量最多的全球媒体峰会。哈萨克斯坦的《哈萨克斯坦真理报》与《时代报》、哈萨克斯坦国际通讯社、哈萨克斯坦哈巴尔媒体集团和吉尔吉斯斯坦的《比什凯克晚报》、卡巴尔国家通讯社、吉尔吉斯斯坦公共广播公司等主流平面、电波和网络媒体都参加了该论坛并成为合作伙伴。2016 年“一带一路媒体合作论坛”与包括吉尔吉斯新闻网等中亚国家媒体在内的参会伙伴形成了多项成果：A. 正式上线多语种的“一带一路全球媒体协作网”；B. 成立“一带一路沿线国家新媒体联盟”；C. 联合推出“一带一路新闻报道多语种服务云平台”，实现全媒体传播，提供交互化翻译；D. 设立“一带一路媒体合作论坛秘书处”，负

① 《新疆奎屯市全力打造商贸物流中心》，http://www.56888.net/news/2011221/4171 47628.html。

② 《国内首家云计算交易平台在新疆克拉玛依市正式上线》，《新疆日报》2014 年 9 月 29 日。

③ 王海燕：《贸易投资便利化——中国与哈萨克斯坦》，华东师范大学出版社，2012，第 138—148 页。

责落实双边和多边媒体合作具体事务；E. 适时启动“一带一路”多国跨境联合采访，邀请沿线国家媒体参加，数路并发，多国联动，横跨亚欧非，覆盖多领域；F. 出版《丝路华章》文献汇编，并以中、英、法、俄、西、阿六大语种在全球发行。[①] 上述平台的建立为中国与中亚国家的媒体合作开辟了更加广阔的合作前景。

## 四、中国与中亚国家媒体合作不断加强

中国与中亚国家的媒体合作始于 1991 年中亚各国独立之后，大致分为三个阶段。第一阶段（1992—2001 年），以双边媒体合作为主，主要是直接输入各自内容产品的方式。第二阶段（2001—2013 年），上海合作组织成立后，以同为上海合作组织成员国和客人国的中国与中亚国家的媒体双边与多边合作相结合，合作主体、内容和方式开始多元化、常态化。第三阶段（2013 年至今），“一带一路”倡议提出以来，中国与中亚国家的媒体合作蓬勃发展，多边机制开始建立并完善，合作广度和深度不断扩大，正在向机制化、纵深化发展。

中国与中亚国家间的媒体合作形式多样。从不同角度分析媒体合作大致有以下几种方式。首先，按照路径可分为直接输入内容产品 / 直接出口、特许生产 / 版面特许、内容提供商与筹备专业频道、资本投入与本地传媒联手 / 合资和直接国外投资、合作开发互联网市场、以电子商务为核心的多媒体战略。[②] 其次，按合作媒体的类型分类可分为同类型媒体合作、多类型媒体交叉合作。最后，按媒体合作的程度分类，可分为围绕一个主题宣传或一个事件跟踪的临时性合作与长期固定性合作，合作各方协定长期合办专栏、提供素材再加工制作等。

中亚国家已独立近 30 年，但其社会体制和媒体体制受苏联或俄罗斯影响较大，政府在媒体体制中发挥重要且强势的作用。[③] 这种情况下，中亚国

① 杨振武：《携手共奏“一带一路”同心曲》，人民网财经频道，http://finance.people.com.cn/n1/2016/0726/c1004-28584300.html。

② 嵇美云：《论跨国媒体进入中国的现状、影响及其对策》，《中国广播电视学刊》2001 年第 7 期，第 4—6 页；罗伯特·G. 皮卡德、胡森林：《媒体公司国际化与全球化中的问题与趋势》，《国际新闻界》2004 年第 2 期，第 13—16 页。

③ 赵永华、王硕：《全球治理视阈下“一带一路”的媒体合作：理论、框架与路径》，《国际新闻界》2016 年第 9 期，第 86—103 页。

家与中国的媒体合作主要以国家级政府与地方级政府共同推动与构建媒体合作机制并进，鼓励媒体组织多种形式的合作方式进行，其中不同层级政府所发挥的作用有差异。在具体媒体合作机制上，主要由区域领导单位——地方政府协调主导（尤其是甘肃新疆等沿边省区在民族、区域经济发展水平、文化等方面与中亚国家大致属于同质化地区，地方政府相较于国家全局化的战略部署更能落到实处）。

中国与中亚国家政府在媒体领域的合作主要为政府间签署相关合作协议、协定以及政府高层媒体代表团互访交流、调研和考察等方式。中国与中亚国家政府签署了一系列政府间合作协议、协定，为媒体合作奠定了顶层设计和推动的基础。中国与中亚国家政府在媒体合作机制建设方面的工作主要是通过政府支持举办媒体合作论坛、建立合作联盟等。近年来，中国与中亚媒体合作呈现出新的特点。A. 合作交流主体多元：中外媒体间的交流已经从传统的“政府主办、媒体参与、协会服务”逐渐走向多元化，学术单位、媒体都积极成为行为主体，形成了沙龙、论坛等一系列对话机制；除了中央级媒体外，中国新疆、陕西等地方媒体也与中亚国家媒体开展直接的交流与合作。B. 合作内容丰富：经过多年磨合，中国与中亚国家的媒体已在节目交换、节目落地、节目制作、异地采访、联合拍片、联合采访、联合举办活动等方面开展了采、编、播、录、传等多种多样的内容合作；在资本、产业、经营、管理、新技术运用等方面开展多种方式的经营合作。C. 合作模式多样：中央电视台、新华社等在哈萨克斯坦、乌兹别克斯坦、吉尔吉斯斯坦等中亚国家设立了记者站，中国国际广播电台采用公司化模式与海外公司合作完成了吉尔吉斯纳伦调频台等整频率落地项目。D. 合作资源互补：多路径、全方位相互报道增加并通过采编互通、优势互补，增加了信息的及时性和可靠性，减少了以往依靠第三方（主要是西方）加工后信息的倾向性。

双边层面，中国是最早承认中亚五国独立并与之建交的国家之一，与中亚国家媒体合作开始较早。1992 年以来，中国政府分别与哈萨克斯坦、乌兹别克斯坦、土库曼斯坦、吉尔吉斯斯坦、塔吉克斯坦等所有中亚国家政府签订了有利于新闻、出版、信息等文化领域合作的相关协定、协议、备忘录、会谈纪要等，中国与中亚国家的媒体合作在此基础上逐步展开。如1992年8月，中国与哈萨克斯坦就签署了《中哈政府文化合作协定》；[①]2014年5月，中国与哈萨克斯坦签订的《中华人民共和国和哈萨克斯坦共和国联合宣言》规定："双方同意继续加强文化、教育、新闻出版和广播影视、旅游、卫生、体育对口部门的交流互访和互利合作，推动开展丝绸之路广播影视交流合作项目，中方邀请哈方派团或选送影片参加'丝绸之路国家电影节'。"[②]2015月12月14日，中哈两国总理签署的《中华人民共和国政府和哈萨克斯坦共和国政府联合公报》中具体提出："双方商定扩大两国媒体合作，加强文学作品翻译合作，开展电影联合制作。"[③]1994年10月24日，《中华人民共和国和乌兹别克斯坦共和国关于相互关系的基本原则和发展与加深互利合作的声明》明确规定："双方将加强政治、经济、文化、科学领域以及贸易、交通、通信、教育、卫生、新闻、旅游、体育、环保诸领域的平等互利合作。"1999年11月，中乌首脑签署的《中华人民共和国和乌兹别克斯坦共和国关于进一步发展两国友好合作关系的联合声明》指出："双方将鼓励两国在科技、文化、教育、卫生、新闻、旅游、体育等领域的交流与合作，两国政府将为此创造相应的条件。"[④]2013年5月，塔吉克斯坦政府广播电视委员会和中国新疆电视台在杜尚别签署的合作备忘录规定：双方将在纪录片拍摄、影视作品交换等方面开展合作。[⑤]

多边层面，主要以中国与中亚国家范畴、上海合作组织范畴以及"一带一路"国际合作范畴的媒体合作为主。2007年5月20—21日，由新疆维吾尔自治区人民政府新闻办公室和新疆经济报系联合主办、亚心网协办的"中国·新疆2007中西亚媒体论坛"在乌鲁木齐举行，新疆经济报社与《哈萨

① 《中国同哈萨克斯坦的关系》，http://www.fmprc.gov.cn/ce/ceka/chn/zhgx/zhgxgk/t1041814.htm。

② 蔡尚伟，车南林：《刍议"一带一路"上的媒体合作》，《今传媒》2016年第1期。

③ 《中华人民共和国政府和哈萨克斯坦共和国政府联合公报（全文）》，新华网，http://news.xinhuanet.com/politics/2015-12/14/c_1117457856.htm。

④ 《中华人民共和国和乌兹别克斯坦共和国关于进一步发展两国友好合作关系的联合声明》，中国外交部网站，http://www.fmprc.gov.cn/web/ziliao_674904/1179_674909/t7156.shtml。

⑤ 《互联互通——媒体合作的新机遇》，人民网，http://world.people.com.cn/GB/n1/2016/0927/c1002-28742071.html。

克斯坦真理报》、吉尔吉斯斯坦《比什凯克晚报》等中西亚媒体签署了拟积极开展人员互访、信息交流的合作备忘录。[①]上海合作组织范畴的媒体合作包含在文化合作的领域内。《上海合作组织成立宣言》（2001年）明确规定了“鼓励各成员国在政治、经贸、科技、文化、教育、能源、交通、环保及其他领域的有效合作”。[②]《上海合作组织成员国政府间文化合作协定》（2007年8月16日）签署后，上海合作组织成员国间的文化与艺术合作获得了法律地位，成员国文化部长会议机制运作顺畅。《上海合作组织十周年阿斯塔纳宣言》（2011年）指出，“人文合作日益加强，促进了上海合作组织成员国人民的心灵沟通和不同文化间的对话。文化、卫生、科技部长会议，以及上海合作组织论坛框架下的合作不断深入”。《上海合作组织成立十五周年塔什干宣言》（2016年）明确指出：“成员国特别关注在文化、卫生、科技、教育、环保、体育和旅游领域发展双多边合作，共同研究和保护上海合作组织地区，包括在丝绸之路沿线的文化和自然遗产。”[③]2016年6月30日，国内最大社交媒体平台微博[④]与上海合作组织签署的合作协议规定：双方积极探索“微博＋上海合作组织”的合作模式，共同为上海合作组织发展创造良好条件，并将在媒体领域深入交流与合作。上海合作组织秘书处将优先向微博提供上海合作组织在政治、经济、文化及其他领域事业发展情况的新闻信息；微博将积极协助推广上海合作组织多层次框架下的有关活动，以提高上海合作组织威望和世界影响力。[⑤]由此，微博成为上海合作组织在社交媒体领域的独家合作伙伴。习近平在上海合作组织成员国元首理事会第十四次会议上的讲话中倡议上海合作组织各国加强媒体合作，举办上海合作组织媒体

① 胡怀福：《加强媒体合作 促进区域交流——中国·新疆2007中西亚媒体论坛在乌鲁木齐举行》，《中国报业》杂志网，http://media.people.com.cn/GB/22114/88454/116905/6921124.html。

② 《上海合作组织成立宣言》，http://www.cctv.com/special/1037/-1/88231.html。

③ 《上海合作组织成立十五周年塔什干宣言》，《人民日报》2016年6月25日，第2版。

④ 微博自2009年上线以来，一直是最具影响力的社会化媒体平台之一，也是各界纷争的新媒体阵地。2017年第一季度，微博的月活跃用户增至2.6亿，日活跃用户达到1.2亿，用户活跃和互动都在持续增长。当前，微博上活跃着大量的国际国内政府组织、政要名人、主流媒体、知名企业家等。在促进地区经济社会发展、文化交流及创新社会治理模式等方面，微博都发挥着越来越重要的作用。

⑤ 《微博与上海合作组织签署合作协议》，新浪科技网，http://tech.sina.com.cn/i/2016-06-30/doc-ifxtsatm1071671.shtml。

合作论坛，以更好地增进成员国人民相互了解和传统友谊，筑牢本组织发展的社会民意基础；积极开辟人文合作新渠道，加强上海合作组织国际传播能力建设，弘扬上海合作组织主旋律，向世界讲述更多“上合故事”，发出更多“上合声音”。①

随着“一带一路”国际合作倡议的提出与逐步实施，中国与中亚国家的文化协定、年度执行计划等都围绕“一带一路”主题开展了诸如合作举办文化年、电视周、联合拍摄或制作丝路纪录片等方面的合作。2015 年 7 月 6 日，由中央人民广播电台主办、国家新闻出版广电总局研修学院协办的“一带一路广播随行”国际论坛在北京举行。来自“一带一路”沿线的哈萨克斯坦、吉尔吉斯斯坦、塔吉克斯坦、乌兹别克斯坦等 24 个国家的广播机构代表，以及中国 17 家相关省级广播机构代表参加了本次活动。本次国际论坛主要探讨广播在“一带一路”中的角色和作用、各国电台之间资讯交流以及信息采集的路径和手段、信息传播的经验和心得、各国电台之间合作交流的机制和愿景等内容。②论坛期间，柬埔寨国家广播电台、哈萨克斯坦国家广播电视集团、蒙古国 EVSEG 广播电台、尼泊尔国家广播电台、斯里兰卡独立电视台、塔吉克斯坦国家广播电台和中国中央人民广播电台以及来自新疆、陕西、宁夏、甘肃、青海、内蒙古、黑龙江、吉林、广西、云南、西藏、上海、福建、浙江、广东、海南、重庆等“一带一路”相关省份的省级广播电台代表，共 24 家广播电视机构签署了成立“‘一带一路’广播协作网”的合作备忘录，协作网将通过高层互访、采访合作、节目交流等方式发挥作用，加强各成员台在节目、技术、人员等方面的交流与合作，为各成员台合作发展提供便利服务与帮助。③

2016 年 4 月 18 日，在北京成立了由国务院新闻办公室发起的“一带一路”媒体传播联盟。当时，来自“一带一路”沿线 17 家媒体机构的代表签署了

① 《习近平在上海合作组织成员国元首理事会第十四次会议上的讲话：凝心聚力　精诚协作　推动上海合作组织再上新台阶》，《人民日报》2014 年 9 月 13 日，第 3 版。

② 《“一带一路　广播随行”国际论坛举行》，《人民日报》2015 年 7 月 7 日。

③ 《国内外 24 家广播电视机构签署成立“‘一带一路’广播协作网”合作备忘录》，央广网，http://news.cnr.cn/special/gblt/news/20150706/t20150706_519094143.shtml。

联盟成立倡议书。2017 年，联盟成员增加到 47 家。联盟成立后，联盟成员通过整合丝路沿线媒体资源，建立起了从节目内容制作到联合传播再到更广泛推广实现市场运转的“丝路电视跨国联播网”。不久，在联盟成员的努力下，《丝路时间》栏目于 2017 年先后在哈萨克斯坦 STV 电视台、吉尔吉斯斯坦德隆电视台等 21 家境外主流电视媒体，以 11 种本土语言播出，覆盖 40 多个国家和地区的 5 亿多受众。①

此外，2016 亚洲广播大会 2016 年 4 月 25 日在北京开幕。其间，组织了“移动的广播：新兴听众”“欧亚媒体合作”“在数字时代讲故事”等系列主题讨论会。②2016 年 7 月底，人民日报社主办的“2016 一带一路媒体合作论坛”邀请了来自世界 101 个国家的 212 家媒体代表出席活动。

总体而言，目前围绕“一带一路”建设而展开的媒体合作，交流性合作日益增多且居主要地位。相比以往各国媒体在信息报道上互换稿件及信息交流合作，新媒体技术的应用为“一带一路”建设中媒体合作带来了更为广阔的视角。

## 五、中国与中亚国家媒体合作面临的挑战

随着“一带一路”倡议的提出与务实合作的推进，中国与中亚国家的媒体合作面临重大的历史性机遇，但也面临一些挑战。

### 1. 挑 战

（1）中亚国家的媒体政策对合作限制较多

目前，中亚国家的媒体政策对他国媒体进入的合作限制较多。如哈萨克斯坦的《大众媒体法》关于外国记者和新闻机构管理规定：外国新闻机构派驻记者和设立常驻新闻机构实行申请批准制度。对以资本进入从事新闻采访和业务运营的中国传媒来说，其在哈所面临的政策限制主要表现在以下四个

① 《“一带一路”媒体传播联盟获响应》，《人民日报》（海外版）2017 年 4 月 24 日，第 7 版。

② 《2016 亚洲广播大会今日在京开幕》，央广网，http://china.cnr.cn/news/20160425/t20160425_521969499.shtml。

方面：A. 包括所有权、资本运作方式等在内的资本进入限制；B. 包括市场区域、占有率在内的市场覆盖限制；C. 包括意识形态、文化传统和民族风俗等在内的内容标准限制；D. 因驻在国强调出版物部分使用本民族语言而造成的出版系统和翻译人员对接障碍。[①] 此外，哈萨克斯坦还对境外媒体进入的主要途径——期刊版权合作方式也有进一步规范措施。至于乌兹别克斯坦和土库曼斯坦，它们对外国媒体进入的限制更为严厉；塔吉克斯坦的限制与哈萨克斯坦类似；虽然吉尔吉斯斯坦的相关政策相对宽松，但限制也不少。所有这些无疑影响着中国与中亚国家媒体间的直接和长期合作。

（2）入驻中亚国家的中资媒体实力有限

中亚国家的媒体普遍资金不足。如哈萨克斯坦从 1994 年开始大规模实行私有化改革（目前私有化程度是独联体内最高的国家）；吉尔吉斯斯坦紧追其后，商业和服务业私有化已经达到 90% 以上。急剧的私有化对上述两国的新闻业造成了巨大的冲击，大多数媒体失去了来自国家的财政拨款，生存危机日趋严重，单纯追求利润，忽视社会责任和传统道德观念倾向突出。尽管大家普遍看好中亚市场，对中亚信息了解的愿望也很强烈，但由于目前在中亚的中国企业中中小型企业占大多数，入驻中亚的中资媒体还很难得到中方企业的广告支持。与西方媒体的先前进入和资金扶持相比，目前已进入中亚国家的中国媒体尚处于初期运营摸索阶段，多数还未实施有效的市场化运作，更谈不上进入盈利状态，大多是贴钱运营。加之，政府全面规划、资金扶持的力度远远不够，中国与中亚国家媒体合作的深度有限。

（3）中亚国家的媒体竞争加剧，多元化趋势明显

处于亚欧连接处的中亚国家一直是外国媒体关注的地区。近年来，中亚各国因经济下滑，对大多数媒体的财政支持减少乃至终止，对媒体的管理和监督能力也有所削弱，包括俄罗斯、英国、美国、土耳其在内的境外媒体乘势扩大其在中亚的影响。其中，俄罗斯在中亚国家的报刊等平面媒体和电视、电讯等电波媒体领域依旧保持着强势的存在感和影响力，尤其是其电视节目

① 夏秋月：《哈萨克斯坦媒体现状及新闻出版制度》，《青年记者》2016 年第 6 期。

成为中亚国家普通民众多年来习惯接收的外界资讯，其对世界大势的观点和立场不知不觉地影响着中亚国家受众的认知和判断。与此同时，欧美等西方国家的电视、网络等电波和网络媒体在中亚国家越来越多，对新一代受过教育的中亚国家青年产生了越来越大的影响力；特别是美国近年来动辄邀请数百名中亚国家新闻机构负责人和知名记者访美，举办国际研讨会，传授新闻自由化经验并以参与股份的形式扶持西方媒体进入中亚国家的新闻业，使哈、吉两国媒体西化趋势显明（乌、土两国对媒体控制较严，受影响较小）。从目前和未来趋势看，中亚国家媒体正在向本土化、俄罗斯化、西化、伊斯兰化等多元化方向发展。相比之下，中国媒体进入中亚国家的时间较晚，在中亚地区的数量和信息量都较少，亟待提高在中亚的影响力。

（4）媒体使用语言及受众接受度受到制约

从沙俄时期起，俄语就在中亚地区推广。加入苏联前，哈萨克文字用阿拉伯字母标写，20 世纪 20 年代改为拉丁字母，从 30 年代开始采用基里尔字母。俄语在哈萨克斯坦的普及程度远比其他中亚国家高。与此同时，绝大多数的斯拉夫人甚至大部分哈萨克族的人都不能熟练使用哈萨克语。迄今为止，27%的媒体使用哈萨克语，39%的媒体使用俄语，27%的媒体使用哈萨克语和俄语，7%的媒体使用俄罗斯、哈萨克斯坦等多国语言。从以上数据分析，哈萨克斯坦受众使用俄语的比重较大，其次是哈萨克语。受众更偏爱从使用俄语的媒体接收信息。据一项关于对哈萨克斯坦接受俄语媒体的程度和方式的调查，经常观看、有时观看、从不观看或很少观看俄语频道的居民百分比，分别为 75%、15%、10%。经常阅读、有时阅读、从不读或很少读俄语读物的居民百分比，分别为 43%、24%、33%。数据表明，哈国绝大多数居民还是比较喜欢观看俄语节目，阅读俄语读物的。半数以上的哈萨克人用哈、俄两种语言交际。虽然哈萨克斯坦颁布了很多法律文案来保障哈萨克语的地位，但是由于历史原因，俄语在哈萨克斯坦民众心中依然拥有很高的地位和认知度。为此，当前哈萨克斯坦的语言发展主要是走双语路线（哈萨克语和俄语同时并存）。[①]

① 陈晨：《哈萨克斯坦媒体受众语言使用及原因分析》，《国际媒体》2015 年第 9 期。

总体来看，虽然我国媒体与中亚国家媒体的相互报道在大幅提高，数量在迅速增加，但在对中亚国家信息的搜集、整理、翻译、发布等方面还处于参差不齐的摸索阶段。相对于急剧增长的信息需求量，无论是信息数量、翻译准确性，还是加工质量都亟须提高。由于国情、文化、体制、习惯、语言等差异，针对中亚国家的媒体，在语言使用、印刷质量、内容编排等方面如何更符合中亚国家受众的心理和习惯，并以让人喜闻乐见的形式出现和让人乐于购买和阅读是一个长期的过程。媒体人不仅需要对受众心理有深入了解和准确的把握，而且需要不断地、及时地进行调整和改进。

（5）人才短缺和流动难

对于一些拟在中亚国家落地和专门针对中亚国家受众的专业媒体来说，配备具有语言、翻译、管理等综合能力的高素质人才是市场化运营的必要手段。然而，中国媒体在此方面的短板恰恰是其在中亚国家实施本土化运作的发展瓶颈。此外，中亚国家的签证办理周期较长，经费不断提高，影响媒体采编人员的便利往来。

### 2. 促进中国与中亚媒体合作的思考

中国与中亚国家媒体合作拥有较好的基础，如果我们善加利用与整合，就可能促进彼此间的有效合作与交流。

（1）整合国内外媒体资源

媒体合作涉及中国与中亚国家双方的受众，首先，应加大力度整合国内能够“走出去”的媒体资源。面对日益巨大的中亚国家信息市场，中国有越来越多的媒体和企业开始关注并进入这一领域，其中包括各种所有制、规模不等、内容各异的媒体。这些媒体的水平差别较大，有的以宣传为主，但大部分以盈利为目的。其针对中亚信息市场的媒体竞争日益激烈。像亚心网、中亚贸易网、中亚科技信息网等媒体已开始获得较为广泛的关注和认可。这些媒体应充分利用政府的支持政策，争取获得来自政府、丝路基金等多元化的融资支持，并通过整合国内媒体资源，实现强强联手、资源互补，构建更加权威、可信度高、时效性强、长期发展且有强大财力支撑和政府支持的平面、电波、网络一体化的全媒体合作网络。其次，中国和中亚国家的媒体产业发展环境逐步优化，我们应抓住乌兹别克斯坦等中亚国家对中国媒体的有关政策开始松动（由原来的严格控制到现在的限制性进入）及其传媒业重新洗牌、优化升级契机，扩大中国在中亚媒体的影响，建立与双方经济合作水平规模相当的媒体合作体系。在《“一带一路”国际合作高峰论坛成果清单》中，中国中央电视台与包括中亚国家在内的有关国家主流媒体成立“一带一路”新闻合作联盟理应成为开启丝绸之路媒体合作新路的风向标。

（2）选择合适的进入方式

中国媒体在进入中亚国家之前，首先应对各国有关外国媒体进入的相关法律、政策和限制条款进行前期研究；其次，最大限度地寻求国家有关部门的支持和帮助，通过国家与对方媒体或信息机构建立起合作关系；最后，借鉴俄罗斯、欧美国家媒体在中亚不同国家的进入方式和成功经验，以合法、合规、灵活的方式开展有效合作。

具体可通过以下几种方式开展工作。如首先以满足华人华侨、中国外交人员、中资机构、中国商人以及中亚国家商人等对中国信息的需求，先开办中文、俄文或中亚国家语言报刊进入中亚国家信息市场；或与中亚国家开展电子商务合作，及时有效地发布和传递中国与中亚国家商品供需信息；或采取机构互访、相互培训、信息交换等方式，为信息采编提供便利；或利用吉、哈、塔等中亚国家报纸、信息网站大多对中国广告的进入持欢迎态度的机会，直接与报社、网站等媒体开展代理合作业务；或直接在吉尔吉斯斯坦比什凯克或哈萨克斯坦阿拉木图等政策宽松、条件较好的重要节点城市成立信息公司，先期负责代理国内的广告（产品）进入中亚市场，并以对各种经济信息的搜集、整理、交换的方式反馈国内，同时负责前期中亚旅游市场、商务考察以及商贸合作中介的调研开发工作，进而有效促进双方务实合作。

（3）媒体合作应当分步骤、分阶段

由于信息和媒体业务涉及国家安全，属于敏感领域，中国与中亚国家的信息和媒体合作不可冒进，宜分阶段分步骤地开展。从大的法律环境看，中亚大部分国家在法律上允许外国媒体进入其市场。中国媒体可对中亚国家的传媒业、信息业和受众阶层进行充分的考察和了解后，找出可能与其合作的报纸、杂志、电视台、网站等媒体，并针对不同人群以灵活多样的方式，有选择性地考虑以合作、参股的方式与中亚国家媒体合作，对等交换广告信息，借以扩大双方媒体的空间和受众范围；提供信息、财力、技术和设备支持，进行信息合作与共享，争取互利双赢的合作。可先平面、电波媒体合作，然后再拓展到网络媒体，逐步形成全媒体覆盖的格局。

（4）媒体语言当地化

语言是媒体的基本元素，只有符合受众的语言习惯才可能被接受。中国与中亚国家的媒体合作必须采用当地语言才可能生存。就目前而言，由于人才、习惯等因素制约，双方合作难度较大，中方在中亚国家的媒体可考虑采用俄文、中亚各国主体语言、英语等语言。中国新疆与中亚国家有多个跨界民族。这些民族的语言与中亚国家的主体语言口语相同或相近，但书面语言不同。中国媒体在中亚国家应实施当地化运作策略，请当地人员在语言上把关。从长期来看，中亚国家媒体更多地采用本国主体民族语言将是大势所趋，我国媒体走向中亚时必须顺应这个趋势。上海外国语大学等已着手培养乌兹别克语、哈萨克语等中亚国家语言的翻译人才，以后应可弥补该中国媒体相关语言人才不足的短板，但尚需时日。

（5）创新媒体话语体系

俗语说：到什么山唱什么歌。由于各国民风民俗、民族心理、宗教、历史传统、文化和语言等的不同，媒体的表达方式也会有所不同。我们需要转变观念并基于以我为主的媒体传播方式，与时俱进、因地制宜地创新媒体话语体系。我国媒体可借鉴俄罗斯、欧美国家媒体在中亚国家的成功经验，深入分析和了解中亚国家受众心理，细分中亚国家媒体市场。在中亚国家，要学会运用当地化的媒体语言和讲故事的方式，有针对性地采用中亚国家历史名人、文化和艺术等元素，再植入中国古代和当代经典元素，增加多元表达方式，增强传播的多样性。无论是对中国政治、经济、人文等各领域形势的报道，还是对中国外交政策、对外关系、“一带一路”国际合作成就的适时报道和解读以及对中国企业、产品信息在中亚国家的宣传和广告，都要学会采用中亚国家普通受众听得懂、易于接受乃至喜闻乐见的方式和语言进行传播。只有这种润物细无声的方式，才能使媒体传播真正达到直抵人心、接地气的效果，进而使中亚国家逐步接受、认同乃至习惯和渴望倾听中国声音。

（6）促进媒体人员陪训和往来

针对中国和中亚国家缺乏既懂对方语言又熟悉媒体业务的媒体从业人员的问题，建议成立中国与中亚国家媒体合作专项基金，为媒体合作项目提供资金支持，同时培训专业新闻从业人员。联合培养在中国和中亚国家多国实习、熟悉各国国情、能熟练运用多国语言、接受过正规新闻传播专业训练、具有媒体从业资格证的复合型人才。同时，争取中国与中亚国家之间对等就对方国家媒体工作人员的签证发放提供便利。

（7）拓展媒体合作方式

在“一带一路”国际合作中，“走出去”与“请进来”同等重要。中国和中亚国家媒体应真正坐下来面对面地交流与对话。A. 同心协力整合资源，促进跨国界、跨地区信息的流动和精准到达，促进媒体间人员、技术、管理与文化的交流共享，在共同策划新闻报道主题、合作共享新闻报道资源、互换交流新闻稿件等方面有所突破，尤其是适合新媒体传播的内容。①B. 相互学习深化合作，提升双方媒体从业者的国际视野与专业水平，学习借鉴对方先进的工作方法和模式，了解掌握对方最易接受的报道方式和传播方法。C. 加强沟通，积极推动媒体机构间的互联互通；共同提高媒体管理水平；积极探索可持续、多样化的合作方式；依托具体合作项目，在新闻报道采集、媒体品牌宣传、节目制作播出、技术研究应用等方面深化合作。D. 挖掘潜力，深入发掘各国各民族文明和文化的深厚底蕴，融合时代特征和现实风貌，共同制作播出受众喜爱的精品节目；为对方创造更多客观认识彼此的机会，逐渐打破其固有观念，潜移默化地起到促进民心相通、有效推动“一带一路”国

① 李富根：《共商、共建、共享——构建“一带一路”媒体合作新格局》，《对外传播》2016年第10期。

际合作的作用。

“国之交在于民相亲，民相亲在于心相通。”展望未来，中国与中亚国家的媒体合作潜力巨大。通过媒体广泛合作，促进民心相通，凝聚共识，扩大民意合作基础，形成推进“一带一路”国际合作的合力，大有可为。

# 第七章

# 中国与中亚国家共建数字丝绸之路合作

中国与中亚国家共建数字丝绸之路对“一带一路”建设和提升中亚国家现代化发展水平意义重大。中亚国家数字经济发展潜力巨大，各国纷纷出台了数字经济发展战略，其电子商务发展方兴未艾、电子政务能力不断提升。中国与中亚国家共建数字丝绸之路有着良好的基础，双方已建立起较为稳定持久的互信关系，都提出了数字经济发展战略，已有多层合作机制，中亚国家对双方合作的内在动力较强。但也面临数字基础设施建设较为薄弱、数字人才缺乏、网络安全和地缘政治风险增加等挑战。目前，中国和中亚国家可从数字基础设施建设、数字治理、电子商务、数字人才培养等路径入手展开合作，因国施策，共建数字丝绸之路。

习近平主席关于共建21世纪数字丝绸之路的倡议于2017年在首届“一带一路”国际合作高峰论坛正式提出以来，得到了中亚国家的积极响应。在数字经济全球化趋势不可阻挡[①]的大背景下，数字经济正在成为中亚国家建设现代化经济体系，推动本国经济高质量发展的新动力和新

① 李娜：《任正非咖啡对话：数字经济的全球化趋势不可阻挡》，第一财经网，https://www.yicai.com/news/100393004.html，访问时间：2019年11月6日。

方向。数字合作有可能成为中国与中亚国家共建丝绸之路，提高区域经济发展水平最具潜力的新领域。

## 一、中亚国家数字经济发展的特点

数字经济是指以使用数字化的知识和信息作为关键生产要素、以现代信息网络作为重要载体、以信息通信技术的有效使用作为效率提升和经济结构优化动能的一系列经济活动。[①] 以计算机、网络、通信为代表的现代信息技术革命催生了数字经济，而数字经济的本质在于信息化。信息时代的核心竞争力将越来越表现为一个国家和地区的数字能力、信息能力、网络能力。数字经济的主体主要包括个人、企业和政府，最能体现信息技术创新、商业模式创新以及制度创新的要求。[②] 其中，电子商务和电子政务都是数字经济最重要的组成部分，是数字经济发展的最主要推动力。[③] 数字经济还包括云计算和大数据的数字基础设施，也包括基于数据、算法、信用的数字金融及其他新模式、新业态。高上网率是发展数字经济的必要条件和基础。“数字丝绸之路”是数字经济发展和“一带一路”倡议的结合，是数字技术对“一带一路”倡议的支撑，它依托互联网技术，以跨境电商为基础推进数字基础设施、智能支付和物流体系建设，进而推动合作机制建立，成为“一带一路”国际合作的新引擎[④]。

21 世纪以来，世界进入以信息产业为主导的经济发展时期，为更好地满足本国公民日益增长的信息需求，并融入全球信息社会，中亚国家开始分阶段发展信息和通信设施建设，在越来越多的领域运用现代信息和通信技术、计算机技术，为各国数字经济的初步发展奠定了基础。

---

① 李仪、徐金海：《数字经济的内涵、特征与未来》，中国金融新闻网，http://www.financialnews.com.cn/shanghai/201901/t20190110_152745.html。

② 张新红：《数字经济与中国发展》，中国网信网，http://www.cac.gov.cn/2016-09/29/c_1119648649.htm。

③ 《国家电子商务示范城市专家组组长柴跃廷：电子商务与数字经济》，艾瑞网，http://news.iresearch.cn/content/2018/05/274676.shtml。

④ 顾阳：《“数字丝路”建设将成全球发展新引擎》，《经济日报》2019 年 9 月 9 日，第 3 版。

### 1. 中亚国家纷纷出台各有侧重的数字经济发展战略

（1）哈萨克斯坦

哈萨克斯坦继2017年12月通过《“数字哈萨克斯坦”国家规划》（2018—2022年）[①]后，2019年12月又出台了关于该规划的修改和补充决议。该规划中期目标是通过使用数字技术加快哈经济发展速度，提高人民生活质量；长期目标是为哈经济走上创新发展道路创造条件，确保未来数字型经济快速发展；最终目标是使哈在全球通信技术发展中的排名从2016年175个国家中的第52位，上升到2022年的第30位，2025年的第25位，2050年的第15位。[②]拟实施任务17项，包括实施工业和电力数字化、运输和物流数字化、农业数字化、发展电子商务和电子政务、发展金融技术和非现金支付、智慧城市、扩大通信网络和通信技术基础设施的覆盖面、保障信息和通信技术安全、提高中等教育到高等教育水平以及居民的数字识字率、支持建立创新发展平台等。关键发展领域为主要经济发展部门数字化、向数字国家过渡、实施数字丝绸之路计划、发展人力资本、建立创新型生态系统5个关键领域。

（2）乌兹别克斯坦

乌兹别克斯坦2018年7月颁布《关于发展乌兹别克斯坦共和国数字经济措施》总统令[③]。2019年11月底提交《数字乌兹别克斯坦2030年国家战略构想》草案讨论稿与实施路线图，以期制定并向总统办公厅提交《2030年国家数字战略》，确定短期、中期和长期优先项目及2030年之前数字发展目标。目的是建立发达的数字社会，改善人民生活质量；进行无官僚障碍和腐败的有效和开放的公共治理；提高国家经济竞争力；确保人民的安全和福祉。主要任务是：确保数字经济、电子政务、信息和通信技术以及创新技术的系统和连贯发展；提高居民的数字识字率，培养高素质的数字人才；推广远程工

① “Обутверждении Государственной программы ‘Цифровой Казахстан’,” http://adilet.zan.kz/rus/docs/P1700000827.

② “Постановление Правительства Республики Казахстан от 12 декабря 2017 года № 827 «Об утверждении Государственной программы <Цифровой Казахстан>(с изменениями и дополнениями по состоянию на 20.12.2019 г.),” https://online.zakon.kz/DOCUMENT/?doc_id=37168057#pos=207;-36.

③ “Постановление Президента Республики Узбекистан О мерах по развитию цифровой экономики в Республике Узбекистан,” https://lex.uz/docs/3806048.

作方法；扩大电信基础设施和数据处理中心并实施创新项目；完善有关数字经济的法律法规；提高数据收集和加工效率；采用现代化的 IT 项目和公司融资形式；提高政府电子订单的透明度和可及性；建立风险基金和技术园区，吸引外国投资，促进面向出口的产品研发；加强数字发展领域的国际合作。着力重点是发展数字基础设施、发展数字人力资本和提高民众数字技能、建立有效的国家数字经济管理体系、建立数字创新生态系统和有效的信息安全体系五大领域。预期成果为：到 2030 年可提供高质量、安全、便宜和智能的高速互联网和移动通信，建立稳定和有竞争力的通信和电信市场，减少城乡之间的数字鸿沟。[①]

（3）土库曼斯坦

土库曼斯坦总统 2018 年 11 月底批准了《土库曼斯坦 2019—2025 年数字经济发展构想》，并确定了 2019 年、2020—2023 年、2024—2025 年三阶段实施方案[②]。目的是在国家、企业和公民的参与下，为发展数字经济创造有效的法律法规机制并改善数字生态环境。主要任务为：在全国所有经济部门采用新的包括数字技术在内的创新技术；完成向电子文件和电子身份识别系统的过渡；建立竞争性数字经济；建立协调一致的电子工业；消除城乡之间的数字鸿沟。土经济领域数字化主要包括两个方向：A. 工作流程电子化；B. 确保机关、企业和其他非国有机构向数字化过渡。[③] 主要目标是：通过数字应用提高科学、技术和创新活动的效率；加强数字领域的国际合作，保障科学、教育和生产之间更加紧密的相互联系，为经济数字化转型提供科技和智力支持。[④]

---

① “Представлен проект Концепции цифрового развития,” https://www.gazeta.uz/ru/2019/11/28/e-transformation/.

② “Утверждена Концепция развития цифровой экономики в 2019-2025 годах,” https://www.tfeb.gov.tm/index. php/ru/2013-09-20-04-46-10/802-2018-11-30-10-53-29.

③ “Концепция развития цифровой экономики Туркменистана в 2019-2025 годах,” http://dashoguz.live/%D0%BA%D0%BE%D0%BD%D1%86%D0%B5%D0%BF%D1%86%D0%B8%D1%8F-%D1%80%D0%B0%D0%B7%D0%B2%D0%B8%D1%82%D0%B8%D1%8F-%D1%86%D0%B8%D1%84%D1%80%D0%BE%D0%B2%D0%BE%D0%B9-%D1%8D%D0%BA%D0%BE%D0%BD%D0%BE%D0%BC%D0%B8/.

④ “Туркменскую науку цифровизируют для повышения ее эффективности,” https://www.hronikatm.com/2019/11/science-digitalisation/.

（4）吉尔吉斯斯坦

吉尔吉斯斯坦2018年12月通过《2019—2023年吉尔吉斯斯坦数字化转型构想》决议[①]，并于2019年2月出台实施路线图[②]。目的是通过发展数字技能为居民创造新机会；通过国家和市政管理体系的数字化改革提高公民参与决策的水平、数字服务质量以及国家管理体系的效率、绩效、开放度、透明度、问责制和反腐能力；通过对优先经济部门进行数字化改革，加强与国际伙伴的关系，创造新的产业集群，实现经济增长。数字化转型的基础包括发展数字技能、改善规范性法律框架、发展数字基础设施和平台、发展数字化国家、发展数字经济和管理体系六个方面。[③]拟发展三个重要领域为：A. 推动商业过程和生产关系的数字化转型，为创新引入金融和银行业提供合格的专业人员并提高国内公司的效率和竞争力，在优先经济部门发展数字基础设施和数字平台；B. 借力伙伴国数字经济发展战略，对接欧亚经济联盟2025年数字议程，通过"一带一路"方案重建数字丝绸之路并支持其他有关发展区域数字基础设施的国际倡议；C. 减少发展和开发数字技术的障碍。愿景是加速吉数字转型和社会经济发展。[④]

（5）塔吉克斯坦

塔吉克斯坦政府于2019年1月底通过了《关于塔吉克斯坦2018年社会经济发展的结果和2019年任务》决议，要求经济发展部制定数字经济构想并在社会经济部门引入数字技术。2月，根据经济发展和贸易部《关于编制塔吉克斯坦数字经济构想成立管理和技术工作组》命令，成立管理和技术工作组。[⑤]12月30日，塔总统批准了《塔吉克斯坦数字经济构想》政府决议。该构想提出

① "Совбез одобрил Концепцию цифровой трансформации на 2019–2023," https://elgezit.kg/2018/12/14/sovbez-odobril-kontseptsiyu-tsifrovoj-transformatsii-na-2019-2023-gody-2/.

② "Совбез одобрил Концепцию цифровой трансформации на 2019–2023," 14 Дек 2018, https://elgezit.kg/2018/12/14/sovbez-odobril-kontseptsiyu-tsifrovoj-transformatsii-na-2019-2023-gody-2/.

③ "КОНЦЕПЦИЯ ЦИФРОВОЙ ТРАНСФОРМАЦИИ 'ЦИФРОВОЙ КЫРГЫЗСТАН 2019-2023'," https://digital.gov.kg/%D0%BA%D0%BE%D0%BD%D1%86%D0%B5%D0%BF%D1%86%D0%B8%D0%B8/%D0%BE-%D0%BA%D0%BE%D0%BD%D1%86%D0%B5%D0%BF%D1%86%D0%B8%D0%B8/.

④ "Три направления развития цифровой экономики Кыргызстана назвал Жээнбеков," https://economist.kg/2019/04/22/tri-napravleniya-razvitiya-cifrovoj-ekonomiki-kyrgyzstana-nazval-zheenbekov/.

⑤ "В Таджикистане внедряется концепция цифровой экономики," https://tajikistan24.com/v-tadzhikistane-vnedrjaetsja-koncepcija-cifrovoj-jekonomiki/.

了分2020—2025年、2026—2030年和2031—2040年三个阶段且必须在数字中亚—南亚项目（Digital CASA）[①]框架下实施的行动计划，目的是为数字转型创造有利条件，借以加快向电子政务和数字政府的过渡，并在经济和社会领域广泛采用数字技术、加速经济发展和提高国际竞争力，更好地为从2026—2030年和2031—2040年分阶段提高国内生产总值和人民生活水平的经济转型创造条件，为未来创建数字型经济提供有力保障。主要着力方向为：加强非数字基础；发展数字基础设施；优先以可负担得起的价格为国内所有人提供宽带接入服务；向数字政府过渡；关键行业数字化；保障信息安全和网络安全；发展人力资本；建立创新生态系统。最终促进经济增长和人民生活水平提高。[②]

### 2. 中亚各国电子商务发展方兴未艾

（1）中亚国家电子商务增长迅猛

哈萨克斯坦的电子商务包括商品、机票、火车票、文化活动和公共服务的销售。2013—2014年，哈萨克斯坦电子商务平均增长26%；2015年以来，年均增长加速到30%；2018年哈国网购人数达到230多万，网购交易量达到2595亿坚戈（约合7.53亿美元[③]），比上年增长50%，有1700多家独立的网上商店和大约20个电子商务平台为100多万中小企业提供产品销售服务。[④]

（2）中亚国家纷纷出台有关电子商务政策

哈萨克斯坦制定的《2025年前电子商务发展路线图》（2019年获得批准）明确了三个主要发展方向：扩大电商出口规模；吸引企业参与电商发展和基

① Digital CASA项目是世界银行信息通信团队（World Bank ICT Team）与中亚、南亚国家联合开发的数字合作项目，旨在通过促进私营部门的基础设施投资，优化相关政策和监管框架，以改进中亚和部分南亚国家互联网的跨境方式，完善这些国家之间互联网连接；参与国有吉尔吉斯斯坦、塔吉克斯坦、乌兹别克斯坦、阿富汗和巴基斯坦。参见 “DIGITAL CENTRAL ASIA SOUTH ASIA (CASA) PROGRAM,” https://www.unescap.org/sites/default/files/Digital%20Central%20Asia%20South%20Asia%20(CASA)%20 Program,%20World%20Bank.pdf。

② “Концепция Цифровой Экономики в Республике Таджикистан,” https://medt.tj/ru/strategiy-i-programmi/41-news/1426-konsepsiya-sifravoy-ekonomiki-v-respublike-tajikistan.

③ 2018年美元兑坚戈平均汇率为：1 : 344.71，参见 “Официальные обменные курсы иностранных валют в 2018 году,” https://www.nationalbank.kz/cont/2018%20pyc14.pdf。

④ “Одного триллиона тенге может достигнуть объем e-commerce в Казахстане к 2025 году,” http://academy.kz/it-v-kazakhstane/item/7834-odnogo-trilliona-tenge-mozhet-dostignut-ob-em-e-commerce-v-kazakhstane-k-2025-godu.

础设施建设；加强消费者权益保护并推动电商发展[①]。此外，哈政府还为电子商务从业者制定了税收优惠政策，并通过法律形式予以保障。乌兹别克斯坦早在 2015 年 12 月就出台内阁令，通过了《2016—2018 年在乌发展电子商务的构想》[②]；2018 年，乌在《关于加速发展电子商务措施的乌兹别克斯坦总统决议》中所确定的 2018—2021 年电子商务发展方案涉及改进电子商务发展的法律、规章和管理框架；为电子商务创造有利环境；加强出口能力和国际电子商务合作；发展电子商务物流基础设施，发展电子商务领域的人力资源，促进和提高公众与企业界对电子商务的认识等 6 大领域。[③]

（3）中亚国家开始注重物流平台建设

哈萨克斯坦通过改善邮政服务，大幅提升物流速度。目前，乌兹别克斯坦约有 120 家公司从事国际快递业务，电子商务和服务业几乎在世界各地都取得了进展。[④]吉尔吉斯斯坦总统令拟根据商品供应情况，制订农产品储存和加工设施方案并加强吸引投资者发展吉农产品贸易和物流中心系统的工作。[⑤]

### 3. 中亚国家电子政务[⑥]发展能力不断提升

（1）中亚各国电子政务范围不断扩展，应用水平逐步提高

中亚各国电子政务已逐步扩展到国家立法、政府各级行政与司法机关以及其他社会公共组织，已基本实现政府各部门之间内联网的电子化与网络化办公；基于外联网的信息共享、实时通信与协同办公以及政府与社会各实体之间基于互联网的双向信息交流。目前，中亚各国在国家行政机关里，电子

① 《哈萨克斯坦将通过电商平台出口商品》，中国商务部网站，http://kz.mofcom.gov.cn/article/jmxw/201909/20190902897766.shtml。

② 《乌兹别克斯坦出台多部法律大力发展电子商务》，中国商务部网站，http://uz.mofcom.gov.cn/article/jmxw/201604/20160401303356.shtml。

③ "Постановление Президента Республики Узбекистан О МЕРАХ ПО УСКОРЕННОМУ РАЗВИТИЮ ЭЛЕКТРОННОЙ КОММЕРЦИИ," https://lex.uz/ru/docs/3744601.

④ "Что может помешать развитию в Узбекистане перспективной сферы электронной коммерции и услуг?" 02/10/2019， https://uzdaily.uz/ru/post/46512].

⑤ "Президент Кыргызской Республики Сооронбай Жээнбеков подписал Указ об объявлении 2019 года Годом развития регионов и цифровизации страны," http://gamsumo.gov.kg/ru/press-center/ news/517.

⑥ 电子政务是基于网络与互联网技术标准，面向政府机关、企业及社会公众的政务信息服务与政务信息处理体系，是各类行政管理活动的信息化、电子化、自动化与网络化的呈现方式。

政务的运用较为普及。以哈萨克斯坦为例，2016 年，通过电子形式在门户网站上提供的公共服务数量约为 4000 万次；截至 2017 年 7 月，哈 740 多项服务已经电子化，83 项移动服务已经完成。哈、乌、吉三国的政府门户网站为本国公民提供了与政府机构互动的机会和密切的联系，但塔、土等国由于信息和通信技术基础设施不足、计算机识字率低和因特网接入有限等问题影响了其电子政务的发展。

（2）中亚各国电子政务水平不断提高

联合国 2018 年有关各成员国电子政务发展指数（EGDI）[①] 报告显示，2016—2018 年，哈萨克斯坦作为中高收入国家，在线表现和服务得到了显著改善，从高级 EGDI 值上升到极高 EGDI 值，2018 年排名居 193 个国家中的第 39 位，成为 40 个极高值国家之一；乌、吉全球排名分别为第 81 位和 91 位，均从中级分值上升到高级分值；塔、土全球排名分别第 131 位和 147 位，从低分值上升到中级分值。尽管除哈萨克斯坦外，其他中亚 4 国在全球排名居中后位，但各国电子政务能力水平呈持续上升的积极趋势，进步较大。

#### 4. 中亚国家经济数字化发展差异较大

在中亚国家中，哈萨克斯坦数字经济起步最早，发展最快，吉尔吉斯斯坦和乌兹别克斯坦次之，塔吉克斯坦和土库曼斯坦发展最慢。

2018 年是“数字哈萨克斯坦”实施的第一年，哈对信息和通信投资涨幅达 40.3%，接入互联网的机构从 67.7% 上升到 75.1%，拥有互联网资源的机构从 21.7% 上升到 22.3%，哈数字化总经济效益为 5.78 亿美元。但因特网用户逐渐转向移动电话，截至 2019 年 11 月底，哈有 250 万固定互联网用户，同比减少 1.8%；同年 12 月，哈全国有 1520 万移动电话用户 [②]，约占总人口 [③] 的 83%。

---

① 该指数系联合国从在线服务范围和质量、通信基础设施的地区合作以及人力资源开发三个重要方面评估各成员国电子政务绩效水平的标准。

② “Рейтинг стран мира по скорости и стоимости интернета за 2019 год,” https://www.zakon.kz/4999466-reyting-stran-mira-po-skorosti-i.html.

③ 2019 年初，乌兹别克斯坦、哈萨克斯坦、塔吉克斯坦、吉尔吉斯斯坦、土库曼斯坦人口数量依次为 3266 万人、1828 万人、884 万人、650 万人和 513 万人（参见：https://ru.aznations.com/population）。

2018年，乌兹别克斯坦电信和信息技术服务出口额和进口额分别为1.545亿美元、4710万美元，分别占服务出口和进口总额的5.1%和2.1%。2019年，乌有2250万用户上网，约占总人口的68%以上；第三代和第四代移动电话用户超过1600万，约占总人口的48%以上；乌通信技术支出780万美元，仅占国家总支出的1.5%，无论从短期还是长期来看，乌有效数字化支出比例都远低于发达国家最低支出占国家总支出12%以上的比例。[①] 为将全国不同机构的不同信息系统和资源整合成一个单一、受保护的信息空间，乌正在与俄罗斯合作实施若干项目（这些项目涉及增值税合法化、商标以及收银机自动化等领域）。[②]

截至2019年10月，吉尔吉斯斯坦的互联网用户数量已达到250万人，占总人口的40%，每年增长18%，约有70%的成年公民使用互联网（其中，约有200万人在社交媒体上登记）。[③] 互联网用户每年增长约18%。吉尔吉斯斯坦40%的人口拥有银行账户，15%的人口拥有互联网银行，5%的人在网上交易。[④]

截至2019年10月1日，塔吉克斯坦的互联网用户超过298万人，约占其总人口的46%；移动通信用户618.69万人，其中446.8万是活跃用户。[⑤]

到2016年，土库曼斯坦几乎所有互联网访问都是通过手机进行的，移动设备互联网接入份额增长了32%，而互联网接入份额下降了56%。[⑥] 土全国网络用户数量稳步增加，仅2017年10—12月，土网民数量就增加了1.2倍。[⑦]

---

① “Представлен проект Концепции цифрового развития,” https://www.gazeta.uz/ru/ 2019/11/28/e-transformation/.

② “Премьер: Развитие инфраструктуры— одно из условий роста цифровой экономики,” https://www.gazeta.uz/ru/2019/10/22/challenges/].

③ Мехриниса Сулайманова, “Количество интернет пользователей Кыргызстана ежегодно растет - Догоев,” http://kabar.kg/news/kolichestvo-internet-pol-zovatelei-kyrgyzstana-ezhegodno- rastet -dogoev/.

④ “В Кыргызстане растет число пользователей интернета,” https://sng.fm/12250-v-kyrgyzstane-rastet-chislo-polzovatelej-interneta.html.

⑤ “Количество пользователей Интернета в Таджикистане составило около 3 млн. Абонентов,” http://avesta.tj/2019/11/20/kolichestvo-polzovatelej-interneta-v-tadzhikistane-sostavilo-okolo-3-mln-abonentov/.

⑥ 《中亚国家互联网使用情况分析》，商务部网站，http://kz.mofcom.gov.cn/article/scdy/201804/20180402728232.shtml。

⑦ “За последние три месяца минувшего года количество интернет-пользователей в Туркменистане увеличилось в 1.2 раза,” http://tdh.gov.tm/news/articles.aspx&article10810&cat15.

为推进向数字经济转型，土拟建里海创新技术中心，并首先建立“数字经济园区”，以确保里海国家的主要经济活动实现数字化。[①]2018 年，土投资总额达 115 亿美元，投资主要投向油气、数字经济、农业和交通通信等国民经济重要领域。[②]

## 二、中国与中亚国家共建数字丝绸之路的基础

中国与中亚国家开展数字合作，共建数字丝绸之路不是凭空而来，经过多年磨合，已具备良好基础。

### 1. 中国与中亚国家数字经济合作已初步展开

（1）互联互通领域

我国与中亚国家已开展了多项合作。硬件设施方面，从中国上海到德国途经中亚等 20 多个国家的亚欧陆地光缆开通，面向中亚、西亚的乌鲁木齐区域性国际通信业务出入口局成立，中国电信、联通和移动参与建设的我国与哈、吉、塔等国家的中国—中亚光缆对接成功。[③]这些成就大幅提高了我国通往中亚乃至欧洲的数据通信能力和速度，改善了我国电信国际通信出入口的分布格局，有效提升了中国与中亚国家跨境通信网络质量与网络安全。中国电信与吉尔吉斯斯坦、塔吉克斯坦和阿富汗的合作伙伴 2017 年启动了“丝路光缆项目”，并将延伸至中亚、南亚、西亚其他国家；同时，通过海、陆方式通达中东、非洲和欧洲。这种创新陆缆合作模式，不仅解决了传统跨境陆地光缆“连而不通”“通而不畅”的问题[④]，而且将整体提升亚欧区域的网络互联互通水平，提升区域内跨境信息服务能力。中哈 2019 年签署的中

① 《土总统别尔德穆哈梅多夫提议建立创新技术中心》，商务部网站，http://tm.mofcom. gov.cn/article/jmxw/201908/20190802893319.shtml。

② 《土库曼斯坦正在启动数字经济发展构想实施工作》，商务部网站，http://tm.mofcom.gov.cn/article/jmxw/201901/20190102823879.shtml。

③ 胡仁巴：《乌鲁木齐区域性国际通信业务出入口局正式揭牌　中国—中亚光缆正式对接》，人民网，http://politics.people.com.cn/BIG5/17945846.html。

④ 《中国电信与阿富汗电信启动“丝路光缆项目”》，国资委网站，http://www.sasac.gov.cn/n2588025/n2588124/c8183197/content.html。

国政府向哈捐赠超级计算机的协议[①]有助于进一步促进哈数字研发水平的提高。网络建设方面，如华为、中兴等企业作为乌兹别克斯坦、哈萨克斯坦等中亚国家数字经济的中介和参与者以及重要电信设备供应商[②]，已与中亚国家开展了多项合作。从2007年起，华为积极参与哈“村村通”工程，独家提供技术设备等，解决了哈偏远地区30多万人的通信问题；在2013—2015年两年内，建成了覆盖哈全境的4G网络，哈5000人以上的农村都可使用4G网络[③]；浪潮威海海外服务有限公司与哈萨克斯坦国家铁路电信公司签署了《哈萨克斯坦全国数据中心合作协议》[④]。

（2）跨境电子商务领域

中国与中亚国家合作发展较快。21世纪以来，我国与中亚国家已跨境互建多个电子商务平台和物流基地，新模式新业态不断涌现，跨境、第三方电子商务合作呈快速增长态势，跨国、跨机构、跨领域的电商布局扩展到亚欧广阔的区域。首先，政府推动电子商务合作。如2019年11月，我国商务部与乌兹别克斯坦投资和外贸部先后签署了《关于建立投资合作工作的谅解备忘录》《关于电子商务合作的谅解备忘录》。双方商定，在做大传统贸易的同时，积极打造电子商务、矿产资源合作等新的增长点，提升便利化水平。[⑤]其次，企业间合作规模不断扩大。我国大型电商企业几乎都与中亚国家开展了多领域多种模式的合作。如2018年9月哈铁快运公司与中国华为技术有限公司、伊犁百特兴商贸有限公司签署了关于共同开展跨境电商业务的战略合作协议，各方将充分利用哈铁快运公司现有的阿腾科里无水港、霍尔果斯经济特区、运输物流中心、机场、阿克套港等基础设施，开展中欧之间的跨境快递物流业务，预计年货运

① Асель Муканова, “Казахстан – Китай: новый уровень всестороннего стратегического партнерства,” 12 Сентября 2019, https://kazpravda.kz/articles/view/kazahstan--kitai-novii-uroven-vsestoronnego-strategicheskogo-partnerstva.

② 徐惠喜：《中亚国家搭上“一带一路”快车》，《经济日报》2018年6月4日，第16版。

③ 黄文帝：《推进经济发展 实现共同繁荣——习近平主席访问哈萨克斯坦推动中哈务实合作》，人民网，http://cpc.people.com.cn/n/2015/0514/c83083-26999118.html。

④ 王晓涛：《数字丝绸之路分论坛聚焦创新驱动数字经济等领域发展》，《中国经济导报》2019年4月26日，第2版。

⑤ 《中乌签署电子商务合作谅解备忘录》，商务部网站，http://www.mofcom.gov.cn/article/zt_dsgjhz/hzdt/201911/20191102910106.shtml。

量可达100万吨。[①] 中国与中亚国家的一些企业建立了专门面向中亚市场的电子商务体系，如阿里旗下的全球速卖通很早就已进入哈萨克斯坦，现已成为当地排名第一的网上交易平台，其中服装、家居、数码产品等最受哈消费者欢迎。[②] 最后，中国与中亚国家电子商务合作的模式不断创新。如2016年，哈国家主权财富基金（Samruk-Kazyna）领衔哈萨克电信、哈萨克邮政与阿里巴巴集团签署的合作备忘录规定：阿里巴巴推动哈萨克电信旗下的支付业务与支付宝合作，推动哈邮政和菜鸟网络合作，加快在俄罗斯、中亚和东欧地区跨境电商的物流发展。[③] 电子商务合作正在成为中国与中亚国家共建数字丝绸之路的重要引擎。

（3）人才培养领域

中国与中亚国家开展了多渠道合作。教辅设施方面，中亚国家独立以来，尤其是21世纪以来，在中亚国家的中石油、中石化、华为、中兴及其他企业越来越注意所在国的需求，对中亚五国的一些中小学或大学赠送或援助过计算机等教辅设施，为中亚国家提升全民“数字化”“智能化”能力与素质作出了一定贡献。专业人才培养方面，中国对庞大数字人才的培养有着校企合作、产教融合等多种模式和丰富的经验，并与中亚国家展开了长期合作。其中，通过上海合作组织、中国政府奖学金及其他渠道来华学习计算机、信息与通信技术、大数据、云计算、人工智能等高新技术的中亚国家留学生越来越多。在中亚国家的中国企业不断为所在国培养专门的数字人才。如2011年，华为率先与哈萨克斯坦国际信息技术大学设立联合奖学金，支持当地培训通信人才，不仅为进入行业的中亚当地公司提供相关运营和技术培训，还与哈、乌高校合作培养创新人才[④]；阿里巴巴帮助哈开展中小企业电商培训，促进当地电子商务的发

① 《哈铁公司将与中方合作开展跨境电商业务》，中国外交部网站，http://kz.mofcom.gov.cn/article/jmxw/201809/20180902790323.shtml。

② 周良、苗壮：《哈萨克斯坦主权基金同阿里巴巴签署战略合作备忘录》，中国财经网，http://finance.china.com.cn/roll/20160527/3742739.shtml。

③ 白杨：《哈萨克斯坦总统对话马云：阿里用了17年来到这里 需联手》，凤凰科技网，http://people.techweb.com.cn/2016-05-27/2339227.shtml。

④ “Вице-президент Евразийского региона компании Huawei Хоу Тао: ИКТ-база цифровой экономики Узбекистана будет прочной,” http://uza.uz/ru/society/vitse-prezident-evraziyskogo-regiona-kompanii-huawei-khou-ta-27-09-2019.

展[1]等。这些都为中亚国家的数字经济发展提供了更有效的帮助与支撑。

### 2. 中亚国家有着与中国数字合作的众多诉求

中亚国家数字经济的发展亟须借助外力，它们对中国充满期待。

（1）中国数字经济发展的“普惠”性优势突出

数字经济正在开启一个前所未有的大时代，中国因在全球最大的消费者市场实现了数字经济的最快速发展，不仅成为全球数字经济的引领者，而且是数字经济的分享者[2]。通过数字经济的发展和创新，中国为包括中亚国家在内的全球各方创造和实现更多价值提供了巨大商机，中亚国家都想搭上中国数字经济发展的快车实现弯道超车的梦想。

（2）中亚国家需要借鉴中国数字经济发展的制度性优势

中国数字经济发展逐步上升至国家战略高度，中共十九大作出了建设数字中国、加快建设创新型国家的战略部署。过去几年来，中国出台的一系列相关政策文件涉及“互联网 +”、大数据、电子商务、智慧城市、创新发展战略等诸方面，构建了既有顶层设计又有具体措施的政策支持体系，形成了上下各方推动数字经济发展的强大合力[3]。中亚国家近两年开始从国家战略角度出台关于数字经济发展的规划措施，不断借鉴中国的经验，以调动各方力量形成共同发展数字经济的合力。

（3）中亚国家需要借鉴中国数字经济发展的经验和技术

毕马威与阿里研究院从数字基础设施、数字消费者、数字产业生态、数字公共服务、数字科研 5 个维度对全球主要经济体的数字经济发展水平进行了比较，认为美国、中国在世界上排名前两位[4]。中国的电子商务、移动支付、

---

① “Вице-президент Евразийского региона компании Huawei Хоу Тао: ИКТ-база цифровой экономики Узбекистана будет прочной,” http://uza.uz/ru/society/vitse-prezident-evraziyskogo-regiona-kompanii-huawei-khou-ta-27-09-2019.

② 张红：《数字中国正在重塑世界》，《人民日报》（海外版）2018 年 4 月 30 日，第 10 版。

③ 张德勇：《数字经济成为中国高质量发展的重要推动力》，中国网，http://opinion.china.com.cn/opinion_52_205852.html。

④ 康勇：《数字经济是中国创新发展的重要动力》，新华网，http://www.xinhuanet.com/tech/2019-08/23/c_1124911102.htm。

云服务、智慧物流等不仅能够使中小国家、欠发达地区、小微企业、普通人得到更多发展机会，还改变了传统商业模式，且不受地域、规模和时间限制，支持着不同规模的商家构建起系统的数字化商业模式。中亚国家目前经济增速普遍放缓①，很希望借鉴中国“互联网+”行动计划中整合传统产业与数字技术的成功经验②和技术手段，实现创造各自经济发展新动力的目标。

（4）中亚国家亟须中国的市场和投资，构建面向未来的新型数字经济合作模式

21 世纪以来，中亚国家对中国的贸易和投资依存度不断上升，中国已连续多年成为中亚国家前 3 位的贸易伙伴国和投资国。中国形成了有 14 亿多人口的庞大市场和世界上人口最多的中等收入群体。截至 2019 年 10 月，中国网民规模达 8.54 亿人③，居全球第一，已形成网上消费、共享经济、信用支付等数字生活模式。中亚国家越来越关注中国的巨大市场潜力和数字社会形态，更有着需要顺应中国数字社会模式才能参与中国市场竞争的紧迫感和危机感④。近年来，中亚国家明确将中国作为其出口导向型经济发展的重要市场，希望通过数字合作大力开拓对中国的农产品贸易、工业产业、旅游业等多领域市场。

随着中美贸易争端的升级，中亚国家积极主动增加了大豆、果蔬、畜产品的生产，并通过电子商务、微信、移动支付等多种数字合作模式积极扩大对华出口。如 2019 年浙江菲什娜电子商务有限公司首次将乌兹别克斯坦的车厘子引入中国，在天猫网开售 3 小时，中方顾客就下单 4700 多笔⑤，不仅通过数字合作开拓了本国农产品进口中国的新商机，也满足了中国老百姓对

① 王海燕：《中亚国家经济新形势、新举措及前景展望》，《欧亚经济》2020 年第 2 期。

② “Постановление Правительства Республики Казахстан от 12 декабря 2017 года № 827 «Об утверждении Государственной программы ‘Цифровой Казахстан’ (с изменениями и дополнениями по состоянию на 20.12.2019г.)” https://online.zakon.kz/DOCUMENT/?doc_id=37168057#pos=207;-36.

③ 《中国互联网发展报告 2019：中国网民规模达 8.54 亿》，证券时报网，http://kuaixun.stcn.com/2019/1020/15440196.shtml。

④ “Вице-президент Евразийского региона компании Huawei Хоу Тао: ИКТ-база цифровой экономики Узбекистана будет прочной, Национальное информационное агентство Узбекистана,” http://uza. uz/ru/society/vitse-prezident-evraziyskogo -regiona -kompanii-huawei-khou-ta-27-09-2019.

⑤《30 吨乌兹别克斯坦车厘子抵达天猫 618 第一批 5000 人已经吃到》，经济观察网，http://www.eeo.com.cn/2019/0530/357439.shtml。

美味食品的需求。未来，中亚国家还会将数字合作作为优先领域，积极发展与中国的数字贸易合作[①]，为本国经济注入新动能。

### 3. 中国与中亚国家具备数字合作所需的良好关系

#### （1）中国与中亚各国已建立起较为稳定持久的互信关系

中国与中亚国家经过20多年的发展，彼此发展成了战略合作伙伴关系。其中，中哈已上升到永久全面战略伙伴关系[②]，中乌、中塔、中吉均提高到全面战略伙伴关系，中土提升到战略伙伴关系。中亚各国都将其与中国的关系视为本国对外合作的重要方向优先发展，这为双方数字合作提供了互信互利的基本保障。2020年年初，中国发生新冠肺炎疫情后，哈萨克斯坦和乌兹别克斯坦政府都向中国紧急援助医疗物资，向中国提供道义和实际支持[③]，体现了与中国稳定的伙伴关系。

#### （2）中亚国家是“一带一路”倡议的积极参与者

“一带一路”国际合作源于习近平主席在哈萨克斯坦首都纳扎尔巴耶夫大学提出的建设“丝绸之路经济带”的倡议，中亚各国将其视为发展机遇积极响应，并主动将本国经济发展战略与中方倡议相对接。比如，中哈制定了《“丝绸之路经济带”建设与“光明之路”新经济政策对接合作规划》[④]，并签署了相关谅解备忘录[⑤]。

#### （3）数字丝绸之路倡议与中亚各国数字经济发展战略相契合

近年来，中亚国家先后出台了数字经济发展战略。随着习近平主席提出

① “Казахстан и Китай: новая веха взаимовыгодного сотрудничества,” https://www. inform.kz/ru/kazahstan-i-kitay-novaya-veha-vzaimovygodnogo-sotrudnichestva_a3562530.

② 《中哈宣布发展永久全面战略伙伴关系》，央视新闻客户端网，http://m.news.cctv.com/ 2019/ 09/11/ ARTIe7Ciqul9e8aco2M0dwhg190911.shtml。

③ 李遥远：《乌兹别克斯坦援助中国医疗物资启运》，中国经济网，http://intl.ce.cn/specials/zxgjzh/ 2020 02/13/t20200213_34257664.shtml。

④ 《中华人民共和国政府和哈萨克斯坦共和国政府关于“丝绸之路经济带“建设与“光明之路”新经济政策对接合作规划”》，一带一路网，https://www.yidaiyilu.gov.cn/yw/qwfb/2163.htm。

⑤ 《何立峰主任与哈萨克斯坦第一副总理兼财政部长斯迈洛夫签署〈关于落实“丝绸之路经济带”建设与“光明之路”新经济政策对接合作规划的谅解备忘录〉》，国家发改委网站，https://www.ndrc.gov.cn/fzggw/wld/hlf/lddt/201910/t20191012_1181566.html。

的共建数字丝绸之路倡议的不断落实，中亚各国先后要与中国共同发展数字经济，并对接相应数字经济发展战略。同为发展中国家、转型国家的中国与中亚国家通过共建数字丝绸之路、对接数字经济发展战略，可以实现优势互补并在迎接由数字基础互联网技术所驱动的第四次工业革命带来的机遇中，深化数字设施互联互通、数字技术创新、数字化转型等多领域的务实合作，携手共建网络空间命运共同体。

#### 4. 中国与中亚数字经济合作交流平台

中国与中亚国家在数字经济合作方面已建立了稳定交流的多层机制合作平台。

（1）“一带一路”国际合作高峰论坛是“一带一路”框架下最高规格的合作平台

中国与中亚国家代表在高峰论坛上共同规划合作重点，签署了多项多双边协议。如在第一届“一带一路”国际合作高峰论坛上，中哈签署了支持中国电信企业参与“数字哈萨克斯坦2020”规划合作框架协议，并推动中哈产能合作基金投入实际运作[①]；在第二届“一带一路”国际合作高峰论坛上，中国进出口银行与国际电信联盟签署了关于加强“一带一路”倡议项下数字领域合作以促进联合国2030年可持续发展议程的谅解备忘录等[②]。

（2）中国与中亚各国首脑之间建立的多边与双边会晤机制发挥了重要的顶层设计和实质性推动作用

上海合作组织成员国元首理事会、亚信峰会及领导人互访等是推动中国与中亚国家数字合作的重要平台。如2019年哈萨克斯坦新总统托卡耶夫访华时，与中国一同发表的《中华人民共和国和哈萨克斯坦共和国联合声明》明确提及双方将“加强跨境电商合作，建立电商合作机制，打造合作新业态和新模式，促进两国‘数字经济’发展规划对接”[③]的合作；他还邀请阿里

① 《“一带一路”国际合作高峰论坛成果清单（全文）》，中国外交部网站，https://www.fmprc.gov.cn/web/zyxw /t1461873.shtml。

② 《第二届“一带一路”国际合作高峰论坛成果清单（全文）》，新华网，http://www.xinhuanet.com/world /2019-04/28/c_1124425293.htm。

③ 《中华人民共和国和哈萨克斯坦共和国联合声明（全文）》，新华网，http://www.xinhuanet.com/politics/2019-09/12/c_1124990997.htm。

巴巴集团技术委员会主席王坚担任哈高科技顾问[①]，从政府顶层开启借鉴中国经验的务实合作。

（3）中国与中亚国家建立和形成了多种区域和次区域合作机制

近年来，中国倡导主办的世界互联网大会、世界人工智能大会、中国国际智能产业博览会、数字中国建设峰会、中哈跨境电商合作论坛[②]等专业平台影响越来越大，中亚国家参加的机构也越来越多，成为中国与中亚国家数字经济高端对话、交流合作、成果展示的重要平台。

这些常态化多层交流机制有助于促进中国与中亚国家数字经济合作走深走实。

## 三、中国与中亚国家共建数字丝绸之路面临的挑战

中国与中亚国家共建数字丝绸之路面临的挑战很多，目前主要有以下几方面：A. 数字基础设施[③]建设滞后；B. 数字治理问题；C. 数字人才严重不足；D. 多国竞争；E. 投资环境复杂。由于中亚国家的数字经济发展刚刚起步，各国国力、推进的力度与合作伙伴的选择存在差异，中亚国家之间、行业之间、城乡之间数字鸿沟差异巨大，普遍存在实施宏伟战略和严峻现实之间的差距，实现数字化转型的目标困难重重。同时，中国与中亚国家的数字经济合作还在推进当中，面临多方考验。

### 1. 中亚数字基础设施建设滞后

从数字基础设施角度看，传统互联网信息化以“电子化”的技术或设备为基础，洲际之间以海底光缆作为连接手段，网络通信速度、质量和成本等

① 《哈萨克斯坦总统到访阿里 与董事长张勇对谈普惠发展》，新浪科技，https://tech.sina.com.cn/i/2019-09-12/doc-iicezzrq5443638.shtml。

② 《2018 中哈跨境电商合作论坛在阿拉木图成功举办》，商务部网站，http://tdb.mofcom.gov.cn/article/d/201805/20180502746869.shtml。

③ 数字基础设施主要指需具备完成连接、计算和交换三个特定功能。其中，完成连接功能指在信息技术和因特网中须必具有用于连接计算机和用户的硬件，包括传送媒体（如电话线、有线电视线、人造卫星和天线）、路由器、阅读器、中继器和其他控制传输途径的设备；用于计算和交换功能的则指需具有用于传送、接收和管理所发信号的软件，如云计算、区块链等。

是制约数字经济发展的重要因素，因此提高数字基础设施服务的质量和效率，首要任务是网络带宽和网络性能的大幅提升。中国与中亚国家数字合作面临数字基础设施的硬件和软件建设方面的诸多问题。

（1）中亚国家和亚欧区域网络设施等硬件基础设施建设滞后

如乌兹别克斯坦缺乏能够确保数字经济稳定运作的现代技术和基础设施，城市光纤设备质量不高，电信网络稳定性不够，难以确保数字设备连续运行，无线宽带覆盖率和传播速度很慢，边远地区难以利用网络基础设施[①]。吉尔吉斯斯坦没有一个用于全国定向的国家地理空间数据系统，地址寄存器 GRS 不能正常工作，居民点地图不准确，无法在地图上提供准确地址，也无法准确计算出租车运费[②]。土库曼斯坦的互联网覆盖面较有限，刚开始实施一系列大型项目，旨在建立一个先进的通信系统，增加通信服务的数量、质量和种类，同时将宽带接入该国最偏远地区[③]。中亚国家内部数字基础设施建设的普遍滞后既影响网络覆盖范围和运行速度，也影响这些国家参与和中国数字合作的用户数量以及合作效率。

（2）中亚国家数字金融[④]等基础设施软件发展缓慢，影响电子商务发展

中亚国家数字金融发展缓慢难以与中国的电子支付、银行钱包等多种新型支付手段对接，加上跨境电子汇兑不畅和跨境电商税收协调等问题，影响着双方的合作成效。例如，乌兹别克斯坦移动互联网经常出现故障，互联网本身速度也很慢，银行卡现金补充困难，占垄断地位的乌兹卡（UzCard）支付系统本身不完善，70% 的公民在网上购买货物仍然喜欢支付现金，而不是银行卡或支付系统[⑤]。吉尔吉斯斯坦的公共门户网站无法支付移动和银行钱

① Абдурашидов Ж. Ф., Толибов И. Ш., "К проблеме формирования цифровой экономики в Узбекистане," "Молодой ученый," 2019, № 29, С. 42—44, https://moluch.ru/archive/267/61740/。

② "Ключевые аспекты развития электронной коммерции в Кыргызстане," https://kaktus.media/doc/386152_kluchevye_aspekty_razvitiia_elektronnoy_kommercii_v_kyrgyzstane.html.

③ "Цифровизация: интегрированная модернизация экономики Туркменистана," http://turkmenistan.gov.tm/?id=19449.

④ 数字金融，即通过互联网及信息技术手段与传统金融服务业态相结合的新一代金融服务，包括互联网支付、移动支付、网上银行、金融服务外包及网上贷款、网上保险、网上基金等服务。

⑤ "Что препятствует инициативам?" газета "Правда Востока" No.53 (29016), 19 марта 2019, https://www.pv.uz/ru/news/rabotnikam-selskogo-hozjajstva-uzbekistana.

包，限制了支付系统的使用，国家支付系统不接受不同货币的付款，也很难从国外账户转账[①]。土库曼斯坦的数字金融服务范围很有限，刚开始电子汇款、网上购物和购买铁路车票等服务。

## 2. 数字治理规则和监管水平差异

在跨境数字服务和贸易方面，建立和执行国家法律法规的难度不断增加，各国政府需要政策空间来规范数字经济，以实现各种合法的公共政策目标[②]，数字经济的发展需要强有力的法律框架和规则体系来保护各方利益。

（1）中国与中亚各国数字经济的发展速度不同，国家间数字治理和监管水平差距较大

目前，中亚各国数字化发展快于相关立法和规则的制定（包括数字竞争、电子税收、跨境数据流、知识产权、数字贸易和数字使用政策等），中国与中亚区域数字治理和监管水平差异较大，还缺乏明晰统一的治理规则和监管政策。中国的数字治理经验较为丰富，监管范围较全面，部门间协调比较有效率。如中国海关总署提出了“清单核放、汇总申报”的管理措施，完善了电子商务进出境货物监管方式，大大提高了清关效率，规范了税费收取流程；中国统计部门会同商务部完善了跨境电子商务统计工作的相关制度，实现了数据共享和统一[③]。中国既可以与中亚国家分享中国的经验，也需要共同确定如跨境电子商务支付方式、海关电子口岸、跨境税收监管等多领域的数字治理和监管标准与规则。

（2）中亚区域数字规则尚未建立和统一，网络安全隐患和担忧较大

中亚区域在立法层面缺乏信息和通信技术的基本规定和原则，立法缺乏一致性，信息和通信技术监管支离破碎。如在电子商务新兴的中亚地区，立法对于建立信任至关重要。有数据表明，中亚区域法律保障体系差异较大。第一

---

① “Ключевые аспекты развития электронной коммерции в Кыргызстане,” https://kaktus.media/doc/386152_kluchevye_aspekty_razvitiia_elektronnoy_kommercii_v_kyrgyzstane.html.

② 联合国：《2019 年数字经济报告》（2019 年 9 月 18 日），http://www.cbdio.com/image/site2 /20 190911/f42853157e261ee2da463e.pdf。

③ 刘禹：《我国跨境电商发展的新思考》，《中国流通经济》2017 年第 7 期。

类，中国和哈萨克斯坦拥有打击网络犯罪的全面法律保障，都有数据保护和保密法；第二类，在乌兹别克斯坦和吉尔吉斯斯坦的主要立法领域中，至少有一项关于电子交易的法律草案；第三类，塔吉克斯坦和土库曼斯坦的相关法律还在酝酿，消费者信心仍然很低，从而限制了其电子商务的增长①；第四类，吉尔吉斯斯坦没有界定电子商务类型、不同类型参与者、不同类型的平台与参与者之间的区别。数据传输、交换和储存方式以及所使用的技术类型的立法平台以及市场参与者的法规依据均源于其他法规、条例和民法典的现有规定，不足以促进其电子商务发展②。此外，中亚国家网络诈骗和网络犯罪时有发生，网民面临垃圾邮件、网络病毒和网络攻击等风险，普遍存在涉及消费者隐私、个人数据保护、电子政务信息安全等多方面的网络安全担忧。这些都影响着中国与中亚国家数字经济合作的安全和有效监管。

### 3. 中亚数字人才缺乏

中亚国家数字人才严重缺乏，更缺乏既懂技术又精通外语，能够对外畅通交流与合作的复合型人才。这是目前制约中国与中亚国家数字合作的最大瓶颈。如在“数字哈萨克斯坦”框架内，虽然有计划要在 2022 年公共服务的电子化率达到 80%，但由于哈信息和通信技术专业人员严重不足，该框架实施受到严重影响③。乌兹别克斯坦是中亚地区人口最多的国家，有 3212 万人（截至 2017 年 1 月），其中超过 60% 的人口是年轻人，平均年龄不超过 29 岁。但在信息和通信技术领域，乌大约只有 2.9 万人在 1400 家企业工作，产能仅占全国 GDP 的 2.2%；2019 年，乌信息通信技术专业人员在就业人口中所占比例为 0.5%，比欧盟平均水平 3.7% 低近 7 倍④。吉、塔、土数字人才严重不足的问题更加突出，有大量普通民众缺乏基本的网络技能，急需“数

① “Развитие электронной коммерции в Центральной Азии - «Финансы»,” https://piv-bank. ru/finansy/17968-razvitie -elektronnoy-kommercii-v-centralnoy-azii-finansy.html.

② “Ключевые аспекты развития электронной коммерции в Кыргызстане,” https://kaktus.media/doc/386152_kluchevye_aspekty_razvitiia_elektronnoy_kommercii_v_kyrgyzstane.html.

③ Марина Попова, “«Цифровому Казахстану» не хватает специалистов,” https://kursiv.kz/ news/ekonomika/2019-10/cifrovomu-kazakhstanu-ne-khvataet-specialistov.

④ Абу-Али Ниязматов, “Узбекистан и цифровая экономика: нужны реформы,” https://regnum.ru/news/economy/2609448.html.

字扫盲”。这一方面是由于中亚国家数字发展刚刚起步，各类大学培养数字人才的师资和水平有限；另一方面，数字人才更愿意到收入更高的私营企业工作或者到俄罗斯、欧美等国家发展[①]。中亚国家亟须培养更多的数字专业人才，同时也需要提高本国民众的数字能力[②]。中亚国家民众数字识字率不高以及人才缺乏的现状影响着中国与中亚国家数字合作的广度和深度。

### 4. 多国竞争增加了数字经济合作的不确定性

中亚地区地缘政治的“中央性”以及本地区国家对外部援助的需求[③]，使中国、俄罗斯等周边邻国，美国、欧盟国家、日本、韩国、印度等域外国家，以及土耳其等伊斯兰国家自觉或不自觉地介入该地区事务。多国竞争的复杂性为投资者向中亚国家投资增加了政治和安全风险。多国在中亚地区的博弈会影响中亚国家对数字经济合作伙伴的选择。除“丝绸之路经济带”构想和欧亚经济联盟之外，美国、日本、欧盟等均曾提出在这一地区的经济发展计划（如美国的“新丝绸之路”计划、日本的“丝绸之路外交”战略及其经济走廊构想、欧盟学者提出的“新丝绸之路”设想[④]等），并建立了“中亚五国 + 美国”（C5+1）、“日本—中亚外长会议”等多种机制。目前，虽然中国的“一带一路”倡议因其开放性、普惠性而得到了中亚国家广泛的响应和欢迎，但由于各国利益诉求不同，依旧面临多国对中亚地区的诸多经济合作构想间的竞争。尤其是美国从“新丝绸之路计划”到“大中亚战略”，再到现在的“中亚新战略”[⑤]，在中亚地区以推进民主、经济合作等为借口，干预中亚国家自主发展，阻挠中亚国家与俄罗斯、中国等邻国发展友好合作关

① “Ключевые аспекты развития электронной коммерции в Кыргызстане,” https://kaktus.media/doc/386152_kluchevye_aspekty_razvitiia_elektronnoy_kommercii_v_kyrgyzstane.html.

② 数字能力被视为数字时代重要的生存技能和知识资产，是指在工作、职业、学习、娱乐以及社会参与中自主及创造性地使用信息和通信技术的能力。

③ 〔俄〕C. 比留科夫：《“丝绸之路”与欧亚一体化——两大战略项目相结合的前景》，《俄罗斯研究》，2015 年第 6 期。

④ 青木：《借鉴“一带一路”倡议，欧洲学者提“欧洲丝绸之路”》，环球网，https://world.huanqiu.com/article/9CaKrnKjuJn。

⑤ Эльвира КАДЫРОВА，“Белый Дом готовит новую стратегию по Центральной Азии,” https://orient.tm/belyj-dom-gotovit-novuju-strategiju-po-centralnoj-azii/.

系[①]。美国除了使用经济、法律杠杆阻挠中国在中亚实施基础设施项目外[②]，甚至在5G技术世界市场份额争夺战中，试图培养能够排挤华为产品的竞争对手[③]。加上中亚部分“中间地带国家”行为的多变性、短期性和低可预测性因素[④]，中亚国家与中国数字经济合作存在一定不确定性。

### 5. 中亚复杂的投资环境提高了数字合作的成本和风险

（1）中亚地区一直存在安全问题隐患

该地区面临恐怖主义等三股势力的挑战，尤其是乌伊运、东突等恐怖主义、宗教极端势力等对地区安全构成严重威胁。2016年8月，中国驻吉使馆遭汽车炸弹袭击[⑤]等事件表明经历过颜色革命的吉尔吉斯斯坦安全形势依然令人堪忧；阿富汗问题对中亚邻国的安全挑战依旧存在；中亚地区的毒品走私、跨国犯罪、非法贩售武器等也在不同程度影响中亚地区的安全。所有这些都增加中国对中亚国家数字经济合作项目投资的风险。

（2）中亚国家营商环境[⑥]排名大都处于中后位，仍需改善

按照世界银行公布的《2020年营商环境报告》，哈萨克斯坦在190个国家中排名第25位，相对较好；乌、吉、塔分别排名第69位、第80位和第106位[⑦]。同时，中亚各国都属于腐败比较严重的国家。按照透明国际2019

---

① 《遏制中国无所不用 美国拟怂恿中亚国家反华 外交部强势回应》，长江新闻号网站，https://military.china.com/news/37481018.html。

② “Центральноазиатская стратегия США – быть или не быть конкуренции между супердержавами,” https://orient.tm/centralnoaziatskaya-strategiya-ssha-byt-ili-ne-byt-konkurencii-mezhdu-superderzhavami/.

③ 《俄专家：美国试图扶植竞争对手排挤华为》，《参考消息》网，http://www.cankao xiaoxi.com/finance/20190301/ 2373182.shtml。

④ 王鸣野：《中间地带的通道政治与中间地带国家的国际行为——以吉尔吉斯斯坦玛纳斯空军基地为例》，《俄罗斯研究》2019年第3期。

⑤ 王琦：《中国驻吉尔吉斯斯坦机构提升安保级别应对复杂安全形势》，国际在线，http://news.cri.cn/20161102/8f69f0a6-f779-38a7-d1af-d5a788db24ba.html。

⑥ 营商环境是世界银行根据吸引投资的七大指标，包括营商难度、经济竞争力、贸易和运输基础设施、通关效率、公民教育程度和主权信用评级等进行综合排名。

⑦ 《哈萨克斯坦计划进入全球营商环境排名前20位》，中国外交部网站，http://kz.mofcom. gov.cn/article/jmxw/201909/20190902900071.shtml。

年1月发布的全球清廉指数排名[①]，在参评的180个国家和地区中，哈、吉、塔、乌、土分别排名第124位、132位、152位、158位和161位[②]。

（3）中亚有些国家近年来民族主义或地区主义抬头[③]

在数字经济相关项目的选择和实施过程中，中亚国家常常多方平衡，甚至优先选择本国企业或其他国家的企业。如土耳其Tcell电信公司的唯一股东是阿迦汗经济发展基金会（AKFED）。它是塔吉克斯坦最大的电信公司，也是中亚最早的3G运营商之一，第一个为塔提供3G和4G技术服务的公司，目前已获得塔境内第一个5G许可证，可以在塔部署和商业发射5G技术[④]，将在参与塔政府的电子服务、智能城市等数字经济项目中获得比中兴通讯与塔吉克电信公司合资的塔中移动公司（TK-Mobile）等其他在塔运营商更明显的竞争优势。这些可能提高中国对中亚数字项目投资的成本和不确定风险。

## 四、中国与中亚国家共建数字丝绸之路的路径选择

据联合国《2019年数字经济报告》，在世界范围内，数字经济的规模呈快速增长态势，估计占全球国内生产总值的4.5%—15.5%。目前，数字经济是世界经济发展最有潜力和前景的领域，对各国经济发展的拉动作用越来越大，中国与中亚国家在数字经济领域的合作必将促进数字丝绸之路建设。正如哈萨克斯坦外长阿塔姆库洛夫所说：哈萨克斯坦与中国进行经济合作的机会实际上并无上限，现代中国发展的所有新机遇也是哈萨克斯坦未来发展的

① 全球清廉指数排名由国际反腐败非政府组织——透明国际发布，反映一国政府官员的廉洁程度和受贿状况，采用百分制，得分越高，表示腐败程度越低，80—100之间表示比较廉洁；50—80之间为轻微腐败；25—50之间腐败比较严重；0—25之间则为极端腐败。

② 《乌在2018年度全球清廉指数排名中位列第158位》，中国商务部网站，http://uz.mofcom.gov.cn/article/jmxw/201901/20190102831719.shtml。

③ 王海燕、朱启迅：《"一带一路"背景下民族主义与地区主义关系的互动与重塑——以环阿尔泰山次区域合作模式为例》，《世界民族》2019年第1期。

④ "Таджикистан на пороге будущего: Tcell запустит первую в Центральной Азии сеть 5Gв Таджикистане!" http://avesta.tj/2019/06/10/tadzhikistan-na-poroge-budushhego-tcell-zapustit-pervuyu-v-tsentralnoj-azii-set-5gv-tadzhikistane/.

新机遇[①]。中国可以与中亚国家在保障区域共同安全的基础上，根据中亚国家数字经济发展的不同阶段，从数字基础设施建设、数字治理、电子商务、数字人才培养等路径入手，因国施策；通过政策支持，国家战略对接，共同推进中亚各国数字化转型进程和现代化发展，提升亚欧数字经济发展水平，打造美好共赢的数字丝绸之路。

### 1. 共建数字基础设施，促进中国与中亚国家互联互通

中国在基础设施领域、精准服务性方面具有丰富经验，数字产业、互联网金融也全球领先，在硬件方面（比如华为公司）、软件方面（如 BAT[②]）都全球领先，具备成功的经验和良好的可复制商业模式。中亚国家正处于数字经济发展的初期阶段。我国可利用自身优势，积极参与到中亚国家数字基础设施建设当中，实现与中亚国家在数据信息服务、互联网业务和国际通信业务领域的互联互通。

（1）数字基础设施硬件建设合作

我国的相关企业可利用自身优势，积极参与到中亚国家拟建的多个互联网、物联网、光纤光缆等硬件设施项目当中。如哈萨克斯坦数字丝绸之路方案是通过在农村地区提供宽带互联网接入，通过光纤通信线路在 1200 个农村建立村村通互联网；计划到 2022 年为哈 1800 万人口提供宽带互联网[③]，并将互联网用户比例从 2019 年的 81.3% 增加到 2022 年年底的 82.3%[④]。发展数字经济和政府数字化转型是使乌兹别克斯坦提高吸引外资水平和发展国民经济“最重要的步骤”[⑤]，乌拟到 2020 年年底，在全国包括学校、学前幼儿园和医疗单位在内的 2 万多所社会机构接入光纤互联网，手机用户数量提高到 2300 万[⑥]。

---

① 《哈萨克斯坦外长：现代中国发展所有新机遇也是哈萨克斯坦未来发展新机遇》，环球网，https://world.huanqiu.com/article/9CaKrnKmSq1。

② 中国三大互联网公司的合称，分别为百度公司（Baidu）、阿里巴巴集团（Alibaba）、腾讯公司（Tencent）。

③ Асель ШАЙХЫНОВА, “Реализация цифрового Шелкового пути,” https://railnews.kz/ru/news/2823/.

④ Мария Галушко, “Цифровой Казахстан: что изменилось в стране за год,” https://365info. kz/2019/02/slabye-tochki-tsifrovogo-kazahstana-obnarodoval-ekspert.

⑤ “Послание-2020: главные тезисы из речи Президента,” https://www.norma.uz/nashi_obzori/poslanie-2020_glavnye_tezisy_iz_rechi_prezidenta.

⑥ “Премьер: Развитие инфраструктуры— одно из условий роста цифровой экономики,” https://www.gazeta.uz/ru/2019/10/22/challenges/.

中方企业可与中亚国家共建光纤光缆、人造卫星、电话线、有线电视线等网络设施，为中亚国家提供路由器、阅读器、中继器和其他控制传输途径的硬件设备，促进中亚国家数字基础设施和服务的可获得性，推动双方网络高速率、广普及、全覆盖、智能化，大大提升中亚国家的经济效率和企业运行效率。

（2）数字基础设施软件建设合作

中国企业可持续参与中亚国家数字软件设施的建设，与哈、乌等中亚国家一道建立高质量的软件和硬件相结合的基本信息和通信技术基础设施[①]。现在，哈数字发展部已制定 5G 发展路线图，正在研究制定 5G 移动通信新技术标准，而且在努尔苏丹、阿拉木图和奇姆肯特实施了 5G 试点项目，计划于 2021 年年底前在努尔苏丹市纳扎尔巴耶夫大学和世博园引入 5G 技术，并自 2023 年起在全国范围内推广[②]；乌兹别克斯坦正处于建立 5G 网络的初期阶段，2019 年年完成了对 5G 移动通信网的测试，并定下了 2020 年在塔什干启动商业网络建设的目标[③]等。对于这些项目，我国华为等企业都可积极参与建设。我国还可在中亚国家经济数字化的不同阶段参与其数字产业化建设（如与中亚国家共同建设中亚数字管道等油气行业信息化项目），将 5G 技术和物联网技术应用到中亚国家的能源开采领域之中[④]；参与中亚国家产业数字化、数字医疗、数字教育等领域建设工作，将中国“互联网＋”、云计算、区块链等技术和经验推广到中亚国家。在中亚国家培育更多适应当地数字经济发展水平的新业态和新模式，并采取不同办法或综合办法[⑤]促进中

---

① “Вице-президент Евразийского региона компании Huawei Хоу Тао: ИКТ-база цифровой экономики Узбекистана будет прочной,” http://uza.uz/ru/society/vitse-prezident-evraziyskogo-regiona-kompanii-huawei-khou-ta-27-09-2019.

② “Екатерина Елисеева：Внедрить 5G планируется до 2021 года в Нур-Султане,” Казахстанская правда，1 Октября 2019，https://kazpravda.kz/news/tehnologii/vnedrit-5g-planiruetsya-do-2021-goda-v-nur-sultane.

③ “Премьер: Развитие инфраструктуры— одно из условий роста цифровой экономики,” https://www.gazeta.uz/ru/2019/10/22/challenges/.

④ 梁正等：“哈萨克斯坦总理参观华为深圳总部，” https://mp.weixin.qq.com/s?src=11&timestamp=1579440875&ver=2106&signature=JtzEL1oHsn0lPFqkM2wGxlVMYma8clkFpy4um6uhEItnJ8KW11YcQOGDaZhEAymWvvTeZ1xUUSEgq65FXgMEp1Fvf0tTCJAtapyKGnr9xLF3w35r*LJ*-UpiVzx2wpa8&new=1。

⑤ Абдурашидов Ж. Ф., Толибов И. Ш., “К проблеме формирования цифровой экономики в Узбекистане ,” 《Молодой ученый》, 2019, № 29, С. 42—44, https://moluch.ru/archive/267/61740/.

亚国家的数字化转型，推动当地数字生态系统的发展和繁荣。

## 2. 共同进行数字治理，营造公平良好的数字经济发展环境

数字经济的跨国性和流动性要求在国家间开展更多的对话、建立共识和决策[①]。随着中国与中亚国家数字经济合作的快速发展，中国可与中亚国家秉持共同参与、共享红利、共担责任的原则，在数字治理领域开展多方与多边对话与交流，打造数字治理的样板区域，共同提高中亚区域数字治理水平。

（1）积极参与构建面向未来的数字共同体构架

在数字经济全球治理启动之初，争取获得更多的数字经济全球治理权力[②]，共同创造发展中国家掌握"话事权"的机会。充分利用中国与中亚国家都参与的"互联网治理论坛+"、区域通信联合体、"一带一路"国际合作高峰论坛"数字丝绸之路"分论坛等专业机制以及上海合作组织、亚信会议等中亚区域性合作机制，建立中亚区域数字合作分机构或定期讨论机制，共同设立中亚数字经济治理网，分享数字治理经验，探讨建立统一的数据标准、数据使用原则，并共同制定相关的治理规则、协调政策[③]、竞争政策、跨境数据交流政策、跨境税收政策、监管政策等。

（2）共同构建规范有序、开放安全的数字世界

加强数据法制建设交流合作，推进数据保护法规建设[④]；规范中国与中亚国家个人出入境、海关商品进出口、电子支付、跨境物流、跨境运输等数字的收集、处理、交流等活动；加强与中亚国家在数据保护领域的协商，促进数据风险防范交流，共同维护网络空间安全和公平竞争环境，打击侵犯个人信息等危害数据安全的跨境犯罪行为，共同构建中亚数字经济领域的法律法规保障

---

① 联合国：《2019年数字经济报告》，第8页，http://www.cbdio.com/BigData/2019-09/11/content_6151158.htm。

② 韩博、金文恺：《加强跨国合作 实现全球数字经济治理》，《经济参考报》网，http://dz.jjckb.cn/www/pages/webpage2009/html/2019-07/31/content_55824.htm。

③ 国务院发展研究中心"国际经济格局变化和中国战略选择"课题组戴建军、熊鸿儒、马名杰：《新一轮技术革命及生产方式变革对中国的影响》，中国发展观察网，http://www.chinado.cn/?p=7115。

④ 王俊、彭子洋：《如何实现数据治理合作交流？国家网信办副主任提4点建议》，新京报网，http://www.bjnews.com.cn/feature/2019/10/20/639114.html。

体系。加强数据开放利用交流合作，帮助中亚国家的更多用户和消费者安全快速上网，以确保更多人的数字未来，推动各国在数字经济中提高创造和捕获价值的能力，消除数字壁垒，维护各国在网络空间的发展权、治理权。

### 3. 大力开展电子商务合作，共创区域经济合作机会

中国在数字经济的多个产业领域已具有全球领先优势，数字经济已深深根植于中国经济发展之中，成为高质量发展的重要推动力。以电子商务为例，中国电商发展速度居世界前列。10 年前，中国零售电商交易额不到全球总额的 1%，到 2019 年，交易额居世界第一，占全球电商交易额 40% 以上。[①]

（1）中国与中亚国家共同开拓彼此的跨境电子商务市场

中国电子市场居世界第一。2016 年，中国跨境进口电商交易规模已跨入“万亿时代”[②]；2018 年中国跨境电商交易规模达到 9.1 万亿元，2019 年和 2020 年均已突破 10 万亿元[③]。中亚国家可充分挖掘中国 14 亿人口巨大市场的潜力，通过电子商务将中国作为其出口导向的重要目的地国和农业、制造业产品的主要输出国。中亚国家市场潜力巨大。如预计到 2025 年，哈互联网平台的购物将增加到 5000 亿坚戈[④]（约合 13 亿美元），占总零售额的 5%；哈电子商务总额可超过 20 亿美元；物流公司从电子商务的过境运输中获得的收入将增加到 1.3 万亿坚戈，并将创造包括相关行业在内的多达 28 万个新的就业机会[⑤]。同时，中国加强与中亚国家的合作不仅在于其 7000 多万人口的巨大市场，还在于其过境运输通往欧洲、南亚、西亚等第三方市场的巨大潜力。

---

① 《中国创新发展的全球位势：积极谋划，加强数字基础设施建设》，电子说网，http://www.elecfans.com/d/922935.html。

② 《中国跨境进口电商 交易规模跨入万亿时代》，《南京日报》2017 年 8 月 4 日。

③ 《2019 年我国跨境电商市场交易规模与用户数量不断增长》，中国报告网，http://free.chinabaogao.com/lingshou/201911/1111460b12019.html。

④ 2019 年 7 月 16 日，美元与坚戈汇率为 1 : 383.77。参见 https://freecurrencyrates.com/zh-hans/ exchange-rate-history/USD-KZT/2019。

⑤ “Объем онлайн-покупок в Казахстане достигнет 500 млрд тенге,” https://profit.kz/news/53489/Obem-onlajn-pokupok-v-Kazahstane-dostignet-500-mlrd-tenge/.

（2）不断创新中国与中亚国家电子商务合作模式

中国与中亚等国家共同推出了中欧班列多式联运“一单制”跨境区块链平台、跨境电商通关结算一站式服务。中国乌鲁木齐国际陆港区跨境电子商务试点产业园区为跨境电商企业提供了全方位的清关、保税等服务，并积极探索“商贸＋互联网＋物流”融合发展新模式。中国与中亚等多国共同探索试点境内制造企业至其境外分支机构至境外消费者（M2B2C）业务模式、境内外贸企业至其境外分支机构至境外消费者（B2B2C）业务模式，并在跨境电商 B2B2C 出口业务模式认定规范、业务流程、技术标准和监管模式等方面取得突破，以提高运营效率。

（3）共同为中国与中亚国家跨境电商营造良好环境，促进区域贸易便利化

如哈萨克斯坦正在逐步提升边境检查站的现代化，计划利用创新科技在哈萨克斯坦与中国边境建设新的“光明之路”过境点，以简化通关流程和过境运输手续[①]。中国与中亚国家可以共同提高海关监管服务水平，简化检验检疫流程，放宽进出口税收体系优化和支付结算政策限制，协商完善跨境电商支付、检疫、物流等方面的政策等，共同推动双方外贸发展、促进中小企业发展、培育新产业；降低双方跨境电商企业的政策风险和法律风险。

**4. 加强中国与中亚国家的数字人才培养合作，为合作提供人才保障**

数字化人才的质量决定着数字化转型的质量。中国与中亚国家数字人才培养可包含全民数字基础能力的培养和数字专业人才的培养两个方面。

（1）对中亚国家全民数字基础能力的培养重点在于提供计算机等数字培训设施和从中小学开始的学校基础教育，提高民众的数字应用能力

中亚国家受教育率普遍较高，但由于年龄、缺乏计算机、地处偏远等多种原因，依然有相当数量的人需要数字扫盲（学会使用电脑和互联网）。2019 年，中亚国家中数字化率最高的哈萨克斯坦接受数字扫盲培训的总人口

① “Аскар Мамин встретился с Генсеком Всемирной таможенной организации,” https://www. zakon.kz/4960555-premer-ministr-rk-provel-vstrechu-s.html.

为53.2万人，比计划人数多了6万多人；此外，约有7.8万名社会弱势群体的公民接受了数字扫盲培训[①]。中国可与中亚国家合作，参与到中亚国家的社区IT培训计划、数字扫盲培训班等多种合作项目当中，提高中亚国家的计算机使用率和网络普及率，协助中亚国家在从中小学到中专技校再到大学不同级别的教育体系中开展数字教育和发展数字技能；为中亚各国信息技术行业大规模培养高级信息技术人才；为包括弱势群体在内的全体居民开发数字技能培训和再培训系统；用当地语言开发该国数字产品[②]；使越来越多的公民具备基本的信息通信技术技能，熟练运用计算机和互联网，掌握必要的数字技巧，提高就业能力和竞争能力，并有机会参与中国与中亚国家的数字经济合作。

（2）采取多渠道多模式对专业人员进行培养，提高中亚国家从业人员的数字专业能力

随着中亚国家数字经济的快速发展，人工智能、物联网、机器人、虚拟现实等被中亚国家认为是技术革命之后最需要学习的职业技术[③]。近年来，中亚国家通过多种渠道与多国合作培养专业数字人才。其中2019年，乌兹别克斯坦和阿联酋启动了一个100万名程序员的联合培训项目。该项目将为所有希望通过远程门户共同学习数字技能的人提供培训机会[④]；土库曼斯坦对数字网络的维护人员也进行了有计划的培训，如在理工学院开设了物流、电信系统的信息安全和计算机网络等专业，为各级领导人开设了数字经济基础课程[⑤]。为此，中国的某些大学与企业可与中亚国家的大学与企业联合培养数字人才，并通过政府间项目、校企联合项目、定向培养项目等多种方式

① “В 2019 году в рамках реализации госпрограммы ‘Цифровой Казахстан’ создано 8 тыс. рабочих мест,” https://primeminister.kz/ru/news/reviews/v-2019-godu-v-ramkah-realizacii-gosprogrammy-cifrovoy-kazahstan-sozdano-8-tys-rabochih-mest。

② “КОНЦЕПЦИЯ ЦИФРОВОЙ ТРАНСФОРМАЦИИ ‘ЦИФРОВОЙ КЫРГЫЗСТАН 2019-2023’,” https://digital.gov.kg/%D0%BA%D0%BE%D0%BD%D1%86%D0%B5%D0%BF%D1%86%D0%B8%D0% B8/%D0%BE-%D0%BA%D0%BE%D0%BD%D1%86%D0%B5%D0%BF%D1%86%D0%B8%D0%B8/.

③ “10 технологических профессий будущего,которым нужно учиться сейчас,” https://rb.ru/list/ne-prospi/.

④ Абу-Али Ниязматов, “Узбекистан и цифровая экономика: нужны реформы,” https://regnum.ru/news/economy/2609448.html.

⑤ “Туркменскую науку цифровизируют для повышения ее эффективности,” https://www.hronikatm.com/2019/11/science-digitalisation/.

协同开展产教融合合作。例如在数字新型学科建设、相关科研课题、实训基地建设等多领域全面合作，使数字课程设置与各国需求形成对接，推进中亚国家数字产业发展与人才培养模式的有效衔接，与时俱进地培养中亚国家电子商务、区块链、人工智能、大数据、物联网、云计算等新一代信息技术复合型人才，提升专业人才的数字能力，最终形成院校、学生和企业的人才培养链、供给链，为中亚国家的产业输送所需的数字化应用型人才，助力中亚国家的数字化转型和经济发展，提高中亚国家与我国的数字经济合作水平。

此外，随着中亚国家数字能力的提升，中国还可与中亚国家在人工智能、量子计算机等前沿领域合作，推动大数据、云计算、智慧城市建设，共创美好未来。

# 第八章

# 案例分析：中国新康公司投资哈萨克斯坦[①]

区域经济合作的主体是企业，企业经营的成败可以反映区域经济合作的成效。中国新疆轻工国际投资公司旗下新康有限公司（以下简称：新康公司）作为股份制企业在哈萨克斯坦从做外贸到投资建厂的生产经营历程，是很多中国企业走向中亚国家的创业缩影，很有代表性。新康公司在哈萨克斯坦艰苦创业、不断开拓进取的经验表明：依托中国新疆的资源和地缘优势、顺应中国与中亚区域经济合作的大潮流使中国企业走向中亚兴办实业大有可为。

新康公司从1997年立项开拓哈萨克斯坦市场已走过20多年的风雨历程。其凭借与时俱进的经营理念、科学严格的管理和哈广大消费者信赖，依托终端深加工、高附加值产品直接进入终端消费市场，已成为中国在哈萨克斯坦轻工行业的主要生产投资创业型中资企业之一。“新康”品牌在哈竞争激烈的番茄制品市场异军突起。其主打品牌番茄沙司在哈同类产品市场占有率已达30%左右。新康公司产品在哈市场从2000年的400g马口铁装番茄酱、

① 本案例分析得到来自新康公司的大力支持，其中的专业数据和企业数据由该公司总经理陈其钢提供，特此致谢。本次分析数据截至2015年，案例分析到2019年。

50g 软包装番茄酱 2 个品种产品，到 2016 年已拥有番茄制品、辣椒制品、特色纯果酱、特色蔬菜罐头等多系列产品 100 余种。2015 年，新康公司各类产品产量达 13157 吨（其中包括新康公司设在国内的中亚食品研发中心研制的 7287 吨产品），总销售量合计 12418 吨，位列哈番茄品牌前 3 位。新康公司是中国新疆企业“走出去”办实体的佼佼者。

## 一、新康公司创建的背景与动因

### 1. 顺应中国与中亚区域全方位、多层次经济合作的大趋势

改革开放 40 多年来，中国不仅成功实现了从高度集中的计划经济体制向充满活力的社会主义市场经济体制的历史转变，而且成功实现了从封闭半封闭到全方位开放的伟大转折。目前，中国的对外开放已成为推进中国现代化建设的强大动力，且由两个扇面组成：一个是由东部沿海地区对外开放形成的向东开放的扇面；另一个则是依托东中部地区的经济优势和西部地区的地缘优势，在实施沿边开放战略中逐渐形成向西开放的扇面。

随着中国沿边开放战略的实施以及第二条亚欧大陆桥的贯通，中国新疆从向东开放的大后方一跃成为中国向西开放的前沿，目前正在发挥其“内联外引、全方位开放、向西倾斜”的战略枢纽作用。

2007 年国务院 32 号文件将“实施面向中亚的扩大对外开放战略”作为促进中国新疆经济社会发展的战略重点，明确指出：“努力把中国新疆建设成为向西出口商品加工基地和商品中转集散地，进口能源和紧缺矿产资源的国际大通道，走出去开发能源资源和开拓国际市场的‘新欧亚大陆桥’，建成依托内地，面向中亚、南亚、西亚乃至欧洲国家的出口商品基地和区域国际商贸中心，形成西部陆上开放与东部沿海开放并进的对外开放新格局。”伴随国家主席习近平 2013 年 9 月 7 日在哈萨克斯坦纳扎尔巴耶夫大学演讲时有关共同建设“丝绸之路经济带”倡议的提出，我国包括新疆在内的中西部省区的机电产品、特色农产品、特色食品等货物向西出口迎来了难得的历史机遇。

在此背景下，与中国新疆邻近的中亚各国凭借其得天独厚的资源与地缘双重优势已发展成为中国新疆对外开放的主战场。因此，推进中国新疆与中亚国家开展不同形式的经贸合作成为中国对外开放和现代化建设的战略重点。

### 2. 哈萨克斯坦投资环境不断改善

（1）哈国内外政治环境良好

哈萨克斯坦独立以来，对内实施民族平等、宗教和谐政策，保持了国内政治稳定。在此背景下，哈依托其极为丰富的油气资源和各种矿产品资源优势，并通过大量引进外资，经济持续快速发展。哈 GDP 连续 10 多年保持较高增长速度，已成为中亚地区经济增长的火车头。

哈萨克斯坦奉行以巩固独立和主权为中心的务实、平衡多元外交。其外交重点是发展与俄罗斯、美国、中国、中亚邻国、欧盟和土耳其等伊斯兰国家的关系。哈的平衡外交赢得良好的国际环境，强势总统保持稳定的国内局势，市场经济体系初步建立。

哈萨克斯坦作为中亚最有影响力的国家，积极加入各种国际组织，是联合国、国际货币基金组织、世界银行、世界贸易组织成员，是北约和平伙伴关系国，是独联体、欧亚联盟、上海合作组织、中亚合作组织、欧亚经济联盟的重要成员，与 100 多个国家建立了外交关系。哈萨克斯坦与欧盟、澳大利亚、北欧国家、加拿大、美国、日本和中国等相互给予最惠国待遇。加拿大、欧盟和澳大利亚、美国对哈实行普惠制。哈萨克斯坦注重加强中哈关系，建立健全有关外国投资政策和法律，为中国企业投资哈创造了良好条件和难得的机遇。

（2）哈对外投资政策和法律不断健全

早在 20 世纪 90 年代初独立伊始，哈萨克斯坦就开始参照西方的法律体系建立健全本国法律。为吸引外国投资，哈政府相继颁布了《国有企业法》《股份公司法》《有限和补充责任合伙公司法》《农业合伙公司及其协会（联合会）法》《信贷公司法》《投资法》《劳动力管理法》《出入境管理法》《工商登记法》《外汇调控法》以及《关于农业用地私有化面积的规定》等一系列法规，并实施一系列优惠政策，为企业经营活动提供法律保障。《哈萨克斯坦共和国投资法》对外资实施国民待遇，鼓励内外资在农、林、渔业和食品加工和轻工纺织业等领域投资并通过减免税、免除关税、提供国家实物赠与等方式，对投资提供优惠。目前，哈国内大大改善了投资环境，引进外资创办了一批如哈韩 LG 家电生产企业等具有国际水准与知名度的跨国合资和独资企业进入。

**表 8.1　1992—2015 年中国新疆对哈外贸进出口增长情况**

| 年　份 | 进出口总额（亿美元） | 对哈进出口额（亿美元） | 对哈进出口额占中国新疆进出口总额的比重（%） |
|---|---|---|---|
| 1996 年 | 14 | 5.2 | 37.1 |
| 1997 年 | 14.5 | 5.5 | 37.9 |
| 1998 年 | 15.3 | 4.95 | 32.3 |
| 1999 年 | 17.7 | 9.26 | 52.2 |
| 2000 年 | 22.6 | 11.8 | 52.2 |
| 2001 年 | 17.7 | 9.04 | 51.1 |
| 2002 年 | 26.9 | 13.7 | 50.9 |
| 2003 年 | 47.7 | 25.5 | 53.4 |
| 2004 年 | 56.4 | 32.9 | 58.3 |
| 2005 年 | 79.4 | 50.1 | 63.1 |
| 2006 年 | 91 | 50.2 | 55.1 |
| 2007 年 | 137 | 69.7 | 50.9 |
| 2008 年 | 222 | 90.7 | 40.9 |
| 2009 年 | 138 | 68.9 | 49.9 |
| 2010 年 | 171 | 92.6 | 54.2 |
| 2011 年 | 288 | 134.0 | 46.5 |
| 2012 年 | 252 | 100.5 | 39.9 |
| 2013 年 | 276 | 127 | 46 |
| 2014 年 | 262 | 95.7 | 36.6 |
| 2015 年 1—9 月 | 231 | 81.4 | 35.24 |

资料来源：根据历年来乌鲁木齐海关统计公报汇总。

### 3. 中哈睦邻友好关系加强

中国于 1991 年 12 月 27 日承认哈萨克斯坦独立。两国并于 1992 年 1 月 3 日建立外交关系。随后，双方先后签署了《中哈睦邻友好合作条约》《中哈打击恐怖主义、分裂主义、极端主义合作协定》等重要文件以及经济贸易合作协定、双边投资保护协定、商检协定、过境运输协定、避免双重征税协定等政府间协定，为中哈发展经贸和投资合作奠定了较为坚实的法律基础。

随着中哈两国稳定的双边关系的发展，中国全方位对外开放战略以及沿边开放战略的实施，中国新疆已成为中国实施向西开放战略的最前沿，而哈萨克斯坦则成为中国新疆在中亚的主要进出口国。中国新疆对哈的外贸进出口额占同期中国新疆外贸进出口额的比重长期保持在 50% 左右。

### 4. 响应国家“走出去”号召

20 世纪中后期，中国政府发出了“走出去”号召：鼓励和支持有比较优势的各种所有制企业跨出国门开展国际经济技术合作和跨国经营，并通过开展境外投资和对外承包工程劳务合作，带动商品和劳务出口，同时充分利用国内国外两个市场、两种资源，进而推动整个国民经济跃上新台阶，形成一批有实力的跨国企业和著名品牌。“走出去”是资本、技术、管理方法、原材料和市场资源在国际范围内的优化组合，是绝对优势和比较优势的综合作用。

新康公司正是顺应中国对外开放发展的大趋势，走出了一条依托外贸进出口优势、“走出去”到境外投资办实体的成功之路。

在这过程中，新康公司在认真总结中国新疆企业实施“走出去”战略经验和教训的基础上，通过科学论证、大胆决策，最终决定以番茄酱深加工农业特色产业作为到哈投资办实体的载体，并实现从外贸出口到境外投资办实体的历史转变。

### 5. 依托终端产品直接进入终端市场是直接动因

自 20 世纪 90 年代，我国开始大规模种植番茄，逐渐成为世界番茄制品生产和出口基地。其中，新疆得天独厚的自然条件使番茄原料红色素含量指标远远高于国内其他地区，可与世界其他地区的番茄产品相媲美，是中国番茄制品的主产区和主要出口区域。其生产和出口能力分别占全国的 90% 和 70%。目前，新疆的出口量已占世界贸易总量的 1/4，这意味着新疆已经成为继美国、意大利之后第三大番茄制品产地，完全有条件成为世界番茄加工中心。

当时，新疆番茄酱虽有较强的初加工能力，但品种较为单一 [ 产品的 80% 为 220 千克大桶包装及吨箱（木托盘及塑料）包装，20% 为马口铁等包装形式的小包装 ]，产品基本上是以原料形式出口，产品附加值低，创汇能力低。这种状况导致国际番茄制品市场上出现“购中国的番茄酱、贴国外的商标、售国际市场的价格”的奇特现象。为了改变这种不合理的尴尬处境，获取番茄酱后续加工链条的高额附加值，新康番茄于 1997 年选择具有比较优势的项目，直接进入终端市场，在哈投资建厂。

促使新康公司在哈投资设厂的另一原因是哈独立后食品加工产品越来越不能满足本国消费者（比如，哈食品进口占总量的 25%—30%）。事实上，番茄制品在独联体各国有着巨大的消费市场，中亚五国包括俄罗斯中西伯利亚地区番茄酱总需求量超过 15 万吨左右。这为新康公司开发中亚番茄酱市场创造了良好的机遇。

新康公司依托中国新疆的地缘和资源双重优势，依托中哈两国经济的互补性以及特有的区位优势、口岸优势、人文优势和哈国的市场优势，直接在哈投资兴办番茄制品深加工企业，将终端产品直接投入终端市场，走出了一条中国新疆番茄制品出口的新路。

## 二、新康公司开拓中亚市场的历程

哈萨克斯坦新康番茄制品厂（以下简称：新康公司）1998 年 12 月 4 日经哈当局核准成立，建立初期资金投入 326 万美元，全部为中方投资，选用中国一流的食品加工设备；是中国新疆轻工国际投资有限公司在哈萨克斯坦投资建立的境外独资企业，与中国新疆轻工国际投资有限公司是子公司与母公司关系，其生产的产品以“新康”命名，并申请注册商标“Цин-каз”。在乌鲁木齐出口加工区内设立的中亚食品研发中心成立于 2005 年 8 月 5 日，具有独立法人资格，属于国外新康番茄制品厂的国内生产配套企业（以缓解新康产品在哈萨克斯坦市场供不应求的局面）。经过20多年的创业，该公司已发展成为中国在哈重点投资生产型企业。

新康公司是在中国原新疆轻工供销总公司的基础上逐步发展起来的。独联体解体后，1993年新康公司在乌兹别克斯坦成立了黄河贸易有限公司（分公司），主要经营木材、钢材、棉短绒等。1994年新康公司在哈萨克斯坦注册分公司，开始进行正规贸易业务。1996年4月，新康公司在阿拉山口成立进出口公司，发展贸易，建立实体。1997年10月，供销总公司升级成立中国新疆轻工集团公司（后通称：中国新疆轻工国际投资有限公司）。在此背景下，新康公司也积极探索在哈萨克斯坦的新业务，将过去以外贸为主的经营模式转变为以投资创办哈萨克斯坦新康番茄制品厂为龙头，撬动中亚乃至独联体市场的经营模式。具体经营分以下四个阶段。

**图8.1　新康公司架构**

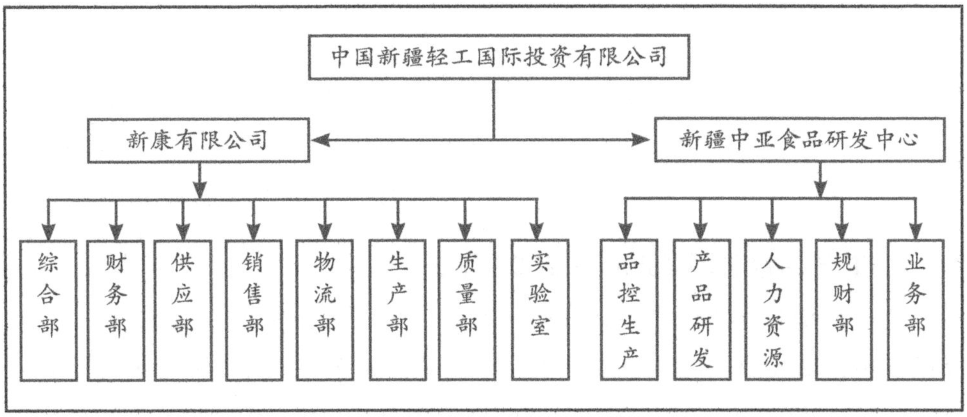


### 1. 初创阶段（1997—2000年）

这一阶段主要是新康公司在哈建厂和投入生产阶段，但还保持了贸易与生产并存、尚未改制的多元化格局。新康番茄制品厂的创业团队积极抓住国家提出“走出去”战略，1997年，适逢李岚清副总理访问哈萨克斯坦并为哈保税仓库剪彩契机。当时，新康公司抓住国家鼓励中国企业“走出去”

的机遇，将其计划在哈投资设厂的构想向李岚清副总理作了汇报。不久，他们的计划获得国家对外贸易经济合作部、国家计委、国家外管局等有关部门的批复并正式立项。1997—1998 年，新康公司工作重点是办理国内外有关部门的批准文件，同时委派在设计研究单位和政府部门工作的同志任项目负责人。

1998 年，新康公司一方面组织国内专家进行项目论证；另一方面经哈当局批准于当年 12 月 4 日注册成立哈萨克斯坦新康番茄制品厂，并在阿拉木图市城乡结合部西南处投资 326 万美元买厂房、买土地，做相关开工准备。同时，与哈萨克斯坦食品设计研究院进行深入广泛的合作，联合开发了具有产品高附加值、适合当地口味的 6 种番茄沙司，并通过了哈萨克斯坦工业食品研究院的专家论证，为公司投产预备产品。1999—2000 年，公司着手进行基础设施建设和设备安装并调试生产。

2001 年 1 月 25 日，中国驻哈大使、中国新疆轻工业厅厅长为新康在哈工厂正式开工剪彩。该工厂由实验室和生产部组成。其中，实验室配备有设施齐全的理化检验和微生物检验仪器及专业的检验人员；生产车间采用国内先进设备并由具有多年食品厂生产管理经验的专业人士负责生产管理。投产后，该工厂按照哈国家标准组织生产、储存和销售。不久，新康产品在消费者心目中树立了良好的形象，赢得了消费者的认可，销售量直线上升。

### 2. 生产经营阶段（2001—2004 年）

这一时期是新康公司多元开拓的阶段，并完成了改制。其间，随着新产品的入市，新康公司以在哈工厂为龙头，其业务在国内外各有关城市蓬勃发展。2001—2004 年，新康公司生产经营开始步入良性发展轨道，并先后在中亚各国首都以及国内新疆和四川设立分公司，开展相关专业化业务。比如，成立博州力诚轻工贸易有限公司，配合阿拉山口进出口公司的改制成立塔契克公司，开展品牌多元化经营；成立伊犁志诚食品有限公司，配合钢材业务发展；成立四川中和永泰商贸有限公司，把商贸业务统领起来。这期间，公司提出“两权分离，独立经营”的工作原则，选用了懂外语、有长期国外工作经验的同志担任公司总经理。国内董事会制订年度销售计划、年度生产计划、年度资金计划，同时将计划分解到季度和月份，建立了每日简报，每周周报的信息交流制度，使董事会从宏观上把握住公司的发展，从微观上及时了解公司的经营情况。新康经营班子在总经理的领导下，以董事会的各项计划为目标，在公司管理制度约束下，充分调动中哈双方员工积极性，根据市场需求，及时调整产品品种，采取灵活的促销手段，扩大销售，提高产品的市场占有率。目前，新康产品在哈萨克斯坦的市场占有率为 20%—25%。

### 3. 专业开发阶段（2004 年至今）

2004 年以后，新康公司进入专业发展时期，并制订了为期 12 年的“树立品牌（2004—2007 年）”“加大市场营销（2008—2011 年）”“构建核心竞争力（2012—2016 年）”的战略规划。这 12 年计划的目标是走专业化发展之道并在 2015 年以前达到欧洲企业的发展水平。

在“树立品牌”阶段，新康公司奉行市场导向、制度为本的企业文化，以及集中研发产品、确保产品品质、密集投放市场的经营策略。这期间，新康公司产量、销量、各项指标较往年有大幅度提高。比如，这时公司在原有各类番茄制品基础上逐步开发了红树莓、黑加仑等果酱以及黄瓜、青豆、番茄等各类果蔬罐头且销售渠道大大拓展；同时工厂由过去的年产 5000 吨产品扩大到年产 10000 吨。这时“新康”产品已由中国新疆名牌升级为中国商务部推荐的国家级出口名牌。1999—2015 年新康公司生产量、销售量分别如表 8.2、图 8.2 和图 8.3 所示。

2008 年至今主要为营销网络建设、市场开发、彰显品牌效应阶段。目前，新康公司立足哈萨克斯坦市场，正在逐步向吉尔吉斯斯坦等中亚其他国家拓展产品市场，已建立起完整的营销网络。为了更好地开辟市场，新康公司采用新型包装材料，按照中亚消费者喜爱的配方，运用先进的工艺技术，对番茄酱、辣椒酱和蔬菜进行深加工，较大地提高了中国新疆工业产品的出口能力和产品国际市场竞争能力。

表 8.2　新康番茄及其他制品历年数据统计

| 年　份 | 生产量（吨） | 国内原料出口（万美元） | 销售量（吨） | 销售额（万美元） | 员工总数（人） |
|---|---|---|---|---|---|
| 1999 年 | 830 | | 1520 | 112.0 | 70 |
| 2000 年 | 1049 | 60 | 2020 | 140.0 | 48 |
| 2001 年 | 1260 | 106 | 1738 | 132.8 | 68 |
| 2002 年 | 1674 | 160 | 2662 | 264.5 | 85 |
| 2003 年 | 2662 | 290 | 3037 | 361.5 | 91 |
| 2004 年 | 3319 | 310 | 3024 | 364.7 | 94 |
| 2005 年 | 3717 | 340 | 4192 | 492.1 | 102 |
| 2006 年 | 3792 | 430 | 5488 | 740.0 | 108 |
| 2007 年 | 3882 | 490 | 6373 | 835.5 | 125 |
| 2008 年 | 3960 | 552 | 7208 | 1349.1 | 153 |
| 2009 年 | 4002 | 597 | 7580 | 1882.9 | 153 |
| 2010 年 | 4331 | 632 | 9393 | 2005.2 | 154 |
| 2011 年 | 4403 | 709 | 10166 | 2468.5 | 156 |
| 2012 年 | 4818 | 741 | 10032 | 2500.5 | 156 |
| 2013 年 | 5222 | 803 | 11667 | 2835.4 | 157 |
| 2014 年 | 5835 | 897 | 13559 | 2916.2 | 157 |
| 2015 年 | 5887 | 905 | 14818 | | 157 |

图 8.2　新康番茄及其他制品历年生产量　　　（单位：吨）

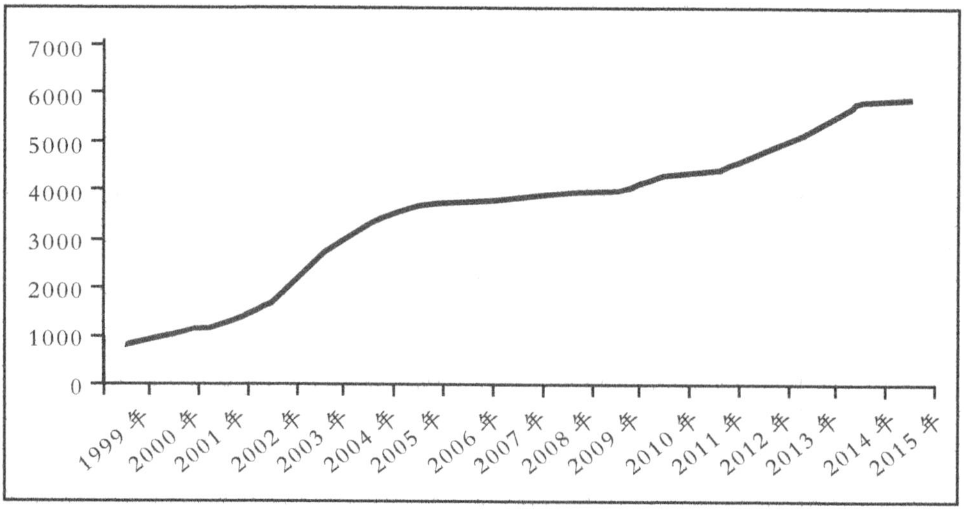

**图 8.3　新康番茄及其他制品历年销量**　（单位：吨）

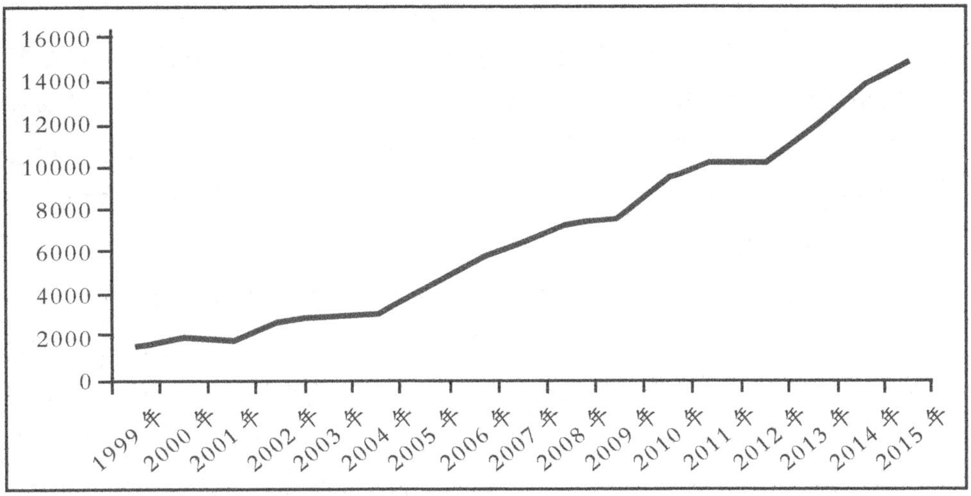


### 4. 建立中亚食品研发中心（2005 年至今）

由于工厂本地化，“新康”牌番茄制品已经在哈萨克斯坦被当地老百姓认可，并得到哈农业部、国家投资委的关注和关心。为此，新康公司在哈得到了许多优惠政策，其产品在哈呈现供不应求的局面。2004 年，哈萨克斯坦新康番茄制品厂生产已经达到设计要求并满负荷生产，但产品仍然供不应求。为缓解“新康”产品供不应求局面并开展产品深度研发，同时增加产品品种与规格，新康公司于 2005 年 12 月在中国新疆乌鲁木齐国家经济开发区乌鲁木齐出口加工区建立了中国新疆中亚食品研发中心（简称：中亚食品研发中心）作为新康番茄制品厂的国内配套出口食品加工基地。建立该中心的目的在于充分发挥中国新疆特色农副产品资源优势，开展农副产品的深度研发、精深加工、生产、销售及相关进出口业务。该中心建筑面积 1.3 万平方米，年生产能力 1 万吨，产品全部出口中亚市场，其下设信息交流、研发检测和新产品中试车间等部门。该中心的建立不仅搭建了国内外企业、个人、大专院校和科研院所之间的信息平台，而且具有对新康公司产品（从生产到销售、研发全过程）以及国外进口商所提出各类严格指标常规项目检测的职能，甚至可以对已取得实验室阶段性成果的产品和工艺技术进行中试。

目前，中亚食品研发中心已发展成为集外向型、科研型、生产型的专业化跨国经营公司。其立足中国新疆特色农副产品资源优势，主要从事特色番茄制品、辣椒制品、纯果酱和蔬菜罐头的精深加工，已形成四大类近百种规格产品，在哈萨克斯坦市场平均占有率已达25%。现在，“新康”品牌是哈萨克斯坦名牌、中国驰名商标。新康公司已成为中国新疆发展农产品精深加工并形成产品优势的重点企业，服务上、下游企业近30家。2013年，该公司资产规模1.11亿元，年生产、销售量突破5400万罐，销售收入1.72亿元，出口创汇实现15%的增长。

新康公司坚持走科技兴贸之路。自1997年以来，新康公司先后与哈萨克斯坦农业部果蔬研究所、哈萨克斯坦食品工业设计研究院、哈萨克斯坦国立大学、吉尔吉斯国立民族大学和中国农业大学、中国发酵研究院、江南大学等国内的十多所科研院校建立起了产学研合作关系，并通过大力开展加工型种植品种的引进和加工利用、产品包装、工艺创新和加工设备的研究工作，建立了集种植、产品研发、生产、检测、品牌展示、仓储、物流、营销等于一体的服务平台，发展成为拥有国内外联合研究机构、国内外配套的加工实体和有国内外衔接的营销网络产业集团。

2011年至2014年新康企业科研投入情况如图8.4所示。

中国新疆红色产业长期停留在原料粗加工阶段，“新康”牌调味酱系列

**图8.4　2011—2014年新康企业研发投入**　（单位：万元）

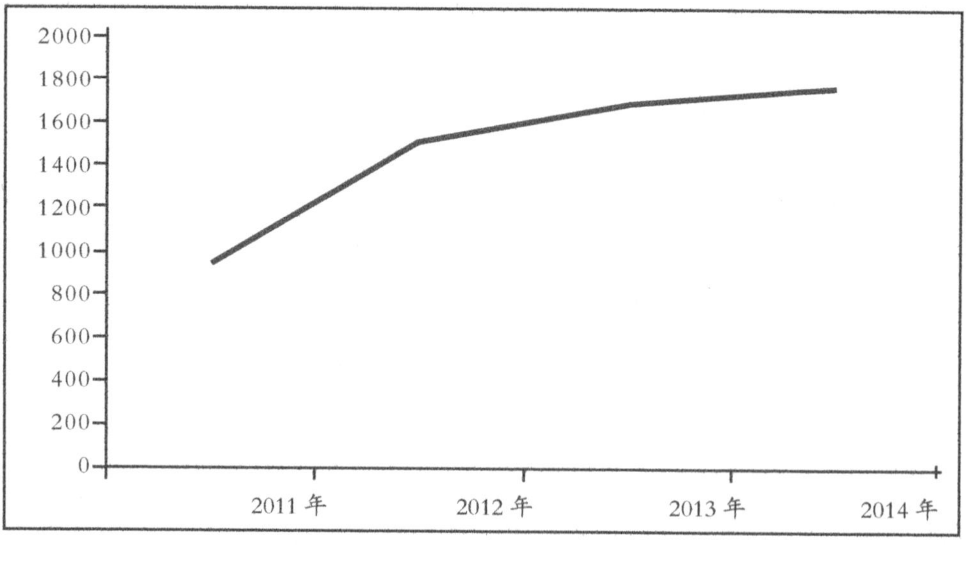

产品的研发、生产、销售，为进一步延伸中国新疆红色产业链，提高产品附加值，提升中国新疆红色产业的国际竞争力起到了很好的示范作用。经过18年的发展历程，产品已从2000年试生产时2种番茄酱产品发展至目前的涵盖调味番茄制品、调味辣椒制品、特色纯果酱、特色蔬菜罐头等100余种产品。新康公司成为中国改革开放以来在境外建立的第一家番茄制品加工厂，并拥有进出口经营权，年生产能力可达6000吨。至2008年，新康番茄制品厂生产经营番茄制品已累计销售11.45万吨，累计带动国内原材料出口超过8000万美元。“新康”牌番茄制品已实现了产品的系列化、口味当地化开发；产品具有多种类、多品种、多规格等特点。其产品采用新型包装材料，按照中亚消费者喜爱的配方，运用先进的工艺技术，对番茄酱和辣椒酱和蔬菜进行深加工；其口感清爽、色泽真实、包装新颖，符合中亚消费者的习惯；其在哈的平均市场占有率升至30%左右。目前，“新康”牌番茄制品已成为哈萨克斯坦的主流品牌，深受当地消费者喜爱。

哈萨克斯坦居民消费习惯与中国新疆居民相似，对番茄制品需求量较大。新康番茄制品属于中档产品，价格略高于中国其他公司的同类产品，早已进入哈主流市场。其在哈市场上与来自土耳其、伊朗、俄罗斯、意大利及美国等国的同类产品并驾齐驱，逐渐培养出了当地的消费群体。据新康番茄制品厂市场调查，在哈萨克斯坦几个大城市，其产品在大城市占有量在20%—30%，而中小城市占有量在10%—15%，平均占20%左右。经过短短20余年，“新康”牌番茄制品已在哈萨克斯坦市场与传统的俄罗斯、土耳其同类产品形成了三分天下的态势，并辐射俄罗斯等独联体其他多国市场，成为同类名牌产品。目前，新康番茄制品厂已成为哈萨克斯坦重点中资企业之一。

## 三、新康公司在哈萨克斯坦成功创业的基本经验

### 1. 科学的企业管理

（1）以体制创新带动管理创新

为开展多元化经营，新康公司最初曾建立了从事各类不同业务属性的子

公司。到了20世纪初，为更好地拓展国际市场，新康公司业务主要集中于中国新疆轻工国际投资有限公司所辖的新康有限公司和中亚食品研发中心两个分公司。此后，新康公司的组织结构逐步完善，主体由董事会、总经理所辖经理层以及工会三套常务管理班子组成。其中，董事会把握公司的发展经营方向，总经理负责日常运营，工会负责制度实施、考核、员工保障等事务。从新康有限公司最初简单的项目部到直线制组织结构的建立，再到完整的董事会领导下总经理负责制组织结构的形成，新康公司有一套自成体系的公司治理结构。

与国外很多公司采取一级对一级负责的矩阵式组织结构不同，新康采取的是一个人对多个单元、多人围绕一个单元开展工作的网络状扁平化组织结构。这种扁平化的组织结构不仅有助于加快信息传递速度，使决策更快更有效率，而且可以有效化解人浮于事的官僚体制弊端，进而降低企业成本，并使企业分权得到贯彻实施。在此机制下，每个中层管理者有更大的自主权，大家围绕一个核心开展工作，有效解决了管理和责任问题，实现了经营理念和思想的根本转变。

2009年，新康公司开始推行标识化管理，意在增强员工的行为规范意识，构建企业的制度化、标准化运营模式。此外，新康公司实行全员股权制。其股权设置为三块：职工岗位股、社会公众股、管理人员股。在岗为股权、离岗为债券，并设计有退出渠道，以消解员工退出所留隐患，保证大家的安全。

（2）六大运营体系

销售体系

新康公司具有很强的国际市场开拓能力。目前，其已在哈萨克斯坦建立了以哈14个州超市和批发市场为主导市场的营销网络，制定了一系列完整的销售制度，形成了良好的销售体系和销售渠道。每逢新品上市，为迅速抢占市场、扩大市场份额，新康公司均会在哈主要媒体（如影视、报刊、车体、街道广告牌等处）发布产品广告，提升产品影响力，扩大产品销售。

随着生产规模的扩大，新康公司销售网络覆盖面从哈萨克斯坦逐步向俄罗斯及周边国家延伸。当前， 沿哈北部边境从西向东的8个俄罗斯城市依次为阿斯特拉罕、萨拉托夫、奥伦堡、乌法、车里雅宾斯克、叶卡捷琳堡、新西伯利亚、巴尔瑙尔。这些俄罗斯城市人口多（人口均在 100 万以上），消费水平均高于哈萨克斯坦。这些城市现在逐渐成了新康产品向俄罗斯推进的首选目标。

信息收集与反馈体系

得益于扁平化的组织管理体系，新康公司市场运营的信息收集与反馈十分流畅，经济收益非常明显。为了更好地增强信息收集能力并将其转化为生产力，2005 年新康公司在乌鲁木齐建立了具信息收益与交流职能的中亚食品研发中心，并希望据此搭建起国内外企业、个人、大专院校和科研院所之间的信息交流平台。目前，通过中亚食品研发中心，新康公司已分别与中国新疆大学、中国新疆农业大学和哈萨克斯坦农业部、哈萨克斯坦食品设计研究院、哈萨克斯坦土豆和蔬菜研究所的部分专家开展了项目合作。这不仅有效地推动了新康公司国内外信息交流，而且加速了相关产品的研发（部分产品已获国家专利及高新技术产品认定）进程，同时也使产品售前售后服务体系得到提升。该服务体系的建立旨在构建起产品质量的可追溯系统，其中包括宣传平台搭建、知识产权保护、国际市场信息收集及反馈、基地重点项目实施情况的跟踪等。

质量管理及可追溯体系

新康公司建立了完善的质量管理体系，以“生产”为中心，通过了中国质量认证中心的 HACCP 体系认证；以原料供应“源头”为基础，母体单位暨原料供应、生产基地建设单位中国新疆轻工国际投资有限公司通过了 GAP 认证；以产品顺利出口销售为目标，国外配套企业哈萨克斯坦新康番茄制品厂完善了销售网络建设，并在国外对产品商标进行注册的同时建立了产品条形码的查询系统。此外，新康公司还通过了 ISO9000 质量管理体系、ISO9001（德国）质量管理体系认证、ISO14000 环境管理体系、ISO18000 健康安全认证、绿色食品认证、QS 质量认证、犹太论证以及清真食品认证等多项认证，有效保证了产品质量。

网络建设体系

为了积极配合中国新疆制造业信息化建设，新康公司先后安装了金蝶财务系统和ERP系统，从生产、成本核算到销售的费用明细都由电脑完成，从而规范了经营行为、提高了现代化管理水平、减少了语言交流和手工操作的失误、加快了信息交流，为决策提供了及时可靠的数据。此外，公司人力资源管理和日常办公分别安装了金蝶人力资源模块和用友办公自动化模块软件，并对员工进行培训。这些工作的落实不仅提高了办公效率，而且解决了人员变迁带来的信息误差，推动公司向无纸化办公方向发展。

物流体系

为适应发展需要，新康公司根据新发改外资〔2007〕1469号文《关于核准哈萨克斯坦番茄制品厂异地扩建暨新建彩印制罐中心项目的批复》，为进一步增强国际竞争能力，充分利用国内原材料开拓国际市场，增强效益，2008年又在哈萨克斯坦阿拉木图州东北部热特恳镇工业区所购买的10公顷土地上对新康番茄制品厂进行扩建，用以组建自己的物流基地，借以进一步完善自己的商业运营体系。目前，该基地已如期建成。

研发体系

经过几年的稳健发展，新康企业积累了技术和创新优势：首先，在国内出口加工区获得了政府优惠政策的支持（包括各类免税、退税、外汇核销等）；其次，公司产品科技含量高，属于中国新疆高新技术产品；再次，“新康”品牌属于拥有自主知识产权的著名商标，已成为中国出口名牌产品；最后，有成熟的出口目标市场（在哈萨克斯坦的市场占有率达到25%左右）。

目前，新康公司每年科研投入占销售收入的6%以上（详见图8.4）。其中，在哈有1家独立的研发机构（新康番茄制品厂实验室），与其他组织合办研发机构1家（设立在哈萨克斯坦食品工业设计研究院内）。另外，在中国新疆乌鲁木齐分别建立了中亚食品研发中心以及南山特色林果示范种植生产基地。现在，新康公司正致力于把研发中心建设成为一个具有良好经济效益的食品加工企业和稳定的出口创汇基地与中亚一流的食品研发机构。

### 2. 企业品牌与时俱进

新康公司创业起就坚持品牌战略，从商标注册、专利申请、质量认证和产品包装与研发等各个方面进行品牌建设，取得了显著成效。“Цин-каз”商标在哈已成为一个著名的、有品质感的品牌。2007 年，“新康”牌番茄沙司被评为“中国新疆名牌”“中国新疆农业名牌”产品；2007 年，“新康”产品被中国新疆外经贸厅推荐为“中国出口名牌”产品；2008 年，“新康”被评为“中国新疆著名商标”，是新疆自治重点农业龙头企业和海关 A 类管理企业。

（1）“新康”品牌的核心

商标注册、技术创新、产品质量是新康品牌的核心。

新康公司创业之初就认识到商标注册的重要性。1998 年，新康公司还在哈筹建番茄制品厂时，当有关产品项目一经立项，公司就在哈萨克斯坦进行了“新康”产品注册；2001 年，新康公司又完成了“新康”商标在国内的注册，同时进行了知识产权海关保护备案；2004 年，新康公司进行了进出口食品标签审核登记。为实行多品牌战略，使产品有更广阔的国际市场和空间，新康公司 2008 年在哈萨克斯坦和国内同时进行了“LSN”商标（意为生命、营养、健康）的注册。同时，新康公司还建立了产品条形码的查询系统。

专利申请

新康公司拥有较完备的研发机构和试验条件。其投资建立了检测手段齐全的试验基地，建立了中国新疆农业大学—新康联合实验室、中国新疆特色果蔬引进与加工工程技术中心、境外配套的哈萨克斯坦新康企业研发中心，具有完备的试验、小试、中试试验生产线等研发生产装备。新康公司与国内外高校和科研院所紧密合作，通过 20 多年的潜心研发，在中国新疆果蔬精深加工产品开发、市场开拓方面都积累了丰富的成果和经验，相关成果经鉴定，技术水平处于国内领先水平。目前，新康公司拥有相关研发和产业化仪器设备约 4102 万元；企业申报专利 59 项，其中申报的 33 项发明专利中已获授权发明专利 3 项、申报的 10 项实用新型专利中已获授权 8 项、申报的

13 项外观设计专利中获授权 11 项，并办理科技成果鉴定 3 项（鉴定结果为国内领先和国内先进）。

质量认证

质量体系建设可有效避免技术壁垒和反倾销。关于新康公司在此方面所做工作，参见前述“质量管理及可追溯体系”。

产品包装研发与生产

为使产品外包装与国际市场接轨，新康公司自 2000 年起就向哈萨克斯坦引入了高频电阻焊设备，取代了哈萨克斯坦食品罐头行业目前普遍采用的锡焊三片罐（从技术角度来说，这既使新康公司的生产设备得到了提升，也推动了国内食品生产机械设备的出口）。为进一步拓展市场，确保投入市场产品多样化，新康公司研发人员常常及时针对市场流行包装，设计研发新的产品外包装图样和瓶型（其中，2005 年研发的复合铝箔自立袋软包装取得两项实用外观设计专利）。目前，为体现新康产品高品质的特征，公司重点进行了塑料瓶装沙司的研发，引进了塑瓶包装生产线。

正是由于新康公司诚实的企业文化和高质量的产品，再加之有力的宣传措施，“新康”品牌在哈深得人心，共获得哈萨克斯坦各类奖励 20 余项。

（2）产品不断推陈出新

为了及时跟上变化步伐，新康公司在产品研发过程中总是根据哈萨克斯坦当地消费市场的需求状况，吸纳当地食品行业的优秀人才，研究消费者消费习惯，定期组织市场问卷调查，走访当地家庭并采集民间配方、同国内外科研院所定期举行研讨会进行产品工艺、营养、健康方面的研究，同时举办各种类型的评鉴会，沟通市场信息，为产品开发（包括原料辅料选购、产品配方、包装设计等）提供一线资料。为使产品研发设计与当地消费者的消费偏好、消费习惯、消费能力相一致，确保产品口味、包装符合消费者需求，新康公司通常会根据在哈所研发产品特性，及时将先进的技术和设备转移到哈萨克斯坦，实现产品开发系列化本地化生产。目前，新康公司仅番茄沙司就拥有不同规格、不同口味、不同外包装的系列化产品 36 种。

在此基础上，新康公司还针对包括哈萨克斯坦、乌兹别克斯坦、土库曼斯坦、吉尔吉斯斯坦和塔吉克斯坦在内的中亚五国居民生活水平的提高及人口增加的趋势，开发出各类深加工的酱类、蔬菜罐头类食品，明确以新鲜原料加工产品作为重点开发的思路，既保证产品的天然品质和健康安全，又不断增强了产品的市场竞争力。

近几年，新康公司除培育番茄之外，还建立起了黄瓜、浆果等新产品体系向中高端稳健发展；主要形成了调味番茄酱、番茄沙司及以黄瓜罐头、小浆果罐头、辣椒酱等系列产品。其中，高新技术产品沙司、调味辣椒酱与黄瓜罐头的产量占总产量的 64%，销售占总销售量的 62%，销售金额占总销售额的 66%。

20 多年来，新康公司承担了包括相关中国新疆科技新兴项目、乌鲁木齐市科技产业计划项目、中国新疆科技攻关项目、国家级火炬计划项目等在内的 49 项科研计划。目前，新康公司通过与农户签订种植、收购协议，建立“工厂 + 基地”的生产模式，针对哈萨克斯坦人的消费习惯，逐步形成了从产品研发、原料种植和供应到深加工上中下游一体化的生产格局，保障了产品的稳定性和可控性。其所研发出的秋季蔬菜罐头、开胃辣椒、甜椒罐头等新产品，全部面向哈萨克斯坦等中亚 5 国。

（3）营销手段灵活多样

新康公司在哈萨克斯坦的发展进程中已形成了一套属于自己的特色营销网络（包括一系列完整的营销管理制度、良好的运行体系和畅通的营销渠道等），并与上下游企业建立起了风险共担、利益共享的共赢合作关系。2014 年年初，当哈萨克斯坦坚戈大幅度贬值时，新康公司与哈萨克斯坦销售商签订合同，约定就坚戈贬值所造成的损失双方各承担 50%。目前，新康公司在哈萨克斯坦已构建起了覆盖哈萨克斯坦 14 个州中 2.5 万余个销售网点的营销网络。在此基础上，新康公司已拥有国内外联动的联合研发机构、配套加工实体以及互联互通的营销网络等运营系统。

### 3. 以人为本、各尽其才的人力资源管理

（1）构建金字塔型人才梯队

人才是企业发展的主体。20 多年来，新康公司不断发展壮大，每年新增就业岗位 20 余个。公司员工录用采取招聘哈萨克斯坦当地优秀员工和从中国外派哈萨克族员工等办法，并将中方外派管理人员控制在一定数量内。目前，公司已建立起以博士、硕士、本科为主的金字塔型人才结构。2011 年，公司新进人员 23 人都是重点院校优秀毕业生。公司本科以上学历管理人员占到总人数的 85%，许多毕业生刚就业就走上了领导岗位。

公司拥有技术研发人员 81 人，其中：国家工程院院士 1 人，通讯院士 1 人，博士、教授专家委员会成员 5 人，享受特殊津贴专家顾问 2 人，其他专家队伍 10 人。优秀的高科技人才队伍为技术研发、成果转化到商业应用提供了坚实的基础。

（2）奉行以人为本的企业文化

新康公司致力于培植植根于当地特色的企业文化，强化公司的凝聚力。为创建知识型企业，公司将“基本工资＋职称＋学历＋证书”作为确定员工月薪的基数标准。其中，车间员工实行固定工资制度并在每月进行先进个人及先进班组的评选后发放资金。公司制定的《管理创新奖励制度》对在管理、技术、市场营销等方面作出贡献的项目团队，按照国家级、新疆（自治区）级、市级进行认定和奖励；公司还定期对员工开展有关知识产权、业务等方面的培训活动。作为一家新兴企业，公司也给员工提供了很大的发展空间，使他们愿意把自己的未来与生机勃勃的企业紧密地联系在一起。无论是中方人员，还是中亚方员工，都很快把新康公司作为实现个人价值的平台；“与公司同发展、共成长”成了每一位员工的理想。其中，哈方的当地员工甚至全家都为新康公司工作。温暖的大家庭气氛使企业产生了强大的凝聚力。同时公司比较注重同所有与其业务发展有关的中外方政府部门、企业及专家等建立良好、诚信的合作关系。这些都形成了公司进一步发展的合力。

（3）实施本土化的用工招聘机制

为了缩短公司文化和当地文化的融合时间，新康公司所有一线员工均以招聘哈萨克斯坦当地员工为主。因为当地人熟悉本地市场，对于本土居民的消费状况、消费能力、风俗习惯等非常了解。这有利于公司进行准确的市场信息收集、分析以及产品定位。

公司尤其尊重当地工人的合法权益，积极参与各类社会公益活动，同时也非常重视对专业技术研发人员、市场营销人员、金融管理人员的岗位培训。一般每年安排优秀员工前往中国母公司进行参观学习，接受母公司的企业文化，形成一致的管理方法。其中，公司有两名研发专家获得我国外国专家最高奖项“友谊奖”。

公司外派出参与境外子公司管理的中方人员也注重学习当地语言、传统文化、传统习俗，积极参与当地人员举办的各种节假日活动（包括纳乌鲁兹节、当地员工生日等），到当地员工家做客。这种管理风格一方面有助于中哈双方员工互相学习，互相进步，促进企业进一步发展；另一方面也加快了公司文化与当地文化的融合进程。

2000 年新康公司员工 48 人，其中管理人员 8 人（全部由中方派出），工人 40 人，在当地聘用；2014 年新康公司员工人数 134 人，其中管理人员 32 人（包括哈萨克族、俄罗斯族、维吾尔族等各个民族，中方派出 4 人）。中方管理人员的职能由建厂时期的执行转为制订计划，监督实施为主。

## 四、新康公司发展面临的问题与对策

作为一家跨国公司，新康公司像众多在中亚国家的生产投资型企业一样面临着很多发展性难题。

### 1. 恶性竞争

由于中亚国家自身市场有限，目前中国国内很多大型知名企业还没有将其作为重点市场培育。这使在中亚市场中，中资企业以中小企业、中低档产品为主。它们所占据的是该地区的非主流市场，其品牌效应的不突出又反过来影响了当地人对中国产品的印象和消费习惯。此外，已入驻中亚市场的中资企业及其产品因同质化程度较高，有时不可避免地存在恶性竞争。

为此，建议我国政府以不同方式，支持和鼓励国内有实力的企业结合自身发展，创建针对中亚目标市场的差异化名牌企业和名牌产品，抱团“出国”形成集聚效应；相关中资企业也要学会用活国家给予外向型企业的各项政策，积极申请西部促进资金、中小企业国际市场开拓资金、科技兴贸出口创新基地基金、品牌发展专项基金、对外经济技术合作专项资金等，创新经营模式，争取做大、做强。由于企业规模不同，企业产品占领中亚市场的层面也应有所差异，中资企业之间的无序和无谓竞争会相应减少。

### 2. 人才问题

新康公司像中国现有其他众多跨国公司一样，公司发展所需的具有各方面知识和能力的复合型人才目前还远远不够。1998 年新康公司进入哈萨克斯坦时，各部门管理人员基本上由总公司委派，然而，由于管理人员的语言障碍和对哈萨克斯坦市场变化不了解以及成本费用过高，产品市场开辟异常艰难。经过一段时期的摸索，新康公司采取了一套自己培养复合型人才，让员工与企业共成长的有效办法。具体做法是：A. 选送一部分具有培养前途、愿意献身于跨国企业的员工到国内高等院校参加培训、读学位；B. 通过在境外企业中的实际锻炼，对员工进行磨炼、培养；C. 在中亚国家当地的学校读学位，边工作边学习，同时结交当地同等水平的同学和专家。这种人才培养机制一方面加快了员工的成长程进，另一方面培养了员工对公司的忠诚度、增加了公司的凝聚力。

为了更好地突破公司发展所遭遇的人才瓶颈问题，建议新康公司还可以采取以下方法：A. 每年从大学挑选优秀毕业生来公司工作，不断补充新鲜血液；B. 与有关院校建立优秀大学生、研究生定向培养制度，以合同方式规定：其在校期间，除必须很好地完成学校规定的课程外，还须学会公司规定的一些科目及技能并在假期为其提供实践机会，毕业时按合同验收；C. 从社会上不拘一格聘用人才。

### 3. 税务和资金问题

创业之初，新康公司对未来的发展是经过精心策划的。因此，即使在入驻哈萨克斯坦投资办厂的过程中遇到了对当地财务和税收政策不适应的困难，但还是克服了相关资金短缺的障碍。不过，要进一步发展，从厂区整体布局规划到生产设备的引进和到开发新产品的实验室条件的完善，再到员工居住、生活、医疗条件的逐步改善都需要资金。因此，公司所面临的财务困难在所难免。

从目前情况看，中国在中亚国家的国有企业获取资金主要可能有三种方式：A. 利用国有企业身份向政府申请低息贷款；B. 向相关部门申请项目资金，争取国家对项目的投资；C. 向外寻找新的合作伙伴，以资金参股方式向企业注入资金。中国在中亚国家的私营企业获取资金主要可能有四种方式：A. 申请国内金融机构贷款；B. 寻找合作伙伴；C. 以贸易养生产；D. 利用生产利润扩大再生产。除了第一种方式难以预料外，其他三种方式主要视企业的经营状况可由企业经营者控制和把握，操作难度相对较小，但经营者的决策风险较大，同时可能获得的资金很有限，难以很快促进企业的飞跃式发展。随着中国经济改革的深化和给予各种所有制形式企业更多的自主权，新康公司未来获取资金的途径将会更多，方式也会更加灵活多样。

### 4. 公司经营的总体规划与发展战略问题

“把钱用在刀刃上”是新康公司追求最大利润目标的初衷。要达到这一目标避免重复建设是很重要的一环。考虑到新康公司的发展目标是开拓并占领国际市场，因此其从建厂伊始，就从长远发展的角度出发，对整个经营场所进行了整体规划、设计与建设。

“看五年想三年做好一两年。”任何企业要想实现可持续发展，必须要有理想，要制定出企业的中长期发展战略，计划期少则三年，多则五年甚至十年。尽管目前中亚国家政治经济形势趋于稳定，但由于人口所限，其市场容量相对有限。为此，新康公司正在为未来的发展制定工作目标，初步规划：延伸市场触角，挺进俄罗斯，继而向东欧国家市场推进。要实施这一战略，以下问题难以回避：在俄罗斯的选址、产品的重新定位、后续人员的准备、资金的筹措、对当地政策的了解等。所有这些都需要一定的时间规划和深入的市场调研以及周密的准备。比如产品定位，对俄罗斯应当从更高起点做起，因为新康公司已有了开拓中亚市场的经验，有了一定的品牌积累；俄罗斯的市场容量较大，消费能力较强，公司将从高起点做起，对中亚、俄罗斯乃至东欧市场需分层对待。这会进一步提升公司的品质感、包容度和应对市场的能力。

### 5. 企业产权界定问题

跨国经营本身就面临很大风险，经营者要面对比在国内更多的困难，比如，因地域环境不同，国家体制不同，相关政策措施就有很大差异。为使公司真正成为自主经营、自我约束与自负盈亏的法人实体和市场竞争主体，并调动公司经营者的积极性，新康公司在 2005 年开始实行内部股权改制。因为公司经营者明白：只有产权明确，责、权、利才会明晰，公司经营才会有活力；也只有在责、权、利清晰的前提下，当公司经营面对风云变幻的国际市场竞争压力时，公司员工才会以巨大的责任感、使命感，更积极主动地发挥自主经营的主观能动性。目前，新康公司还在不断完善股权制度。

### 6. 企业管理机制问题

现代企业制度重在制度管理。从企业管理模式的选择与创新以及企业内部责、权、利的制度建设，都重在制度的创新、应用与规范。从增强企业凝聚力的角度出发，企业内部从管理者到员工可以不分等级，不分彼此，大家都把企业作为自己的企业尽力去做；但从增强企业管理的科学性、规范性的角度看，企业应当有明确的治理结构、赏罚分明的奖惩制度，并应严格执行。新康公司作为一家跨国公司，由于大部分员工是哈萨克斯坦人，其对员工的管理必须按照当地的用人规定、各项福利待遇、节假日规定等来执行。据此，新康公司的内部管理正在积极探索一套新的管理机制。具体说来，就是注重法制而不是人治，让人无懈可击，减少不必要的麻烦。奖惩制度是奖勤罚懒，并鼓励员工积极主动地发挥创造性，从各方面为企业发展献计献策献力。新康公司已认识到企业内部管理就像一架高速运转的机器，一旦理顺就可以高效率工作，否则会严重影响企业发展。对于想要做大做强的跨国公司来说，能否建立科学、严谨的管理机制决定其未来发展的后劲。

### 7. 与上游产品生产者的合作关系

新康公司是国家鼓励的带料加工型企业，以出口原料带动国家出口。其在境外生产出深加工产品并就地销售后向国内返还外汇，增加我国的外汇收入。因此，其与上游产品生产者的合作关系就显得尤为重要。然而，一旦上游原料产品生产者根据国际市场变化随意更改合同价格，新康公司在哈企业的生产成本以及产品质量、数量和供货时间等将因此受到影响。此外，另一值得注意的现象是：目前，由于普遍看好中亚国家市场，与新康公司关系密切的一些上游企业有时自己生产相关产品并直接投入中亚市场，从而使其与新康公司的上下游产品合作关系变为竞争关系。因此，如何处理好与上游产品生产者的合作关系，避免使合作关系激化为竞争关系，保存、发展并壮大自己是新康公司面临的又一问题。解决办法可以有三种：A. 在原料供应上与上游产品生产者利益共享，努力实现双赢；B. 允许原料上游产品生产者以原料参股的方式与新康公司共同经营跨国企业（对这种企业的选择一定要考虑其是否既有实力又产品质量稳定有保障）；C. 争取在国内开办自己的原料生产厂，确保从生产初始原料到终端产品都由自己控制（既可以更好地把握生产质量，又可以对生产掌握更多的控制权）。为此，新疆中亚研发中心得以建立并致力于解决上述问题。

### 8. 假冒伪劣产品问题

目前，新康公司虽然在中亚市场艰难地闯出了一条中国企业走出国门之路，但也遇到了如下令人尴尬的事实：中国国内的一些不法商家以假冒“新康”品牌产品通过海关进入中亚市场。这些产品或以次充好，或质量极其低劣，对正规“新康”产品的形象造成很大损害。如果新康公司在中亚国家公开打假，有可能既毁了自己的牌子，又给外国人留下了“中国人窝里斗”的笑柄。为此，建议新康公司采取以办法解决：A. 积极宣传“新康”产品的正面形象，用当地语言从产品特点、质量、外包装等各个角度向当地消费者介绍自己的正牌产品；B. 向中国海关等有关部门反映问题，力争将假冒伪劣产品杜绝在国门之内（由于需要各方面配合，这一点事实上较难实施）；C. 公司派人或雇人进行明查暗访，一经查实，或诉诸法律或并购、改造假冒产品生产企业。

### 9. 专利产品的申请和自主品牌的培育

新康公司的产品是根据当地特点设计生产出来的，有一定的独创性，具有可以在当地申请专利的资格和条件。新康公司虽然一直很注重专利产品的申请和自主品牌的培育，但仍然有一些投机分子却注册近似品牌（这也是新康商品屡有假货，屡打不绝的重要原因之一）。因此，为自己的研发产品在国外或国内申请覆盖面较广的专利是一件十分必要的工作，这有利于新康公司的长期发展。

### 10. 劳务许可证的瓶颈

在中亚国家，但凡有关能源勘探、开采、工程承包、农产品开发等劳动密集型产业，一般都很难招到熟练工人；即使招到，其劳动成本高且效率相对我国工人较低。中方派大量劳工到这些国家虽然可以解燃眉之急，但不可持续，因为这些国家的劳务许可证越来越难办、费用越来越高、有效期越来越短。新康企业近年来注重在哈当地招工和培养熟练工人与技术人员，减少中方派出人员的比例，较为有效地解决了这一问题。

### 11. 对中国和中亚市场不同人群的分层化经营

中亚国家的居民已开始有高、中、低收入人群，社会分层越来越明显，因此新康公司在针对目标消费群体时，应当有不同的定位和分层化经营的灵活多样模式。同一系列的产品可以针对不同的消费者设计生产出不同价位、不同档次的产品。通过使产品适应更多的消费者来扩大产品的销售范围和延长产业链。这既可充分挖掘原料产品的生产潜力，扩大市场份额，还可以降低生产成本，物尽其用。

综上所述，目前在中亚市场上类似新康公司的一些中国企业虽然已取得了较好的创业佳绩，但要发展成为拥有较大产业规模和较高品牌信誉的大型跨国公司还需有相当长的时间。做企业犹如盖高楼，地基越广越深，楼才可能盖得高而牢固。在中亚的中国企业只有不断把基础夯实、夯大，才可能在企业规模、市场占有率、产品质量、品牌知名度等方面实现快速发展。

当今，世界经济的发展要求企业要充分利用好国内国外两种资源、两个市场，在优化资源配置的同时坚持科工贸一体、以质取胜。只有通过大经贸开拓市场空间并实施“走出去”和市场多元化的战略，企业才能在国际竞争中立于不败之地。新康公司正是充分运用了国内国外两种资源、两个市场的比较优势，在技术相对落后、资金相对匮乏、市场准入门槛较低的中亚国家开创出了自己的一片天地。经过 20 多年的苦心经营，新康公司在中亚国家已为中国企业营造出了“天时”“地利”“人和”的良好氛围。其作为国家间经贸合作的成功典范将在中国与中亚国家的经贸合作中发挥更加积极的示范作用。“荣辱与共，百年新康”是公司创建之初提出的经营理念。目前，公司核心层人员相对稳定，公司战略目标始终如一。

# 第九章

# 中国与中亚国家区域经济合作的模式选择

中国与中亚区域经济合作对于合作各方意义重大。其属于国际范围内次区域经济合作，分国家、地方和企业三个层面，主要集中在“丝绸之路经济带”，合作内涵丰富。根据发展阶段、地缘条件以及各方实力，该区域经济合作的模式可以有多种选择与创新。不同的合作模式将对中国与中亚区域经济合作的整体格局和“一带一路”国际合作的发展方向构成不同影响。

## 一、中亚在中国对外经济合作中的地位

中国与中亚国家进行区域经济合作顺应了世界经济全球化、区域经济一体化潮流，对“丝绸之路经济带”建设具有极其重要的意义。

### 1. 中亚是保障中国西部稳定的门户

中亚位于欧亚大陆“世界岛”[①]的腹地，是连接东亚、

① 哈尔福德—麦金德（1861—1947年）在1904年发表题为《历史的地理枢纽》演讲中把欧洲、亚洲和非洲称为“世界岛”。其中，自伏尔加河到长江，自喜马拉雅山脉到北极为“世界岛”的心脏地带。他指出：谁统治了东欧（巴尔干地区），谁就统治了心脏地带；谁统治了心脏地带，谁就统治了“世界岛”（亚欧大陆）；谁统治了“世界岛”，谁就统治了全世界。

南亚、西亚、中东和欧洲的枢纽，成为欧亚大陆东进西出、南下北上的必经之地。中亚五国中哈萨克斯坦、吉尔吉斯斯坦和塔吉克斯坦三国与中国接壤，边境线长分别为 1460 千米[①]、1100 多千米[②]、430 千米[③]，共约 3000 千米，约占中国陆地边界（2.2 万千米）的 13.6%，占中国新疆维吾尔自治区边境线 5600 千米的 50% 以上，对中国及西部安全有着直接的影响。中亚地区在历史上一直是大国博弈的场所，这里的安全与稳定历来和中国的安全与稳定息息相关。冷战结束后，独立后的中亚各国成为各种国际政治力量竞相争夺的中间地带。当前，中亚的政治与社会安定同中国西部边疆稳定与安全紧密相关；而中国西部的安全与稳定也会直接影响中亚地区的安全与稳定。按照我国“周边是首要，大国是关键，发展中国家是基础，多边是重要舞台”的外交理念，中亚国家是保障中国西部安全与稳定的首要伙伴。[④]

### 2. 中亚国家是促进中国西部发展的重要合作者

中国新疆、甘肃、陕西等西部地区和中亚毗邻，都位于欧亚板块的中心位置，都属于亚洲经济区；都是古丝绸之路上的重要交通枢纽。自古以来中国与中亚长期通过丝绸之路进行友好交往，逐步形成了东西方经济合作的交会点；都是远离海洋的内陆区域，都是途经亚欧第二大陆桥连接亚洲和欧洲的必经之地。中国与中亚国家的区域经济合作：A. 可扩大双方的经贸合作，提高相互依存度，拓展各自在亚欧区域更加广阔的经济空间；B. 可满足双方能源、矿产资源等对双方经济发展有重大影响的大宗商品进出口多元化的战略需求，实现互利共赢；C. 可在促进亚欧区域经济合作的机制建设、功能领域合作中发挥重要的示范和带动作用，可统合、制定和调适符合地区发展阶段与特点、照顾到各方舒适度和满意度的区域合作规则与架构并加以运用和推广。D. 可促进亚欧区域、中国东中西部协调发展，进而有效利用国际国内

① 赵长庆编著：《列国志・哈萨克斯坦》，社会科学文献出版社，2004，第 2 页（中国一些辞书中则通常说中哈边界线约 1700 千米——原文注）。

② 刘庚岑，徐小云编著：《列国志・吉尔吉斯斯坦》，社会科学文献出版社，2005，第 1 页（国内有报纸报道说中吉边境线 1096 千米，也有学者文章说是 1170 千米——原文注）。

③ 刘启芸编著：《列国志・塔吉克斯坦》，社会科学文献出版社，2006，第 2 页。

④ 王海燕：“第二章第二节 中亚局势与中国新疆稳定与发展”，邢广程、李国强主编《对外关系、和谐边疆与中国战略定位》，社会科学文献出版社，2016，第 179—180 页。

多种资源、推动亚欧区域产业转型升级。值得提出的是：中国装备“走出去”和推进国际产能合作，并非过剩产能的输出，而是要推动中国产能从“大进大出”转向“优进优出”，[①]促进亚欧地区产业的整体提升，形成更有区域竞争力的亚欧经济新格局。从这个意义上说，充分发挥中国和中亚国家地缘经济的便利性和经济性优势，开展中国与中亚的区域经济合作，不仅有助于进一步促进中国西部经济的增长，而且可以有效带动中亚国家经济、社会的发展。因此，积极推进“丝绸之路经济带”建设，对于促进我国西部大开发战略的实施，进而保证中国与中亚国家社会经济的可持续发展无疑具有深远的历史意义和战略意义。

### 3. 中亚国家是构建中国和谐边疆不可或缺的支持者

中国西部与中亚国家有多个跨界而居的民族。源远流长的文化交流史，相近的民风民俗，共同的宗教信仰、民族节日、文化名人，相同的民族乐器、民族歌舞和体育项目等，使中国与中亚国家开展民间交流、促进人心相通具备独特的良好基础。历史上双方民间往来频繁，形成了多元、交融、互鉴的独特文化氛围。这是双方和谐相处的内在要求和动力。中亚国家自独立以来，与中国以文化交流带动经济合作、以民间往来促进政府合作、以互惠双赢提高人民的生活品质不仅丰富了各族人民的生活，而且创造出了和平共处、相互支持、共同发展的合谐区域环境，客观上对中国西部地区的稳定和发展起到积极的促进作用。

可以说，中国与中亚区域经济合作的目标是共建“丝绸之路经济带”，并与海上丝绸之路对接。中亚国家作为我国西出的第一站，其与我国合作的成败与否直接决定“丝绸之路经济带”建设的成败，对双方合作和未来世界经济格局的发展意义都非常重大。

## 二、中国与中亚国家区域经济合作的范畴与内涵

中国与中亚国家进行区域经济合作就是共建“丝绸之路经济带”和积极参与“一带一路”建设。因此，如果说中国与中亚区域经济合作的核心圈是

---

① 李克强：《用中国装备和国际产能合作结缘世界 推动形成优进优出开放型经济新格局》，人民网·时政频道，http://politics.people.com.cn/n/2015/0403/c1024-26798184.html。

中亚经济圈的话，其扩展圈就是“丝绸之路经济带”沿线区域，辐射圈则可延伸至“一带一路”沿线区域。

### 1. 中国与中亚国家共建“丝绸之路经济带”的范畴

“丝绸之路经济带”首先是指具有上千年发展历史，从中国经中亚、俄罗斯到欧洲国家劳动地域分工基础上形成的中亚、亚欧等地不同层次和各具特色的带状地域经济单元；其次是指依托三条欧亚大陆桥、中亚天然气管道等交通运输干线、区位优势和人文资源等并以其为发展轴，以轴上经济发达的北京、上海、西安、乌鲁木齐、阿拉木图、塔什干、圣彼得堡等沿途若干个大城市为核心，带动周围不同等级规模城市经济发展的点状密集、面状辐射、线状延伸的生产、流通一体化的带状经济区域。

“丝绸之路经济带”将以我国太平洋沿岸的环渤海、长三角和珠三角经济圈为起点，途经哈萨克斯坦、俄罗斯等上海合作组织主要成员国，抵达波罗的海、大西洋和地中海沿岸。在沿途空间上大致可分六个区段：东亚段、中亚段、西亚段、南亚段、中东欧段、西欧段，从中国到中亚，有效辐射西亚、南亚和欧洲。可由沿线的中亚核心经济圈、环中亚重要经济圈和亚欧辐射拓展圈组成。[①]

“丝绸之路经济带”贯穿亚欧大陆，一头是活跃的东亚经济圈，一头是发达的欧洲经济圈，中间广大腹地国家经济发展潜力巨大。该经济带将联通中国经中亚、俄罗斯至东北欧（波罗的海）以及中国经中亚、西亚至波斯湾、南欧（地中海）的广大市场。[②]在境内，“丝绸之路经济带”的核心区被确定为新疆维吾尔自治区；在境外，与我国毗邻的中亚国家（作为我国西出的第一站）是“丝绸之路经济带”的重要区域。“丝绸之路经济带”的建设无疑有助于欧亚两大市场的全面贯通，并将推动形成世界地缘经济新格局。其中，中亚和中国西部处于该经济带的最中间，也是连接欧亚地区的重要枢纽，其地缘地位的重要性无可替代，对我国与“丝绸之路经济带”沿线国家互联

① 胡鞍钢、马伟、鄢一龙：《“丝绸之路经济带”：战略内涵、定位和实现路径》，《新疆师范大学学报》（汉文哲学社会科学版）2014 年第 2 期，第 1—10 页。

② 中国国务院授权国家发展改革委、外交部、商务部联合发布《推动共建丝绸之路经济带和 21 世纪海上丝绸之路的愿景与行动》文件，http://zhs.mofcom.gov.cn/article/xxfb/201503/20150300926644.shtml。

互通具有极其重要的意义。中国与中亚区域的畅通、安全既关系“丝绸之路经济带”建设的成败，也关系沿线各国经济社会未来发展的前景和民生。中亚各国经济、社会发展与“丝绸之路经济带”的推进密切相关，对我国“走出去”开展与亚欧国家的合作意义重大。中国与中亚国家必须通过各项措施才能保障该地区政通人和、区域安全以及人民生活水平的提高和经济可持续发展，形成“丝绸之路经济带”建设与区域发展良性互动的良好氛围和格局。

### 2. 中国与中亚国家共建“丝绸之路经济带”的内涵与特点

“丝绸之路经济带”旨在传承古代丝绸之路的精髓，使欧亚各国经济联系更紧密、互惠合作更深入、贸易空间更广阔、民众往来更便利。构建“丝绸之路经济带”的主要思路是，率先实现“五通”：A. 加强“政策沟通”，在政策和法律上为区域经济融合创造条件。B. 加强“道路联通”，意在实现各国在铁路、公路、航空和电信等方面的互联互通，形成加快货物和人员往来的现代化交通运输网络。C. 加强“贸易畅通”，通过消除各种贸易壁垒，扩大贸易规模。D. 加强“货币流通”，以增强区域经济抵抗风险的能力。E. 加强“民心相通”，为深化区域经济合作夯实社会基础。[①] 这些与中国—中亚区域经济合作的内容较为一致，有助于提升区域经济发展的规模和水平。

（1）“丝绸之路经济带”的基本内涵

“丝绸之路经济带”建设着眼于欧亚大陆的区域经济合作

“丝绸之路经济带”所涵盖的地区并不限于中亚，而是经过中亚的“丝绸之路”把亚太经济圈与欧洲经济圈连接起来，涵盖整个欧亚大陆。中国通过扩大向西开放，使中国的中西部地区与中亚、南亚、西亚的贸易往来和经济合作得以加强，同时带动欧亚大陆区域内的经济合作，实现区域内机制的合理定位与高效合作，产业重构与合理布局，海关、出入境检验检疫等功能领域的标准化和一致化建设等，并在各方支持经济全球化基础上致力于推动区域贸易投资便利化和自由化。

① 陈玉荣：《构建“丝绸之路经济带”机遇与挑战》，《瞭望望新闻周刊》2014 年第 5—6 期（合刊）。

用多样化的合作模式建设“丝绸之路经济带”

“丝绸之路经济带”只是一种务实灵活的经济合作平台，不会打破现有的区域制度安排，不刻意追求一致和强制性的制度安排，在综合考虑各国共享经济发展机遇的基础上提升区域经济合作的水平和质量。通过以点带面，从线到片，逐步形成区域的大合作格局，使欧亚各国的联系更加紧密和便捷。

“丝绸之路经济带”建设是多元、开放的经济发展倡议

“丝绸之路经济带”构想虽然是中国提出来的，但“丝绸之路经济带”不是由中国一家主导的地缘经济计划，而是多元、开放、区域内各国共同推进的合作进程，旨在通过打造互利共赢的利益和命运共同体，把各国紧密联系起来。“丝绸之路经济带”建设需要区域内有关国家能够立足长远，取长补短，共同研究确定这一经济带的经济增长点在哪里，生产出什么样的产品，流向什么地方去。[①]

“丝绸之路经济带”是中国与中亚区域经济合作的共建平台

“丝绸之路经济带”建设倡议的提出是时代的需求，旨在在新技术日益发达的今天将古丝绸之路沿线国家联结起来，将沿线国家的昨天、今天和明天联结起来，尤其要把中亚地区作为重要区域，推动各有关机制有机结合、包容发展，给中亚地区内陆国家经济发展带来巨大推力，加快中国与中亚国家互惠合作的步伐。而中亚国家近年来快速发展的经济与社会，将助力“丝绸之路经济带”的建设，促进中国与中亚的经济一体化。

（2）中国与中亚国家共建“丝绸之路经济带”体现出南南合作的特点

中国与中亚是发展中国家，又是转轨国家，在机制创新时应充分考虑到中国与中亚国家之间的经济发展水平、产业结构特征、消费能力及区位优势，选择多样化的区域经济合作模式，并进行与时俱进的创新、调整、丰富与完善。其中包括功能创新、政策创新、模式创新、辐射区域创新、区域定位创新、发展目标创新、管理方式创新以及金融创新。

从长远看，这种合作不仅要与未来可能建立的自由贸易区联系起来（需有一定的前瞻性），还要充分考虑中国与中亚国家对全球多边贸易体系参与

① 左凤荣：《共建“丝绸之路经济带”面临的机遇与挑战》，《当代世界》2014年第5期。

进程的时间与阶段性差异。此外，还应充分发挥上海合作组织的作用，并通过该组织解决阻碍双边贸易和投资的体制性障碍，建立起一套比较规范而有效的沟通与协调机制，最大限度地实现贸易和投资的便利化，逐步推进区域经济一体化。通过“一带一路”这个平台，中国和中亚国家将以“点”“面”结合的方式把中国东南沿海发达地区的经济活力吸引到中亚和俄罗斯的大市场上来，进而全面推动中亚地区区域贸易的发展以及投资规模的扩大，吸引中国内地的机械、纺织、服装、食品、建材、家电等企业面向中亚市场的转移，形成与中亚国家互利共赢的区域发展格局。

## 三、中国与中亚国家经济合作的模式选择

### 1. 中国与中亚国家区域经济合作模式

从区域经济合作的角度讲，目前中国与中亚国家的合作应以国家论坛或国际会议为基础，创造建设自由贸易区条件。

（1）论坛或国家会议模式

由于论坛和国际会议都属于松散型经济合作，不具备国际法人地位，它主要是各个国家政府首脑或政府高级官员通过会议就相互之间的经贸关系和有关国际经济问题进行磋商、协调各自的政策立场，建立必要的协调制度。特点是具有广泛性，即探讨的话题可涉及贸易、投资、经济技术合作、环境保护、地区经济发展等问题；权威性，即发言人一般是政府的重要人物，可发挥国家领导人的作用。

因此，在中国与中亚国家建立自由贸易区条件尚未成熟时，可先通过双边过渡到多边，就中亚地区的经贸关系和涉及贸易、投资、技术、环保、信息交流等各种有关中亚地区经济发展问题，以论坛或会议方式交流意见。

（2）自由贸易区模式

在自由贸易区内，各成员国取消相互间的贸易壁垒，却保留它们各自同贸易区以外其他国家间的贸易壁垒。自由贸易区属于半紧密型经济合作或集团化合作方式。在自由贸易区内，成员国之间不准设置对贸易产生扭曲作用

的歧视性关税、配额、补贴或管理障碍，但每个国家可以确定其对非成员国的贸易政策。一般来说，建立自由贸易区需要经过若干阶段。首先，实现商品和资金的自由流动；其次，消除彼此的障碍，创造环境，落实一些项目，推进贸易便利化；再次，进行多边贸易合作；最后，建立自由贸易区。

由于中国与各个中亚国家在经济发展程度上存在差异，经济结构、产业结构、市场结构上存在的差别也较大，建设多边自由贸易区尚需时日。可在中哈霍尔果斯国际边境合作中心等多个双边自由贸易区的基础上最终建立中国与中亚自由贸易区。

### 2. 中国与中亚国家次区域经济合作模式

中国与中亚各国的经济合作是双方区域经济合作的重要组成部分。当前，中亚国家主要是与中欧班列所经的地方开展地方合作，这类区域经济合作属于次区域经济合作性质。从目前中国各省区参与中亚国家次区域经济合作现状来看，双边或多边的合作模式可能会更富有成效并更加务实。中国各省区参与中亚国家次区域合作是以互补为基础而展开的。合作的层次、领域、紧密度由合作方协商确定。这可以有效地提高合作的效率，增强合作的成效。

从对次区域经济合作模式的分析可以看出，“增长三角”“跨国经济合作开发区”“边境自由贸易区”三种模式都属于双边和多边性质，对现阶段中国各省区参与中亚国家次区域经济合作在不同的时间和空间范围内均具有较强的适用性，可以建立以经济“增长三角”为基础，以“跨国经济合作开发区”和“边境自由贸易区”为过渡，最终实现双边自由贸易区和中亚自由贸易区，形成中亚经济圈。也可以把三种模式与我国边疆和内陆中心城市发展结合起来形成综合模式，多模式并进，进而更好地促进中国与中亚区域经济合作。

（1）“增长三角”模式

“增长三角”是20世纪80年代以来兴起的一种新型次区域经济合作模式。它指若干个在地域上相邻、生产要素上互补的国家或地区以各自的增长极（城镇）为极点而形成的经济合作带（区）。一般说来，该带（区）内国家或地区通过投资、贸易和技术转让，在互利的基础上进行合作，达到共同发展的目的。“增长三角”以区域经济学的增长极理论、协同发展理论、空间相互作用理论、耗散结构理论为基础，具有渗透性、互补性、内聚性、规模性，是一个开放的、有序的、有机的经济、社会、生态复合系统。近几年来，“增长三角”在亚洲迅速崛起。亚洲开发银行副总裁威廉·R．汤姆森认为，“增长三角”是亚洲处于不同经济发展阶段和具有不同社会经济制度的国家解决地区一体化问题的独有方法。

就“增长三角”模式而言，中国新疆与相邻的哈萨克斯坦、吉尔吉斯斯坦、塔吉克斯坦的边境地区具有形成中哈塔、中塔吉“增长三角”的条件和基础。

“增长三角”模式的区域经济合作区要求地域邻近、经济具有互补性、基础设施基本完善和适用的政策协调机制。从地域上讲，中国新疆与哈萨克斯坦的东部接壤，与吉尔吉斯斯坦的东部及东南部接壤，与塔吉克斯坦的东北部接壤。从经济互补性、同构性上讲，中国新疆以及中国内地与哈、吉、塔三国在产业结构方面的互补性与同构性明显，主要表现在能源、电力工业和建材业、机电工业和民用品工业、轻纺工业和食品业、种植业和畜牧业、信息通信业和交通运输业、旅游业和环境保护业等领域[①]。从基础设施上讲，中国与哈、吉、塔三国在口岸建设、边民互市建设方面取得了较大进展。目前中国与哈萨克斯坦互开的口岸有阿拉山口、霍尔果斯、巴克图、吉木乃和都拉塔口岸；与吉尔吉斯斯坦互开的有吐尔尕特、伊尔克什坦口岸；与塔吉克斯坦互开的有卡拉苏口岸。从政策协调机制上讲，中国与哈、吉、塔三国均为上海合作组织成员国，均遵循《上海合作组织成员国多边经贸合作纲要》等框架协议。

就“增长三角”模式而言，其规模较小，启动和收效较快，难度和风险较低，因此应是中国与中亚国家区域经济合作模式的首选。尤其是处在我国新疆边境地区和第二亚欧陆桥沿线的塔城、博乐、伊宁、阿拉山口、霍城、霍尔果斯、奎屯、乌鲁木齐、喀什等以及哈萨克斯坦的贾尔肯特、阿拉木图、阿克斗卡、多斯特克和吉尔吉斯斯坦的奥什等节点城镇，按照点轴开发原理，应在经济“增长三角”的启动和形成中起先导和支撑作用。近期内可能出现的“增长

① 王海燕：《经济合作与发展——中国新疆与中亚五国》，新疆人民出版社，2003。

三角”有塔城—裕民—阿克斗卡（哈）、阿拉山口—博乐—多斯特克（哈）、伊宁—霍尔果斯—贾尔肯特（哈）、喀什—吐尔尕特—奥什（吉）等多个小三角。随着这些小三角更加紧密的合作，在条件成熟时，还可建立乌鲁木齐—阿拉木图(哈)—比什凯克(吉)、喀什(阿图什)—比什凯克(吉)—杜尚别(塔)等“增长大三角”，最终形成数量不断增加，范围不断扩大的复合“增长三角”，以带动整个区域发展。[①]

（2）“跨国经济合作开发区”模式

由两个相邻国家（或地区）组成地区政府间的专门机构，各自辟出一块土地，以特殊的经济政策联合开发，共同管辖，通过生产要素合理移动和配置，促进区域经济繁荣和发展。“跨国经济合作开发区”的选址应满足以下要求：A.靠近边境地段，便于多国跨国合作；B.地处交通干线，对外联系方便；C.具备合作开发的资源和自然条件；D.有一定的基础设施和基础产业；E.大宗生活必需品可就近供应解决。

中国与中亚国家可根据建立“跨国经济合作开发区”的条件，在双边或多边谈判基础上，建立中哈、中塔、中吉、中乌、中土双边“跨国经济合作开发区”及中、哈、塔、吉、乌、土的多边“跨国经济合作开发区”。而这些“跨国经济合作开发区”的建立可分步骤，条件成熟一个建立一个。也可根据可行性分析研究的结果先建立一个“跨国经济合作开发区”试点，不宜一哄而上。

从地理位置上讲，中亚国家中除俄罗斯外，哈萨克斯坦的边境线与中国新疆接壤的部分最长。目前，中国与哈萨克斯坦开展对外贸易频繁，边境地区口岸较多，拥有航空、铁路、公路及管道运输线路，交通较为便利。中哈霍尔果斯无水港开创了跨境合作的新模式。精伊霍（精河—伊宁—霍尔果斯）铁路的贯通，拟建的中—吉—乌铁路将使霍尔果斯与阿拉山口、吐尔尕特分别成为亚欧第二大陆桥的西部三个重要口岸，进而将使亚欧第二大陆桥的战略枢纽作用得到更充分的发挥。如果中国与中哈、中吉“跨国经济合作开发区”

① 高志刚:《中国新疆参与中亚次区域经济集团的条件、模式与对策》，《国际贸易问题》2005年第7期。

能顺利建成，将为中塔的合作开发提供思路和借鉴。

中哈“跨国经济合作开发区”成功建立的经验可逐步运用于建立中塔、中吉、中乌、中土双边“跨国经济合作开发区”及中、俄、哈、塔、吉、乌、土的多边“跨国经济合作开发区”，从而有助于实现建立“中亚经济圈”的目标。

（3）“边境自由贸易区”模式

目前，在WTO多边贸易体系中，还没有“边境自由贸易区”的概念。发达国家以及实行市场经济的发展中国家大多超越了早期边境贸易阶段。它们常常通过双边或区域自由贸易协定来建立国家间或国家集团间的自由贸易区、关税同盟或经济同盟；其他区域和次区域优惠也多以自由贸易区的形式出现。但是，这并不能排斥新的优惠贸易形式的出现。

“跨国经济合作开发区”若能发挥其对生产要素的吸纳和扩散功能，实现商品的自由流通和自由贸易，并在开发区内相互之间废除关税的数量限制，则可发展成为“边境自由贸易区”。“边境自由贸易区”应当是在遵守（但并不限于）WTO所规定的边境贸易、自由贸易区概念、便利自由贸易的优惠政策及其地域范围的基础上，通过两国政府签订自由贸易区协议的方式，建立由中央政府订立并监督、次一级政府加以具体实施且有严格地域界限并实行边境自由贸易的特殊次区域贸易安排。

中国与中亚区域经济合作就属于次区域经济合作，中国与中亚边境自由贸易区可视为双方优惠的自由贸易特殊安排，或者视为双边或多边自由贸易区的过渡安排。中哈霍尔果斯国际边境合作中心就属于边境自由贸易区的模式。它的建立有助于发挥对中国和哈萨克斯坦丰富生产要素的吸纳和扩散，实现中国与哈萨克斯坦商品的自由流通和自由贸易。在该国际合作中心区域内，中国与哈萨克斯坦相互间对货币进口关税和数量限制的取消，大大促进了中国与哈萨克斯坦的贸易投资便利化，对中亚区域合作起到了很好的示范和引领作用。随着吉、塔等中亚国家经济发展，中亚各国边境地区对中国市场的依赖度会持续上升，也必然会对中国商品和市场形成更大的需求，进而可能逐步发展成跨越双边或多边的中亚自由贸易区。

（4）综合模式

上述三种模式与中国沿中欧班列中心城市发展相结合就构成了中国与中亚国家区域经济合作的综合模式。选用综合模式需在重点突破、纵深配置两方面进行战略布局。

重点突破

边境口岸、第二亚欧大陆桥铁路和公路是中国发展向西开放的外向型经济的重要依托。目前，中国新疆已开放的陆路边境口岸有 15 个，但因口岸运行时空特征的差异性，其发展水平也不一样。其中，阿拉山口、霍尔果斯口岸因已形成铁路、公路、管道、航空并举的多式联运口岸，可视为重点突破口岸。此外，还应把建立中国与中亚“跨国经济合作开发区”和“边境自由贸易区”作为重点发展方向，并加强第二亚欧大陆桥、双西公路等基础设施及沿线重点城市建设，在有条件的地区（譬如乌鲁木齐和喀什两个航空口岸）建立保税区。借助重点城市、重点口岸、边境经济合作区、开发区、“跨国经济合作开发区”“边境自由贸易区”及保税区的建设，可以逐步形成重点突破、以点带面的发展格局，并最后形成中国与中亚区域经济合作的全面发展。

纵深配置

目前，由于中亚各国边境地区缺乏中心城镇，许多口岸附近也无大城市为依托，个别能依托的城市规模和经济实力又较小，边境口岸至多起过货通道的作用。鉴此，中亚区域经济合作需要依靠各国后方的大中城市及经济实力较强的重要节点城市来配置资源，逐步形成以口岸、经济合作区、边境自由贸易区为“触角”，以边境城市、骨干城市为“节点”，以中国的乌鲁木齐、兰州、西安以及中亚的阿拉木图、努尔苏丹、塔什干、撒马尔罕、比什凯克、杜尚别等主要城市为“核心”的区域经济合作空间战略格局，进而发展成中亚自由贸易区和中亚经济圈，并促进“丝绸之路经济带”发展。

### 3. 中国与中亚国家企业合作模式选择

中国企业与中亚国家企业间合作应根据市场经济规律、国际惯例和规范来进行。大体有以下几种模式可供参考。

（1）联合开发模式

鉴于中国与中亚国家在经济、技术和市场方面有较强的互补性，双方的企业可对中亚区域内的优势资源进行联合开发。其中，通过资源换市场、资源换资金、资源换技术的方式，推动相关资源、资本、产业、技术、管理和人才等的开放和交流，进而推动合作双方加快工业化进程和区域经济发展。可供选择的合作方式大致有："中国资源、资金、管理、技术 + 中亚市场"方式、"中国资金、管理 + 中亚资源、劳动力、技术、市场"方式、"中国市场 + 中亚资金、劳动力、技术"方式、"中国资金、管理、技术 + 中亚资源、市场"等模式。

具体操作时，可基于不同产业、领域的特点，灵活选择企业联合开发与产业融合对接方式。

（2）企业参股模式

股份制能使中亚区域企业利益各方按照共同利益目标和一定规则进行合作。在追求共同利益最大化目标下，股份制企业在经营管理方面各施才华、优势互补、共谋发展策略。股东以其所持有的股份对企业承担责任。

（3）合资经营模式

鼓励中亚区域企业联合寻求新的投资渠道，建立多元化的投融资机制，联手营造一个良好的投资环境。通过直接、间接引资方式，制定各种优惠政策，动员区域内各方力量共同参与投资，形成一种包括政府合作投资、企业投资、个人投资和引进外资在内的多元化投资格局。在这种模式下，由多方共同投资，共同经营，按各自出资比例共担风险、共负盈亏。

（4）合作经营模式

鼓励中亚区域企业合作经营。合作各方根据合作经营合同（契约）约定各自的权利和义务，但合作方式可灵活多样。比如，中方可以土地、资源及无形资产等要素作为合作条件，允许外方投资者先行回收投资（这对外方投资者有较大的吸引力）。

（5）技术合作模式

区域发展速度、区域产出效率及区域经济发展水平在很大程度上表现为区域技术水平及技术贡献率。针对中国新疆与中亚区域当前的技术现状和经济发展水平，中国与中亚国家在棉花种植、能源勘探与开采、金属和机械产品生产等技术方面互有优势，双方可重点选择这些领域进行技术合作。

（6）战略联盟模式

战略联盟是由两个或两个以上有着对等实力或互补资源的企业出于对整个市场的预期和企业总体经营目标的考虑，为实现共同拥有市场、合作研发、共享资源和增强竞争能力等目标，通过各种协议而结成的优势相长、风险共担的松散型合作竞争组织。战略联盟的特征包括组织灵活、边界模糊、关联松散、运作高效、技术先进、发挥优势和彼此信任。

总之，中国企业与中亚国家企业间合作应根据具体情形选择适合自己的合作模式。

## 四、中国与中亚国家区域经济合作新趋势

### 1. 中国与中亚国家多边与双边合作机制助力经贸合作走深走实

自 20 世纪 90 年代初，中亚国家先后独立以来，中国与中亚各国已搭建起了多元化的双边或多边区域或次区域合作机制，保持高频率和高质量的高层互访以增进双方共识与互信，为双方经贸合作起到了积极的推动作用。

（1）上海合作组织的多边机制发挥着重要的协调和促进作用

中国和除土库曼斯坦之外的中亚国家均为上海合作组织成员国。长期以来，双方在上海合作组织的框架下已在贸易、产能、能源、交通、铁路、投资、金融、农业、海关、电信等共同感兴趣领域开展了卓有成效的合作，并就制定与实施国家发展和战略规划、促进经济增长、创造良好的投资营商环境方面开展经验交流，推动多边合作再上新台阶。①

① 《上海合作组织成员国政府首脑（总理）理事会第十六次会议联合公报（全文）》，新华网，2017 年 12 月 2 日。

（2）首脑会晤机制发挥着重要的顶层设计和实质性推动作用

以2017年中国与中亚国家领导人互动为例。2017年5月11—15日，在首届“一带一路”国际合作高峰论坛期间，习近平主席分别与哈乌吉三国总统举行会晤并签署了一系列重要的经贸合作协议；尤其是中方邀请乌兹别克斯坦新任总统米尔济约耶夫访华，保证了中乌日后双边合作的顺利推进和不断发展。[①]同年6月7—10日，习近平主席第三次对哈萨克斯坦进行国事访问并出席上海合作组织阿斯塔纳峰会开幕式期间，中哈双方就“丝绸之路经济带”建设商定重点将做好四方面对接：A. 实现新亚欧大陆桥、中国—中亚—西亚经济走廊建设同哈萨克斯坦打造国际物流大通道战略对接；B. 推动国际产能合作同哈萨克斯坦加快工业化进程对接；C. 完成中国陆海联运优势同哈萨克斯坦东向海运需求对接；D. 推进“数字丝绸之路”倡议同“数字哈萨克斯坦”战略对接，推动中哈关系“百尺竿头、更进一步”。[②]8月30日至9月1日，塔吉克斯坦总统拉赫蒙对中国进行国事访问并赴厦门出席“金砖国家”领导人第九次会晤期间，中塔两国元首签署了关于建立全面战略伙伴关系的联合声明和《中塔合作规划纲要》以及基础设施建设、能源开发、科学技术、农业合作、人力资源开发、新闻界交流等20多个文件。10月15日，吉尔吉斯斯坦举行总统选举，习近平主席第一时间向当选总统热恩别科夫发去贺电。10月25日，中共十九大胜利闭幕，习近平再次当选中共中央总书记，哈、乌、塔、土、吉中亚五国都纷纷发来贺电。频繁的交往和交流促进了中国与中亚国家元首良好的个人关系，并为双边关系的全面深入发展创造了重要和有利的条件。

（3）多种双边合作机制和次区域多边合作机制助力经贸合作落到实处

中国与中亚国家的合作机制既涉及区域间、国家间、地方间多层级的部门合作，又包括各有关专业领域的务实合作。仅2017年，中国与中亚国家在双边或多边合作机制下举行的政府间专业会议有中哈合作委员会第8次会

① 《乌兹别克斯坦总统访华期间与中方签署105份文件》，商务部网站，http://www.mofcom.gov.cn/article/i/jyjl/e/201705/20170502575404.shtml。

② 《弘扬丝路精神 谱写合作新篇——习主席访哈并出席上合峰会和阿斯塔纳专项世博会开幕式成果丰硕》，央视网，http://tv.cctv.com/2017/06/11/VIDEMe9Y7rwqGLH0n6ys8Yqy170611.shtml。

议、中哈文化和人文合作分委会第12次会议、中哈环保合作委员会第6次会议、中乌政府间合作委员会经贸合作分委会第5次会议、中乌政府间合作委员会科技合作分委会第3次会议、中乌政府间合作委员会第4次会议以及中亚区域经济合作（CAREC）第16次部长级会议、中俄哈蒙“我们共同的居住地——阿尔泰”国际协调委员会第14次工作会议、第6届中国—亚欧博览会推介会、第6届欧亚经济论坛等。此外，中塔还签署了《中华人民共和国科学技术部与塔吉克斯坦共和国科学院关于成立中塔科技合作委员会的谅解备忘录》等。这些常态化的机制对中国与中亚国家及时讨论专业领域的务实合作项目以及促进地方间的经贸交流与合作起到了重要促进作用。

近年来，在中国与中亚的双边或多边、区域或次区域合作机制中，成就最显著的是中哈霍尔果斯国际边境合作中心的建立和运行。作为中国与中亚地区首个自由贸易区和跨境旅游购物中心以及上海合作组织框架下区域合作的示范区，该中心2017年共验放旅客465.7万人次，同比增长一成；[①]2018年1月29日，在“新时代 新理念 新征程 中哈霍尔果斯联合招商推介会暨项目签约仪式”上，中哈双方签订了有关开展跨境支付业务战略性合作协议项目6个，中哈两国上百家企业代表共达成签约项目35个（涉及商贸、金融、物流、旅游、康养、加工制造等领域），总投资额超过201亿元。[②]

### 2. 中国与中亚国家贸易便利化不断推进

（1）中国与中亚国家共同推进国际贸易“单一窗口”标准的实施

中国的国际贸易“单一窗口”标准版是全国通关一体化的重要依托和平台。企业向口岸多个部门申报只需要通过国际贸易“单一窗口”标准版一个平台即可完成[截至2017年11月，该“单一窗口”标准已覆盖中国31省区市（港澳台除外）]。作为国家战略信息系统，“单一窗口”是实现贸易便利化的重要而关键的基础工程。通过建立贸易商和政府机构之间、政府机构与

① 李晓玲、李明：《今年465万人光临中哈霍尔果斯国际边境合作中心》，新华网，http://www.xj.xinhuanet.com/2017-11/08/c_1121919921.htm。

② 《中哈霍尔果斯联合招商推介会隆重举行上百家企业现场签约201亿》，http://www.xjhegs.gov.cn/info/1182/16599.htm。

政府机构之间贸易信息交换的“单一”公共平台，可以有效实现贸易监管的简化、协调与高效。如果中国和中亚各国之间能够实现“单一窗口”的对接，将有助于信息互换、监管互认、执法互助目标的快速实现，并开创中国与“丝绸之路经济带”沿线国家和地区海关国际合作的新模式，进而有效推进中国与中亚国家的贸易便利化。

为此，中国与中亚国家在上海合作组织、中亚区域经济合作（CAREC）等机制中都有有关电子商务及以包括简化与协调海关单证和手续及简化转运制度等在内的海关合作、检验检疫和标准一致化等推进贸易便利化的合作协议。①2017 年 5 月，中国海关总署与哈萨克斯坦海关部门签署了旨在深化沿线海关“信息互换、监管互认、执法互助”合作的海关合作文件。

同年从 7 月 1 日起，哈萨克斯坦开始试行新的电子申报系统，为“单一窗口”进行准备。该系统包括自行注册、预先申报、转关过境、货物清关、风险管理和个人账户等部分，并从 2018 年 1 月 1 日起正式实施。据此，哈财政部国家收入委员会对工作人员及企业相关人员进行了系统使用培训。②8 月 31 日，《中华人民共和国和塔吉克斯坦共和国关于建立全面战略伙伴关系的联合声明》中指出，双方将加强海关领域合作，促进口岸通关及贸易便利化。2017 年 10 月，中国与欧亚经济委员会签署的《关于实质性结束中国与欧亚经济联盟经贸合作协议谈判的联合声明》包含电子商务和竞争等新议题，范围涵盖海关程序与贸易便利化、知识产权等 10 个章节。③

（2）动植物检验检疫领域的合作

为促进食品和农产品贸易便利化，中国与中亚国家之间也加强了在动植物检验检疫领域的合作。2017 年 5 月，中国国家市场监督管理总局与哈萨克斯坦、吉尔吉斯斯坦、乌兹别克斯坦等国相关部门签署了检验检疫合作协议；吉尔吉斯斯坦政府批准了吉国家动植物安全检验局与中国国家质检总局关于在动植物检验检疫领域合作的谅解备忘录；中国政府与乌兹别克斯坦和塔吉克斯坦等也签署了相关经贸合作协议。

① 王珉：《“丝绸之路经济带”海关国际合作法律机制的构建》，《东北亚论坛》2017 年第 6 期。

② 《哈萨克斯坦在海关通关过程中将实行单一窗口》，《哈萨克斯坦真理报》2017 年 8 月 8 日。

③ 《中国与欧亚经济联盟实质性结束经贸合作协议谈判》，mp.weixin.qq.coms。

### 3. 电商平台在中国与中亚贸易中越来越受到青睐和重视

（1）电子商务在中亚国家发展方兴未艾

近年来，电子商务在包括哈萨克斯坦、乌兹别克斯坦在内的中亚各国迅速崛起。据统计，哈萨克斯坦 2016 年电子商务市场增长 63.7%；到 2020 年，电子商务市场交易额有望达到 20 亿美元。[①] 同时，哈居民互联网支付业务量发展迅猛，2016 年共完成 3300 万次网上支付交易，同比增长 2 倍，互联网支付总量达到 3070 亿坚戈（约 9 亿美元），[②] 同比增长 3.4 倍；互联网支付在非现金交易总量中的份额由 11% 提高至 23%，互联网支付在哈零售业额中所占份额增至 4%。[③]

（2）中国与中亚电子商务平台建设蓬勃发展，模式不断创新

近年来，中国电子商务平台纷纷进入中亚各国，为中国与中亚各国经贸合作增砖添瓦。其中，表现较为突出的是浙江聚贸（JUMORE）电子商务有限公司打造的“聚贸卖塑郎 +”（简称：聚贸）。作为全球第一家综合类大宗商品（跨境）电子商务平台[④]，“聚贸卖塑郎 +”是工业全产业链及全服务业生态化跨境电商，可以交易从原料到成品的任意商品。目前，聚贸已与包括 G20 国家、“一带一路”沿线国家、APEC 成员在内的全球 150 多个国家或地区达成合作，帮助入驻企业融入全球产业生态体系。在中国，聚贸的合作已覆盖各个省份，实现了中国与其他加入平台国家或地区的互联互通、共赢共享，推进了各国经济的良性发展。[⑤] 现在，中亚各国的许多企业都已入驻该平台，其中哈萨克斯坦就有 15 家企业的 31 种商品入驻（如“Alina”染发剂、列普瑟蜂蜜、“RG Brands”饮料等）。[⑥] 哈铁路总公司旗下子公司“哈铁速运”也与中国聚贸公司达成协议，开展“B2B”电子贸易合作。由于该电子商务平台

---

① 《专家预测 2017 年哈电子商务市场将实现 31% 的增长》，国际文传电讯社（阿拉木图）2017 年 5 月 24 日。

② 2016 年，美元对坚戈年平均汇率为 1 美元 =341.76 坚戈。

③ 《2016 年哈互联网支付业务量突破 3070 亿坚戈》，哈萨克斯坦 Ranking.kz 网 2017 年 2 月 28 日。

④ 《全球第一家综合类大宗商品（跨境）电商平台“聚贸卖塑郎”正式上线》，中华网财经 2015 年 4 月 13 日，http://finance.china.com/fin/sxy/201504/13/6476800.html。

⑤ https://www.jumore.com/help/100046?categoryCode=00000201。

⑥ 《哈企业家协会呼吁本国企业利用电商平台对华出口》，国际文传电讯社（阿斯塔纳）2017 年 6 月 13 日。

可为生产商、供货商、物流企业和消费者提供一体化服务，哈大型农业、能源、开采和商品生产企业均在平台交易。此外，哈萨克斯坦相关方面还计划发展灵巧（Smart）物流，扩大运输能力，吸进潜在客户，增加东南亚至欧洲、独联体和中亚地区过境运输，助推哈商品走向国际市场。[①]除了聚贸平台，2017年3月，在包括乌兹别克斯坦在内的独联体地区还出现了另一家跨境线上电子商务平台——Qoovee.com。该平台信息覆盖超过1.4万生产商和供货商及其所经营商品目录，网站日访问量数以万计并有中文服务。[②]

（3）中乌电商合作面临来自韩国等国家的激烈竞争

2009年9月，中国新疆奎屯市人民政府与中国国际电子商务中心联合打造的“中国（奎屯）电子商务平台暨中国（奎屯）—乌兹别克斯坦商务交易平台”隆重开通。这是世界四大综合性交易所之一的乌兹别克斯坦国家原料商品交易所授权新疆奎屯新西亚石油化工有限公司在中国建设的唯一信息贸易平台。作为中国国际电子商务中心与地方政府联合建设的第28个区域电子商务平台，以“中国（奎屯）—乌兹别克斯坦商务交易平台”为起点，以全流程国际电子商务为目标，率先创新了国际区域经济合作新模式，并逐步发展成为国内首创、支持多种交易模式的国内、国际贸易平台。该平台依托中国国际电子商务中心安全稳定的国家级“金关工程”主干网络服务，通过乌交所与世界各国250多个贸易平台连接，实现了国内用户与中亚及其他各国客商的网上交易，是中国与中亚国家建立的首家综合性、国际性、多功能的电子商务应用平台。[③]在该平台上，跨境大宗商品交易采取线上交易、线下付汇、线下物流的方式，主要商品为棉纱。2017年，该平台跨境大宗商品交易额超过4000万元人民币，与2016年基本持平；中国“长三角”地区许

① 《哈萨克斯坦铁路公司将与中国聚贸公司发展smart物流》，国际文传电讯社（阿拉木图），2017年3月3日。

② 《跨境电子商务平台Qoovee.com在乌兹别克斯坦开始运行》，乌兹别克斯坦资讯（http://mp.weixin.qq.com/s?src=3&timestamp=1516720191&ver=1&signature=KI3*339FVWgqROweawTS2L0zLmf8t-yglUIWk*tzrxXdCPqw2vyijuLKYwEO-Po8Gi56hXBbfntLFCKKBC9fN**jOSlBItjrBE*1S12hqigFo13hypVDwPgZzxiLra3Cw20zOM3jC9vcx313QTK85IoPrRpfIh5qk9jzBZxKtuo=）。

③ 《中国（奎屯）—乌兹别克斯坦商务交易平台开通》，中国经济网（http://district.ce.cn/zg/200909/01/t20090901_1274540.shtml）。

多中小企业对中亚棉纱等物资需求旺盛，但通关、结算、物流等跨境电子商务环节目前仍存在不尽如人意之处，跨境贸易受到一定影响。①

值得注意的是，2017 年 10 月，乌对外贸易部下属外贸公司（UzTrade）与韩国网络贸易公司（Korea Trade Network）和韩国国际贸易联合会（KITA）签署合作协议，约定合作方共同在已有的乌兹别克贸易网站（TradeUzbekistan.com）基础上建设乌国家统一对外贸易电子商务平台，并致力于健全平台商品名录，建设更为广阔的销售渠道和更加健全的经销体系；规范电子商务贸易秩序，提供商务、法律、物流等附加服务，推动所有进出口交易电子化。②该协议的签署，标志着中乌电商合作受到来自韩国的激烈竞争。

在当前全球经济复苏乏力、各国经济结构加速调整的大背景下，中国与中亚国家经贸关系逆势而上，双边贸易率先实现止跌回升，跨境电商作为新兴贸易模式为促进双边贸易增长发挥了积极作用。

### 4. 农业合作成为中亚国家对中国经贸合作的着力点

（1）中国与中亚农产品贸易丰富了彼此的“菜篮子”

农业一直是中亚国家国民经济体系中传统的重要领域。近年来，随着中亚国家农畜产品的自给自足及其向俄罗斯等出口的市场趋于饱和，中国成为中亚各国希望大力开拓的重要出口市场，而中国农产品也在丰富中亚国家民众的餐桌。如哈萨克斯坦拟步入世界农产品大型生产商的行列。到 2021 年哈将扩大农产品出口至 15 亿美元③，其中拟扩大羊肉出口量至 2021 年达 16 万吨 / 年④。根据哈 2017—2021 年农工综合体发展国家规划，基于地理位置、市场、运输等多方面因素，哈国认为欧亚经济联盟国家和其他独联体国家、伊朗、阿富汗、阿联酋和中国是哈农产品最佳出口目标国。其中，中哈合作是重中之重。由此可见，中哈农业合作已被提到新高度。哈副总理兼农业部

① 朱景朝：《乌兹别克斯坦大宗商品交易所中国分所去年交易额逾 4000 万》，中国新闻网（http://finance.chinanews.com/cj/2018/01-22/8430096.shtml）。

② 《TradeUzbekistan.com 将成为乌统一对外贸易电子商务平台》，乌兹别克斯坦新闻网 2017 年 10 月 27 日。

③ 《到 2021 年哈萨克斯坦计划出口农产品达 15 亿美元》，《哈萨克斯坦真理报》2017 年 4 月 12 日。

④ 《哈萨克斯坦拟扩大羊肉出口量，至 2021 年达 16 万吨 / 年》，国际文传电讯社（阿斯塔纳）2017 年 4 月 12 日。

长梅尔扎赫梅多夫访华期间，签署了哈麦麸对华出口卫生检疫要求议定书，其中2017年中方允许哈方对华出口60吨。此外，中哈双方还探讨了考察并检验哈粮食安全保障体系，加快对哈畜牧加工企业食品安全的检查以尽快使其获得对华出口资质等一系列问题。①2017年3月，哈总统纳扎尔巴耶夫强调哈要为吸引外资营造良好环境，且重点关注的领域主要包括大力扶持农业；稳步实施"光明宅基地"计划等。2017年，哈基于对全国农业加工企业现状及其未来发展趋势的分析和预测，编制了境内农业加工企业分布规划图，同时要求通过改造和新建加工厂提高农产品加工能力。目前，中亚其他国家由于大量土地难以有效利用，也纷纷将引进中国的先进农业生产技术等作为与中国农业合作的工作重点。

哈萨克斯坦土地资源丰富，其粮食生产成本低，但机械化、精细化程度不高；通过引入中国的技术和资金可有效提升农产品深加工能力。中哈两国自2004年至今已签署19项农业合作协议，双方农业部门正在积极落实这些协议和对接发展项目；2017年，中哈签署了有关在边境地区启动建设谷物和油籽终端站、哈对华出口谷物和油籽的合作协议（价值1.6亿美元）。②哈萨克斯坦全年果蔬进口总量占全年果蔬消费总量的80%，其中半数以上来自中国。例如，哈萨克斯坦由于反季节蔬菜（特别是在冬季）生产能力不足，当地人所食用的蔬菜基本都是从中国进口并从阿拉木图分销至哈国全境甚至其他中亚国家。③

（2）中国对中亚农业全方位投资并构建完整产业链

目前，前景广阔的哈农业市场正吸引越来越多的中国投资商。中国中信集团有限公司认为哈拥有种畜养殖场、农场、饲养场和现代肉类加工厂等产业集群，因此拟对哈肉类加工业投资近1亿美元并出口相关产品至中国；④北京龙源公司总投资金额1300万美元，同哈DOS-Jetysu公司联合成立了

① 《中哈签署麦麸输华卫生检疫要求议定书》，哈萨克斯坦通讯社2017年3月31日。

② 《中哈签署1.6亿美元农业领域合作协议》，国际文传电讯社（阿斯塔纳）2017年7月11日。

③ 《2017年霍尔果斯口岸出口到哈的果蔬预计可达20万吨》，农产品价格信息网2017年5月12日，http://www.cnjidan.com/news/965632/。

④ 《中信集团拟进军哈萨克斯坦肉类加工业》，国际文传电讯社（阿斯塔纳）2017年4月20日。

“Longyuan Jetysu”肉类加工厂，并制订了从饲养规模为3000头的牲畜养殖到形成最终成品的全流程生产经营方案。该工厂计划每年供应1万头牲畜，但其实际屠宰及工艺生产线年处理能力为5万头牲畜；[①] 中国西安爱菊粮油工业集团与哈方已有多个农业合作项目（如向哈方提供种子和田间管理技术、在哈种植并收获优质粮油反销中国）。

中国自2013年起先后在边境口岸开辟了至哈萨克斯坦、吉尔吉斯斯坦、塔吉克斯坦的多条农产品快速通关“绿色通道”，设置了“农产品专用报关窗口”，实行预约报关制度（出口企业可申请实施“门到门”服务），并对易冻、易腐农产品优先办理。此外，相关企业在通关时可申请采取先装车后申报或边申报边查验的灵活办法。所有这些措施使中国与中亚各国之间的农产品贸易增长迅猛。如中塔“卡拉苏—阔勒买”口岸农产品快速通关“绿色通道”已开通。截至2017年12月，该通道累计进出口农产品近3000吨，贸易额达3385万元；年均进出口农产品数量与贸易额增速在20%以上，[②] 当地农民收入显著提高。

2017年1月，吉尔吉斯斯坦经济部与中国河南贵友实业集团开发的吉尔吉斯斯坦“亚洲之星”农业产业合作区签署经贸领域合作备忘录。[③] 目前，“亚洲之星”农业产业合作区因完善的基础设施、完整的产业链以及绿色生态的运营理念，为中国企业在吉尔吉斯斯坦发展种植、养殖、屠宰加工、食品深加工等工业迅速投入生产、销售提供法律、市场咨询等服务，成为当地农业产业合作的典范。中国新疆中泰集团在塔吉克斯坦西南部建设了中亚最大的纺织工业园，将先进的棉花种植技术和纺织技术输出到塔吉克斯坦。这不仅改变了当地棉花种植方式，而且完善了原料深加工产业链。其中，2015年—

---

① 《北京龙源公司在阿拉木图州投资建设肉类联合加工厂》，哈萨克通讯社（塔尔迪库尔干）2017年3月30日。

② 李晓玲：《中塔农产品快速通关“绿色通道”累计进出口农产品近3000吨》，新华网，http://www.9winetour.com/caijing/20171205/3374.html。

③ 《吉尔吉斯斯坦与中企开发的合作区签署经贸合作备忘录》，吉尔吉斯斯坦资讯2017年1月8日，http://mp.weixin.qq.com/s?src=3&timestamp=1517320793&ver=1&signature=PxdJYhKQOIlkc2GrhOd9FTzdMULxITyUzXRzCTdRJW41Aelt9Fl7bSxsnH9Ia4oW*hPdV3yv3mbV1BFy-toBaaxLAk9IFHq5pPBqhwcH6w8*cYjDuulvaKFg75OWu2FSgysBuYofehfutJETjxPW9f27XoWM9zYdQdKRutwBuSs=。

期工程已投产，2017 年建成了 3840 头气流纺项目（折合环锭纺 5 万锭）以及 7500 万米织布项目。中泰丹加拉工业园已成为塔吉克斯坦乃至中亚 5 国最大的农业纺织园，生产出的优质纱线产品不仅占据塔吉克斯坦市场第一，而且在整个中亚市场位居第一；产品已远销埃及、土耳其、意大利、德国、俄罗斯、白俄罗斯、伊朗、乌克兰、吉尔吉斯斯坦以及中国等十余个国家。①

2017 年，中亚国家优质绿色果蔬、蜂蜜等农畜产品以及皮毛制品等开始实现对华出口。到 2017 年年底，中国在中亚国家农业种植、良种培育、养殖加工、农产品深加工、农产品贸易等全产业链的合作格局已初步形成。

### 5. 中国与中亚国家不断创新金融合作模式

近年来，中国与中亚国家金融合作模式不断创新，并通过推动金融机构和金融服务网络化布局和创新融资机制支持"一带一路"建设。

（1）中国积极探索在中亚地区开展国际金融中心建设与银行合作

2017 年 4 月，为联合实施组建国际金融中心，哈财政部牵头成立阿斯塔纳国际金融中心委员会，哈总统纳扎尔巴耶夫任委员会主席，中国阿里巴巴集团创始人兼董事局主席马云入选最高管理机构阿斯塔纳国际金融中心国际管理委员会成员，其他成员包括哈副总理、经济部部长、财政部部长、央行行长以及国际组织和机构负责人欧洲复兴开发银行总裁、国际货币基金组织董事会主席、摩根大通董事会主席、俄罗斯联邦储蓄银行行长格尔曼·格列夫。②阿斯塔纳国际金融中心由以英国法律为基础的独立法院、国际投资仲裁机构、交易所及独立监管机构组成并于 2018 年 1 月 1 日起正式运行。该中心将成为伊斯兰金融和绿色金融汇集地，并将同欧开行进行生态建设领域合作，联合发售伊斯兰国家主权债券"苏库克"。③同年 6 月，为响应国家"一带一路"倡议，中信银行股份有限公司联合中国烟草总公司下属中国双维投资有限公司与哈萨克斯坦人民银行（Halyk Bank）签署股权交易协议，由中

---

① 《中塔合建纺织产业园"织"出丝路新生活》，央视网，http://news.cctv.com/2017/ 04/20/ARTIt dyXv 3pPA6lbY1sBPCUr170420.shtml。

② 《马云入选阿斯塔纳国际金融中心管理委员会成员》，哈萨克斯坦通讯社 2017 年 4 月 12 日。

③ 中国驻哈萨克斯坦使馆经商处：《哈投资和发展部部长谈阿斯塔纳金融中心建设和投资战略制定情况》，http://kz.mofcom.gov.cn/article/jmxw/201706/20170602599897.shtml。

方收购哈人民银行全资子行阿尔金银行（Altyn Bank）60% 的股份。[①] 此次收购开创了中国与中亚国家金融合作的新模式，并将带动中信集团在哈萨克斯坦乃至整个中亚地区的业务发展。

（2）中国与中亚金融交易机构开启合作

中国上海交易所继 2017 年 5 月与莫斯科交易所签署战略合作协议后，6 月与哈萨克斯坦阿斯塔纳国际金融中心管理局（AIFC）在阿斯塔纳签署合作协议，规定双方共同投资建设阿斯塔纳国际交易所。其中，上交所持有阿斯塔纳国际交易所 25.1% 的股份，并将在技术咨询、业务规划、产品设计、市场推广等方面对该交易所的筹建给予全方位支持。[②] 与此同时，阿斯塔纳国际交易所与纳斯达克交易所签署了关于提供最先进交易平台技术的协议。根据规划，阿斯塔纳交易所将建成立足于哈萨克斯坦、面向中亚、辐射俄罗斯和中东地区的金融交易中心，涵盖股票、债券、衍生品、基金、大宗商品等产品业务，提供上市、交易和交易后等全价值链服务。就该交易所而言，中哈合作的第一个项目是成立中哈两国投资者都可注册的结算中心。[③] 该交易所将成为哈萨克斯坦国有资产证券化的重要平台，并将有助于人民币离岸交易的进一步发展。为此，中哈双方致力于将其发展成为中亚地区的人民币交易中心和“丝绸之路经济带”上的重要金融平台，为“一带一路”建设项目落地提供融资服务。

（3）中哈企业发行联名卡，创新交易支付模式

2017 年 3 月，由哈商业银行、中国银联和新疆亚中集团共同开发的联名卡启动发行。该联名卡特点是：A. 支持坚戈、人民币和美元，足不出户即可在 Cemarket[④] 网上平台完成交易；B. 年费较低，第一年 990 坚戈，第二年开

① 陈果静：《中信银行收购哈萨克斯坦阿尔金银行 60% 股权》，中国经济网，http://finance.ce.cn/bank12/scroll/201706/08/t20170608_23517683.shtml。

② 上海证券交易所：《上交所服务“一带一路”建设再结硕果——上海证券交易所与哈萨克斯坦共建阿斯塔纳国际交易所》，http://www.sse.com.cn/aboutus/mediacenter/hotandd/c/c_20170608_4322852.shtml。

③ 王丹：《上交所参股阿斯塔纳交易所首个项目落地交易结算》，《21 世纪经济报道》，2017 年 11 月 29 日，http://m.21jingji.com/article/20171129/herald/d4430c304a66ae7be9b864109af4b178.html。

④ Cemarket 是 2016 年建成的面向俄语地区的机电产品 B2B 平台，对外提供中国企业信息，包括通关在内的环节均可在网上操作完成，截至 2017 年 3 月实现交易额 3000 万美元。

始每年800坚戈；C. 在Cemarket平台使用，单次交易无消费金额门槛（方便中小型企业使用。该联名卡的发售既大大简化了结算环节，又节省了企业交易开支；改变了此前自中国进口工业产品（这时，进货方要么需携带大量现金亲自去中国进行交易，要么通过金融机构汇款）手续费居高不下的交易模式。[①]

（4）中哈霍尔果斯国际边境合作中心交通银行发放首笔离岸人民币贷款

2018年1月，交通银行股份有限公司霍尔果斯国际边境合作中心支行为新疆区内企业新疆建融国有资本运用投资（集团）有限责任公司发放离岸人民币贷款3亿元，用于该公司日常经营。该笔业务是交通银行首次利用离岸人民币对新疆区内企业给予资金支持的尝试。[②]

随着"丝绸之路经济带"核心区建设的深入推进以及中国"西部大开发战略"的深入实施，中哈霍尔果斯国际边境合作中心作为国内唯一开展创新离岸人民币试点区域，赋予了霍尔果斯金融发展新的内涵。交通银行股份有限公司霍尔果斯国际边境合作中心支行是目前7家进驻该中心推行跨境人民币创新业务试点的银行之一，也是唯一拥有离岸业务牌照的商业银行之一。根据监管政策要求，交通银行离岸中心只能经营外币，本次离岸人民币业务的落地正是利用中哈霍尔果斯国际边境合作中心跨境人民币创新业务政策而开展的离岸人民币对新疆区内企业的资金支持。这既是对交行全币种经营的有效补充，也是对该中心探索离岸本、外币联动业务的尝试。它突出了离岸经营的独特优势，促进了境内外资金的融通，发挥了霍尔果斯合作中心开展跨境人民币业务并服务地方实体经济的作用。

### 6. 中亚国家竞相发展与中国的交通运输合作

中亚地区位于"一带一路"6条经济走廊当中新亚欧大陆桥经济走廊和中国—中亚—西亚经济走廊的中间地段。中亚国家期待在与中国的交通物流合作中提升其在欧亚经济体系和全球陆路运输中的地位并实现其走向海洋的梦想，遂竞相参与"一带一路"经济走廊建设。

① 《中哈企业发行联名卡》，哈萨克斯坦Kursiv.kz通讯社2017年3月14日。

② 《交行霍尔果斯国际边境合作中心支行发放首笔离岸人民币贷款》，《伊犁日报》2018年2月1日。

（1）铁路方面

随着“一带一路”国际合作的不断推进，中欧班列快速发展，其中2017年开行3673列，同比增长116%，超过过去6年总和。到2017年年底，国内开行城市达38个；到达欧洲13个国家36个城市，较2016年新增5个国家23个城市；铺设中欧班列运行线路达61条；中欧班列全程运行时间从开行初期的20天以上逐步缩短到12—14天；整体运输费用较开行初期下降约40%。[①] 预计，2020年中欧贸易将达8000亿美元，货运量1.7亿吨；[②] 途经中国15个省市的中欧班列集装箱货过货量将达80万个；中国至高加索地区、土耳其的集装箱过货量可能发展至30万个/年，而中国至土库曼斯坦、伊朗线将达68万个/年；过境哈国的集装箱过货量将达200万个。[③] 专家预测，到2020年，哈过境运输增长对GDP的贡献将超过50亿美元。因此，哈方希望最大程度地发掘自身中转运输潜力。[④]2017年3月，中哈双方签署关于开展连接中国西北、哈萨克斯坦、俄罗斯和欧洲国家的“克拉玛依—塔城—阿亚古兹”铁路“阿克图—阿亚古兹”段建设前期研究工作的备忘录。[⑤] 目前，中国—哈萨克斯坦—欧洲是最优线路之一。乌、土、吉都在积极发展多向度的过境运输线路。其中，拟建的欧盟—高加索—中亚运输线路[⑥]、中国—吉尔吉斯斯坦—乌兹别克斯坦—土库曼斯坦—伊朗铁路[⑦]、土库曼斯坦—阿

---

① 安蓓：《2017年中欧班列开行数量同比增长116%》，新华网，http://www.xinhuanet.com/fortune/2018-01/22/c_1122297180.htm。

② 中国驻哈萨克斯坦使馆经商处：《哈投资和发展部部长访华希加强交通运输合作》，http://kz.mofcom.gov.cn/article/jmxw/201703/20170302524996.shtml。

③ 《至2020年哈萨克斯坦境内集装箱过货量将达200万个》，国际文传电讯社（阿斯塔纳）2017年3月9日。

④ 中国驻哈萨克斯坦使馆经商处：《哈总理表示要保证过境运输量实现稳步增长》，http://kz.mofcom.gov.cn/article/jmxw/201707/20170702604258.shtml。

⑤ 《中国和哈萨克斯坦拟建铁路过境东哈州》，国际文传电讯社（乌斯季卡缅诺戈尔斯克）2017年3月24日。

⑥ 中国驻乌兹别克斯坦使馆经商处：《乌兹别克斯坦拟进一步发展过境运输业》，http://uz.mofcom.gov.cn/article/jmxw/201709/20170902650791.shtml。

⑦ 中国驻乌兹别克斯坦使馆经商处：《乌吉就建设连接中国与波斯湾的五国铁路达成共识》，http://uz.mofcom.gov.cn/article/jmxw/201612/20161202414223.shtml；中国驻乌兹别克斯坦使馆经商处：《“中亚—波斯湾”过境运输走廊工作委员会首次会议在塔什干举行》，http://uz.mofcom.gov.cn/article/jmxw/201703/20170302534088.shtml；南博一：《吉尔吉斯斯坦媒体：中吉乌铁路将在今年4月确定走向》，澎湃新闻网，http://www.thepaper.cn/newsDetail_forward_1951975。

富汗—塔吉克斯坦铁路延伸至吉尔吉斯斯坦并与中国铁路网连接，从而连通亚太地区的铁路线[①]等将是未来最具前景的路线。

（2）公路方面

2017年11月，东起中国连云港，途经中国连霍高速，出霍尔果斯口岸进入哈萨克斯坦境内，西经莫斯科至俄罗斯圣彼得堡跨入欧洲西部，总长8445千米，中国境内长3425千米的"双西公路"国道218线霍尔果斯口岸段公路项目建成通车标志着"双西公路"国内段全线贯通。2018年9月，中哈两边的路已连接，"双西公路"全线贯通，中国至欧洲实现全程高速公路连通。2017年11月，中吉乌国际道路货运汽车沿"塔什干—安集延—奥什—伊尔克什坦—喀什"线路试运行。该线路的开通掀开了中吉乌运输合作的新篇章，并将推动中吉乌运输合作与经济潜能的深度融合。[②]

（3）航空运输方面

2017年，阿拉木图至北京航线从每周5班增至7班；阿斯塔纳至北京航线从2班增至4班；阿斯塔纳—乌鲁木齐、阿拉木图—乌鲁木齐航班数量也将增加。此外，哈方还有意开通其他城市到中国的航班。[③]哈阿斯塔纳航空公司客运量的增长主要依靠来自中国、印度和独联体国家的过境客流。据统计，该公司2016年过境旅客运输量为30.9万人次，同比增长67%；[④]2017年过境客流量增加58%；[⑤]希望到2020年过境旅客运输量再翻一番。2017年2月，杜尚别至北京直航航班启运并定期飞行。[⑥]

（4）水运方面

跨里海国际运输通道是指从中国经哈萨克斯坦、阿塞拜疆、格鲁吉亚之

① 中国驻土库曼斯坦使馆经商处：《土库曼斯坦全球交通大会概况》，http://tm.mofcom.gov.cn/article/ztdy/201612/20161202085229.shtml。

② 李遥远：《中吉乌国际道路货运试运行启动》，中国经济网，http://www.ce.cn/xwzx/gnsz/gdxw/201711/01/t20171101_26716266.shtml。

③ 中国驻哈萨克斯坦使馆经商处：《哈投资和发展部部长访华希加强交通运输合作》，http://kz.mofcom.gov.cn/article/jmxw/201703/20170302524996.shtml。

④ 《阿斯塔纳航空公司计划扩大过境旅客运输量》，国际文传电讯社（阿斯塔纳）2017年5月23日。

⑤ 《2017年哈阿斯塔纳航空公司客运量增长12%》，国际文传电讯社（阿拉木图）2018年2月1日。

⑥ 《杜尚别至北京直航将定期运行》，塔吉克斯坦媒体（Avesta）2017年2月20日。

后，再经土耳其和乌克兰到达欧洲的水运线路。目前，哈拟采用合理的联运费率，逐步扩大跨里海沿线港口的国际运输通道的运力。在未来5—10年，跨里海国际运输通道的货运量有望提高3倍。除阿克套、库雷克、巴库外，该水运通道拟吸引包括萨姆松在内的土耳其港口加入，并计划增加连接跨里海国际交通运输线的港口数量。①

此外，哈萨克斯坦等中亚国家还希望与中国合作建立交通物流中心，并拟开拓中国、南亚等电力出口新方向。

## 五、中亚国家与“一带一路”国际合作

### 1. 中亚国家与“一带一路”国际合作

近年来，中国提出的“一带一路”国际合作倡议为世界经济增长注入了新动力。2017年中国GDP突破80万亿元人民币，增长6.9%，经济运行稳中向好、好于预期；全年进出口总额比上年增长14.2%，扭转了连续两年下降的局面。中国对世界贡献率不断提高。根据测算，中国对世界经济增长的贡献率在30%左右。②全球经济稳步复苏有助于遏制贸易保护主义。中国“一带一路”倡议的不断推进也为营造良好的国际贸易环境带来了新的契机。

（1）中亚各国发展战略与“一带一路”国际合作倡议举措对接步伐加快

2017年5月，“一带一路”国际合作高峰论坛举办期间，乌方提出“一带一路”建设与《2017—2021年五大优先发展方向行动战略》对接。③继2016年中哈两国政府签署《关于丝绸之路经济带建设与“光明之路”新经济政策对接合作规划》之后，2017年6月，中哈元首分别为《美丽中国　美丽哈萨克斯坦——丝绸之路经济带与“光明之路”对接的伟大实践》画册致辞，并共同推动实施2017年哈萨克斯坦“中国旅游年”。④8月底，《中华人民共和国和塔吉克斯坦共和

① 《哈计划逐步扩大跨里海国际运输通道的运力》，《哈萨克斯坦实业报》2017年5月23日。

② 许岩：《2017年中国GDP突破80万亿增长6.9%》，《证券时报》2018年1月19日。

③ 李春霞、李垂发：《“一带一路”建设将丰富中乌合作间的新内涵》，《经济日报》2017年5月4日，第12版。

④ 《习近平和纳扎尔巴耶夫为〈美丽中国　美丽哈萨克斯坦——丝绸之路经济带与“光明之路”对接的伟大实践〉画册致辞》，中国网，http://www.china.com.cn/v/news/2017-06/06/content_40976109.htm。

国关于建立全面战略伙伴关系的联合声明》强调，中塔双方全力支持并积极参与“一带一路”倡议，欢迎签署并认真落实中塔合作规划纲要，双方商定开展“一带一路”建设同塔吉克斯坦“2030年前国家发展战略”对接合作。[①]继中土2014年积极推进两国元首确定的中华民族伟大复兴的“中国梦”同土库曼斯坦建设“强盛幸福时代”发展战略对接之后，2017年土通过了《土2018—2024年社会经济发展规划》。[②]此外，中国与哈、吉、塔等中亚国家继续共同推进2015年中俄两国达成的“一带一路”建设同欧亚经济联盟建设的战略共识对接合作。中国与中亚国家正在积极打造互利共赢的“利益共同体”和共同发展繁荣的“命运共同体”。

（2）中国与中亚国家合作在“一带一路”国际合作高峰论坛上获得多项突破

2017年5月14—15日，第一届“一带一路”国际合作高峰论坛举办期间，中国共邀请包括哈、乌、吉总统在内的29国元首和政府首脑参会。习近平主席与哈、乌、吉总统分别举行会晤，并签署一系列重要的经贸合作协议。成果清单主要涵盖政策沟通、设施联通、贸易畅通、资金融通、民心相通等，具体如下。

交通领域

中国与乌兹别克斯坦等国政府签署了国际运输及战略对接协定；中国铁路总公司与有关国家铁路公司签署了《中国、白俄罗斯、德国、哈萨克斯坦、蒙古国、波兰、俄罗斯铁路关于深化中欧班列合作协议》。

金融领域

中国进出口银行与哈萨克斯坦等相关部门和企业签署了铁路、公路、电信、桥梁、机场等基础设施项目贷款协议；中哈产能合作基金投入实际运作，签署了支持中国电信企业参与“数字哈萨克斯坦2020”规划合作框架协议；丝路基金与上海合作组织银联体同意签署关于伙伴关系基础的备忘录；丝路基金与

---

① 《中华人民共和国和塔吉克斯坦共和国关于建立全面战略伙伴关系的联合声明（全文）》，新华网，http://www.xinhuanet.com/2017-08/31/c_1121580938.htm。

② 中国驻土库曼斯坦使馆经商处：《土库曼斯坦长老会讨论并通过〈土2018—2024年社会经济发展规划〉》，http://tm.mofcom.gov.cn/article/ztdy/201710/20171002655674.shtml。

乌兹别克斯坦国家对外经济银行签署了合作协议；中国工商银行与乌兹别克斯坦等国家主要银行共同发起了“一带一路”银行合作行动计划，建立了“一带一路”银行常态化合作交流机制；中国还与众多多边开发机构、国家金融机构（如亚洲开发银行、亚洲基础设施投资银行、欧洲复兴开发银行、欧洲投资银行、新开发银行、世界银行集团、上海合作组织、国际货币基金组织、联合国工业发展组织等）签署了谅解备忘录和协议，建立“一带一路”相关合作机制。

贸易投资便利化领域

中国与乌兹别克斯坦、塔吉克斯坦等30个国家签署了经贸合作协议；中国国家发展和改革委员会与吉尔吉斯斯坦经济部签署了关于共同推动产能与投资合作重点项目的谅解备忘录；中国海关总署与哈萨克斯坦等国海关部门签署了海关合作文件，深化沿线海关“信息互换、监管互认、执法互助”合作；中国国家市场监督管理总局与蒙古国、哈萨克斯坦、吉尔吉斯斯坦、乌兹别克斯坦等国相关部门签署了检验检疫合作协议；与俄罗斯、蒙古国、哈萨克斯坦等国有关部门签署了《关于加强标准合作，助推“一带一路”建设联合倡议》；中国进出口银行与乌兹别克斯坦有关企业签署了电网升级改造、燃煤电站、煤矿改造、轮胎厂等项目贷款协议；中国国家开发银行与哈萨克斯坦等国有关机构签署了化工、冶金、石化等领域产能合作融资合作协议。

人文领域

中国教育部与哈萨克斯坦等国教育部门签署了教育领域合作文件，与沿线国家建立了音乐教育联盟；中国文旅部与乌兹别克斯坦国家旅游发展委员会签署了旅游合作协议；中国中央电视台与有关国家主流媒体成立了“一带一路”新闻合作联盟；中国国家开发银行将举办“一带一路”专项双多边交流培训，设立“一带一路”专项奖学金；中国民间组织国际交流促进会联合80多家中国民间组织启动了《中国社会组织推动“一带一路”民心相通行动计划》（2017—2020），中国民间组织国际交流促进会和150多家中外民间组织共同成立了“丝路沿线民间组织合作网络”；“一带一路”智库合作联盟启动了“增进‘一带一路’民心相通国际智库合作项目”。

**2. 前景展望**

展望未来，中国与中亚各国有望在“一带一路”国际合作大势中迎来更多发展机遇。这是因为中国与中亚国家的经贸合作具有如下有利条件：中亚国家与中国支持经济全球化的立场一致；中国在中亚国家的经贸伙伴排序不断上升；中亚国家积极主动融入“一带一路”建设，并与中国实施战略对接，共同制定合作发展规划；中亚国家间的关系明显改善，有利于中国与中亚开展大型互联互通、基础设施、油气能源等领域多边经济合作项目；中亚国家竞相发展连接中国与欧洲、中国与西亚和南亚的经济走廊建设，通道经济效益初显；中亚国家逐步放宽对中国的签证和移民制度，有利于双方投资与旅游合作。

然而，由于复杂的国际国内社会经济环境，双方的经济合作将势必经受如下挑战：东突等恐怖分子回流对地区安全和投资稳定的影响；来自俄罗斯、欧洲①、美国②、日本③、土耳其、印度④等多国各领域全方位越来越激烈的竞争；中国对中亚国家贸易和投资风险管控问题；中国与中亚国家的多边合作项目以及次区域合作机制的有效推进难题；中国与中亚国家有关贸易投资便利化、地方海关机构合作以及信息交流事务的协调问题；等等。

总之，中国与中亚区域经济合作重点是共建“丝绸之路经济带”，目标

① 欧洲复兴开发银行自2007年完全中断与乌合作后时隔十年重启在乌业务，2018年内将继续为乌提供约3亿美元的融资支持，还将带来国际先进的经营管理标准体系，双方正在加紧制定国别长期合作规划。参见中国驻乌兹别克斯坦使馆经商处：《欧洲复兴开发银行重返乌兹别克斯坦》，http://uz.mofcom.gov.cn/article/jmxw/201711/20171102668963.shtml。

② 美国正在与中亚国家讨论有关美国与中亚五国贸易和投资框架协议相关条款。参见中国驻乌兹别克斯坦使馆经商处：《美国支持乌加入世界贸易组织》，http://uz.mofcom.gov.cn/article/jmxw/201712/20171202689300.shtml。

③ 继2017年3月“中亚 + 日本”对话机制框架下首届商业论坛之后，5月举行“中亚 + 日本”对话机制第六次外长会。该会议经贸议题主要围绕加强贸易与投资合作、改善投资环境和发展基础设施等。会后签署了地区交通物流合作路线图，内容涉及公路、铁路、航空运输和人员培训、城市交通、事故预防、农产品运输、海关检查和边境管理等。参见中国驻哈萨克斯坦使馆经商处：《哈外长参加“中亚 + 日本”对话机制第六次外长会》，http://kz.mofcom.gov.cn/article/jmxw/201705/20170502569728.shtml。

④ 《欧亚经济联盟与印度正式开启了自贸区谈判》，吉尔吉斯斯坦24小时通讯社2017年6月6日，www.24.kg。

是更好地促进亚洲、欧亚乃至世界区域经济一体化，行动方向是以政治互信和经济融合为基础，开展有关机制、基础设施、产业、信息以及企业等全方位、多层次的合作，并在区域、次区域和企业层面分别选择不同合作模式。其中，中国与中亚国家由于存在经济发展、文化背景、社会制度等多种差异，彼此现已开启的相关全新经济合作进程还需要不断探索和创新。只要双方牢牢把握好“一带一路”国际合作大平台所提供的世纪性、普惠性机遇，中国与中亚区域合作的前景将会更加美好，由梦想到现实将充满希望。

APPENDIX

# 参考文献

## 一、著　作

### 1. 中　文


- 〔奥〕多丽丝·奈斯比特、〔美〕约翰·奈斯比特、〔美〕龙安志著：《世界新趋势："一带一路"重塑全球化新格局》，中华工商联合出版社，2017。
- 陈卫星：《传播的观念》，人民出版社，2004。
- 郭飞、李卓等著：《贸易自由化与投资自由化互动关系研究》，人民出版社，2006。
- 〔加〕马歇尔·麦克卢汉著：《理解媒体——论人的延伸》，何道宽译，商务出版社，2011。
- 〔哈〕努·纳扎尔巴耶夫著：《探索之路》，新疆人民出版社，1995。
- 〔哈〕托卡耶夫著：《哈萨克斯坦：从中亚到世界》，塞力克·纳雷索夫译，新华出版社，2001。
- 〔哈〕托卡耶夫著：《中亚之鹰的外交战略》，新华出版社，塞力克·纳雷索夫译，2002。
- 胡正荣、李继东、姬德强：《2014 中国国际传播发展报告》，社会科学文献出版社，2014。
- 何明珂等著：《贸易便利化与过境运输》，知识产权出版社，2008。
- 卢进勇、杜奇华、杨立强著：《国际经济合作》（第二版），北京大学出版社，2018。
- 刘卫东著：《“一带一路”：引领包容性全球化》，商务印书馆，2017。
- 刘卫东、田锦尘、欧晓理等著：《“一带一路”战略研究》，商务印书馆，2017。
- 〔美〕埃尔—菲得普·库姆斯、蒂里·迈耶著：《经济地理学：区域和国家一体化》（经济科学译库），安虎森、颜银根、徐杨、吴艳红译，中国人民大学出版社，2011。
- 〔美〕布鲁诺·索尔尼克、丹尼斯·麦克利维：《国际投资》（第六版），张成思译，中国人民大学出版社，2011。
- 〔美〕多米尼克·萨尔瓦多著：《国际经济学》（第五版），朱宝宪、吴洪等译，清华大学出版社，2004。
- 〔美〕P. T. 埃尔斯沃思、J. 克拉克·利斯著：《国际经济学》，王兆基等译，商务印书馆，1992。
- 〔美〕胡曼·佩马尼著：《虎视中亚》，王振西主译，新华出版社，2002。
- 〔美〕托马斯·普格尔著：《国际贸易》（第15版），赵曙东、沈艳枝译，中国人民大学出版社，2014。
- 〔美〕塞缪尔·亨廷顿著：《文明的冲突与世界秩序的重建》，周琪、刘绯、张立平、王圆译，新华出版社，1998。
- 〔美〕兹比格纽·布热津斯基著：《大棋局：美国的首要地位及其地缘战略》，中国国际问题研究所译，上海世纪出版集团，2007。
- 曲星、钟龙彪著：《当代中国外交》，中国人民大学出版社，2012。
- 〔日〕小岛清著：《对外贸易论》，周宝廉译，南开大学出版社，1987。
- 孙力主编《2018中亚国家发展报告》（皮书数据库），社会科学文献出版社，2018。
- 孙壮志：《中亚国家的跨境合作研究》，上海大学出版社，2014。
- 〔塔〕拉希德·阿利莫夫著：《上海合作组织的创建、发展和前景》，王宪举、胡昊、许涛译，人民出版社，2018。
- 〔土〕萨·阿·尼亚佐夫著：《永久中立　世代安宁》，赵常庆等译，东方出版社，1999。

- 王海燕著：《新地缘经济：中国与中亚》，世界知识出版社，2012。
- 王鸣鸣著：《外交政策分析：理论与方法》，中国社会科学出版社，2008。
- 王鸣野著：《“中间地带”的博弈与困境》，科学出版社，2018。
- 王逸舟著：《西方国际政治学：历史与理论》（第二版），上海人民出版社，2006。
- 吴宏伟主编《中亚地区发展与国际合作机制》，社会科学文献出版社，2011。
- 邢广程、李自强主编《对外关系、和谐边疆与中国战略定位》，社会科学文献出版社，2016。
- 杨洁勉等著：《大整合：亚洲区域经济合作的趋势》，天津人民出版社，2007。
- 杨恕著：《转型的中亚和中国》，北京大学出版社，2005。
- 〔以〕埃尔赫南·赫尔普曼、〔美〕保罗·R. 克鲁格曼著：《市场结构和对外贸易》，上海三联书店，1993。
- 〔英〕巴里·布赞、理查德·利特尔著：《世界历史中的国际体系》，刘德斌主译，高等教育出版社，2004。
- 〔英〕彼得·罗布森：《国际一体化经济学》，戴炳然等译，上海译文出版社，2001。
- 〔英〕理查德·D. 刘易斯著：《文化的冲突与共融》，关世杰主译，新华出版社，2002。
- 曾向红著：《遏制、整合与塑造：美国中亚政策二十年》，兰州大学出版社，2014。
- 张蕴岭主编《世界区域化的发展与模式》，世界知识出版社，2004。
- 赵常庆著：《中国与中亚国家合作析论》，社会科学文献出版社，2012。
- 赵常庆著：《中亚五国新论》，昆仑出版社，2014。
- 赵华胜著：《中国的中亚外交》，时事出版社，2008。
- 赵华胜著：《上海合作组织：评析和展望》，时事出版社，2012。
- 郑羽主编《中俄美在中亚：合作与竞争》（1991—2007），社会科学文献出版社，2007。

- 周永生著：《经济外交》，中国青年出版社，2004。
- 赵永华著：《中亚转型国家的新闻体制与媒体发展》，中国书籍出版社，2013。


## 2. 外 文


- А. А. Закиров, *Реализация нефтегазовых проектов на условиях СРП: Обзор информаций и проблем,* Ташкент: EXTERMUM-PRESS, 2014.
- Абдурахим Эркаев, *ДУХОВНОСТЬ И РАЗВИТИЕ*, ТАШКЕНТ: МАНЪНАВИЯ, 2008.
- Айман Жусупова, *Феномен самозанятости в Казахсстане как отражение специфики социально-экономического развития*, Алматы: ИМЭП, 2013.
- А. Мешимбаева, *Статистический ежегодник Казахстан по статистике 2006—2011*, Астана: Агентство Республики Казахстан, 2012.
- А. Ф. Клименко, *Шанхайская организация сотрудничества: взаимодействие во имя развития*. Москва: ИДВ РАН, 2006.
- А. Ф. Клименко, *Шанхайская организация сотрудничества: к новым рубежом развития* , Москва: ИДВ РАН, 2008.
- Б. К. Султанов и другие, *Политика и интересы мировых держав в Казахстане* . Алматы: издательство Дайк-пресс, 2002.
- Б. К. Султанов, М. Ларюэль, *Центральная Азия – Китай: состояние и перспективы сотрудничества*. Алматы: КИСИ при Президенте РК, 2009.
- ВЛАДИМИР ТЮРИКОВ, РУСТАМ ШАГУЛЯМОВ, *ПО ПУТИ НЕЗАВИСИМОСТИ РЕСПУБЛИКИ УЗБЕКИСТАН*. ТАШКЕНТ: Издательство литературы и искусства имени Гафура Гуляма, 2000.
- Г. А. Курганбаева, *Экономика Казахстана в X XI ВЕКА*.Алматы: ИМЭП, 2009.
- Г. Г. Рахматулина, *Динамика развития интеграционных процессов в государствах СНГ и перспективы формирования Единного экономического пространства.* Алматы: ИМЭП, 2005.
- ИСЛАМ КАРИМОВ, *Узбекистан по пути углубления экономических реформ*, Ташкент: Издательство “УЗБЕКИСТОН”, 1995.

- Ислам КАРИМОВ, *УЗБЕКИСТАН НА ПОРОГЕ X XI ВЕКА: УГРОЗЫ БЕЗОПАСНОСТЬ, УСЛОВИЯ И ГАРАНТИИ ПРОГРЕССА.* Москва: Издательский ДОМ ДРОФА, 1997.
- ИСЛАМ КАРИМОВ, *За процветение Родины--каждый из нас в ответе,* Ташкент: Издательство “УЗБЕКИСТОН”, 2001.
- ИСЛАМ КАРИМОВ, *НА НАШ ПУТИ--УГЛУБЛЕНИЕ ДЕМОКРАТИЧЕСКИХ РЕФОРМ И ПОСЛЕДОВАТЕЛЬНОЕ ПРОДОЛЖЕНИЕ МОДЕРНИЗАЦИИ СТРАНЫ.* Ташкент: Издательство “УЗБЕКИСТОН”, 2012.
- ИСЛАМ КАРИМОВ, *НА ПУТИ РЕШИТЕЛЬНОГО ПРОДОЛЖЕНИЯ ДАЛЬНЕЙШЕГО ПРОЦВЕТАНИЯ И МОДЕРНИЗАЦИИ СТРАНЫ.* Ташкент: Издательство “УЗБЕКИСТОН”,2013.
- К. А. Фурсов, *Геополитичекие проблемы Центральной Азии 《Большая Игра》 в прошлом и настоящем.* Москва: ИНИОН РАН, 2012.
- К. Э. Эрдашев, *Нефтепродукты и окружающая среда.* Ташкент: Издательство Национальной библиотека Узбекистана имени Алишера Навои, 2013.
- Лаумулин М. Т. , *Центральная Азия в зарубежной полидологии и моровой геополитике.* Алиаты: КИСИ при Президенте РК, 2009.
- М. Ашимбаев, *Нефтегазовые ресурсы Казахстана в системе мировых и региональных отношений.* Алматы: ИМЭП(Институт мировой экономики и политики при фонде первого президента Республики Казахстана) , 2002.
- М. Ашимбаев, *Актуральные вопросы социально-экономического развития ркспублики Казсхстан на современном этапе.* Алматы: ИМЭП, 2004.
- М. Ашимбаев, *Проблемы борьбы с бедностью в странах Центральной Азии в условиях глобализации.* Алматы: издательство Дайк-пресс, 2004.
- М. Ашимбаев, Г. Чуфрин, *ШОС: СТАНОВЛЕНИЕ И ПЕРСПЕКТИВЫ РАЗВИТИЯ. Алмаиы: ИМЭП, 2005.*
- М. Ашимбаев, *Вступление Казахстана во всемирную торговую организацию: проблемы и перспективы.* Алматы: ИМЭП и Представительство Фонда им. Ф. Эберта в Казахстана, 2005.
- М. Ашимбаев, *Сотрудничество стран Центральной Азии и США по*

*обеспечению безопасности в регионе.* Алматы: ИМЭП и Посольство США в РК, 2005.

- М. Ашимбаев и Г. Чуфрин, *ШОС: становление и перспективы развития.* Алматы: ИМЭП и Институт мировой экономики и международных отношений РАН, 2005.
- М. Ашимбаев, *Современная геополитическая ситуация в Центральной Азии в контексте интересов мировых и региональных держав.* Алматы: ИМЭП, 2006.
- Р. К. Алимов, *ТАДЖИКИСТАН-КИТАЙ НА ПУТИ ДРУГ К ДРУГУ.* Москва:ИДВ РАН, 2012.
- С. Г, Лузянин, *Стратегия развития ШОС и политика России в этой организации*. Москва: ИДВ РАН, 2012.
- Умирзакова С. Ы. и другие, *ЭКОНОМИЧЕСКИЙ ПОЯС ШЕЛКОВОГО ПУТИ: ВОЗМОЖНОСТИ И ПЕРСПЕКТИВЫ.* Алматы: Университет Нархоз, 2017.
- Boris Rumer, Lau Sim Yee, *Central Asia and South Caucasus Affairs*: 2006 . Tokyo: Sasakawa Peace Foundation, 2007.
- Eugene Rumer, Dmitri Trenin and Huasheng Zhao, *Central Asia: Views from Washington, Moscow, and Beijing*. New York & London: Rajan Menon. 2007.
- Мурат Лаумулин, Малик Ауган, Laruelle M., Peyrouse S., *China as a Neighbor: Central Asian Perspectives and Stratagies.* Washington, DC: Central Asia-Caucasus Institute & Silk Road Studies Program, 2009.
- Fritz Muchlup, *A history of thought on economic integration*. New York: The Macmillan Press Ltd., Columbia University Press, 1977.
- Peter Linke and Others, *The years that changed Central Asia*. Moscow: The Center for Strategic & Political Studies, 2009.
- Renata Dawn, Oleksandr Pavliuk. *Building Security in the new states of Eurasia: Subregional cooperation in former Soviet space*. Armonk, NewYork: M. E. Sharpe, 2000.
- Roy Allison, Lena Jonson, *Central Asian security: the new international contex.* Washington D.C.: Brookings Institution Press, 2001.

- Sulton Khamadov, *90 YEARS OF HISTORY*, Dushanbe,Tajikistan: TAJIK PRESS NOW AND THEN, Media Insight Central Asia, 2002.


# 二、论 文

## 1. 中 文


- 陈玉荣："构建'丝绸之路经济带'机遇与挑战"，《瞭望新闻周刊》2014 年第 5—6 期。
- 陈晨："哈萨克斯坦媒体受众语言使用及原因分析"，《国际媒体》2015 年第 9 期。
- 杜德斌、马亚华："'一带一路'——全球治理模式的新探索"，《地理研究》2017 年第 7 期。
- 〔俄〕C. 比留科夫："'丝绸之路'与欧亚一体化——两大战略项目相结合的前景"，《俄罗斯研究》2015 年第 6 期。
- 〔俄〕B. 卡布斯金："俄罗斯加入 WTO 对其与独联体国家及上合组织成员国贸易的影响"，《俄罗斯研究》2014 年第 4 期。
- 高志刚："中国新疆参与中亚次区域经济集团的条件、模式与对策"，《国际贸易问题》2005 年第 7 期。
- 〔哈〕A. 阿姆列巴耶夫："上海合作组织与丝绸之路经济带建设前景"，《俄罗斯研究》2015 年第 6 期。
- 〔哈〕V. 多多诺夫、L. 穆扎帕罗娃、D. 穆罕穆德扎诺娃："中亚：从外围到中心"，《俄罗斯研究》2014 年第 2 期。
- 〔哈〕努·纳扎尔巴耶夫："主权国家哈萨克斯坦的建设和发展战略"，《亚洲经济与生活》1992 年第 8 期。
- 何文彬：《中国—中亚—西亚经济走廊的战略内涵及推进思路》，《亚太经济》2017 年 1 期。
- 胡鞍钢、马伟、鄢一龙："'丝绸之路经济带'：战略内涵、定位和实现路径"，《新疆师范大学学报》（汉文哲学社会科学版）2014 年第 2 期。
- 嵇美云："论跨国媒体进入中国的现状、影响及其对策"，《中国广播电视学刊》2001 年第 7 期。

- 罗伯特·G. 皮卡德、胡森林：“媒体公司国际化与全球化中的问题与趋势”，《国际新闻界》2004 年第 2 期。
- 李富根：“共商、共建、共享——构建‘一带一路’媒体合作新格局”，《对外传播》2016 年第 10 期。
- 刘华芹：“深化上海合作组织区域经济合作的构想”，《俄罗斯东欧中亚研究》2014 年第 1 期。
- 刘华芹、李钢：“建设‘丝绸之路经济带’的总体战略与基本架构”，《国际贸易》2014 年第 3 期。
- 刘禹：“我国跨境电商发展的新思考”，《中国流通经济》2017 年第 7 期。
- 李楠：“‘一带一路’倡议下东北亚区域合作机制”，《经营与管理》2018 年第 4 期。
- 李平华、陆玉麟：“可达性研究的回顾与展望”，《地理科学进展》2005 年第 3 期。
- 李向阳：“构建‘一带一路’需要优先处理的关系”，《国际经济评论》2015 年第 1 期。
- 柳思思：“‘一带一路’：跨境次区域合作理论研究的新进路”，《南亚研究》2014 年第 2 期。
- 刘卫东、Michael Dunford、高菠阳：“‘一带一路’倡议的理论建构——从新自由主义全球化到包容性全球化”，《地理科学进展》2017 年第 11 期。
- 刘英、马玉荣：“‘一带一路’赋予全球化新的内涵”，《前线》2017 年第 5 期。
- 潘志平、石岚：“新疆和中亚及有关的地理概念”，《中国边疆史地研究》2008 年第 5 期。
- 秦玉才：“共创合作新机制　携手建设中蒙俄经济走廊”，《北方经济》2016 年第 10 期。
- 任洁：“中亚同质性背景下的哈萨克斯坦政府改革与治理研究”，《俄罗斯研究》2014 年第 6 期。
- 石泽：“能源资源合作：共建‘一带一路’的着力点”，《新疆师范大学学报》（汉文哲学社会科学版）2015 年第 1 期。
- 宋英杰：“交通基础设施的经济集聚效应：基于新经济地理理论的分析”，博士学位论文，山东大学，2013。

- 温耀庆：“入世五年来中国参与区域经济合作的观察与思考”，《国际贸易》2006 年第 12 期。
- 王海燕：“中国与中亚国家共建数字丝绸之路：基础、挑战与路径”，《国际问题研究》2020 年第 2 期。
- 王海燕：“‘一带一路’视域下中国与中亚国家地缘经济合作比较研究”，《世界地理研究》2020 年第 29 卷第 1 期。
- 王海燕、朱启迅：“‘一带一路’背景下民族主义与地区主义关系的互动与重塑——以环阿尔泰山次区域合作模式为例”，《世界民族》2019 年第 1 期。
- 王海燕：“中国与周边国家区域经济合作的机制创新探析——以中哈霍尔果斯国际边境合作中心为例”，《新疆师范大学学报》（汉文哲学社会科学版）2012 年第 3 期。
- 王海运：“中亚地区安全形势及强化上合组织维稳合作的思考”，《俄罗斯东欧中亚研究》2011 年第 1 期。
- 王珉：“丝绸之路经济带海关国际合作法律机制的构建”，《东北亚论坛》2017 年第 6 期。
- 王鸣野：“中间地带的通道政治与中间地带国家的国际行为——以吉尔吉斯斯坦玛纳斯空军基地为例”，《俄罗斯研究》2019 年第 3 期。
- 王义桅：“‘一带一路’推动包容性增长（新论）”》，《人民日报》2016 年 9 月 7 日。
- 徐小杰：“‘丝绸之路’战略构想的特征研究”，《俄罗斯研究》2014 年第 6 期。
- 于洪君：“‘民主之岛’的困惑——吉尔吉斯共和国新闻自由纵横谈”，《国际新闻界》1998 年第 1 期。
- 于洪君：“哈萨克斯坦：‘新闻革命’面面观”，《国际新闻界》1998 年第 4 期。
- 夏秋月：“哈萨克斯坦媒体现状及新闻出版制度”，《青年记者》2016 年第 6 期。
- 杨恕、王术森：“社会认同理论视角下的中亚地区一体化”，《俄罗斯研究》2018 年第 3 期。
- 赵永华、王硕：“全球治理视阈下‘一带一路’的媒体合作：理论、框架与路径”，《国际新闻界》2016 年第 9 期。
- 郑安光：“简析‘一带一路’背景下中国的中亚战略‘新常态’”，《当代世界与社会主义》2015 年第 4 期。
- 郑大庆、张赞、于俊府：“产业链整合理论探讨”，《科技进步与对策》2011 年第 2 期。
- 曾向红：“‘通’中之重：‘丝绸之路经济带’建设在中亚”，《当代世界》2019 年第 2 期。
- 张华：“新地区主义与欧盟—地中海自由贸易区”，《世界经济与政治论坛》2005 年第 4 期。
- 张宁：《中亚一体化新趋势及其对上海合作组织的影响》，《国际问题研究》2018 年第 3 期。
- 张芸、杨光、杨阳：“‘一带一路’战略：加强中国与中亚农业合作的契机”，《国际经济合作》2015 年第 1 期。
- 左凤荣：“共建‘丝绸之路经济带’面临的机遇与挑战”，《当代世界》2014 年第 5 期。

## 2. 外　文

- А. Мигранян, “Мировой экономический кризис и его влияние на экономическое развитие стран Центральной Азии ,” *Центральная Азия и Кавказ* 4-5, (2009) .
- Абдразаков М., Аманкул Н., “Денежно-кредитная политика Казахстана на современном этапе и меры по предотвращению потенциальных рисков в данной сфере,” *Analytic* 6, (2010 ) .
- Абуов А. Е., “Глобализация: роль и значение культуры для человека.” *Казахстан- спектр* 4, (2010) .
- Адил Каукенов, “Казахстано-китайские отношения: единство и борьба интересов,” *Central Asia’s Affairs* 3, (2009).
- Бишимбаева С. К., Анализ деятельности научно-исследовательских институтов в Казахстане и странах Центральной Азии.” *Казахстан-спектр* 3, (2010).
- Булат Султанов, “Актуальные проблемы безопасности в Центральной Азии.

" *Central Asia's Affairs* 4, (2008).

- Быков А.Н., "Экономическая интеграция и её перспективы на постсовеском и Евразийском простраствe," *Российский внешнеэкономический вестник* 7, (2006).
- Г. Рцхиладзе, Г. Векуа, "Постсоветское пространство как объект геополитической экспансии: идеологический аспекст," *Центральная Азия и Кавказ* 2, (2010).
- Е.Ю Винокуров, А.М. Либиан, Н.В. Максимчук, "Динаимка интеграционных процессов в Центральной Азии," *Евразийская экономическая интеграция* 2, (2010).
- Кубаев К.Е."Послания Президента РК. Н. А. Назарбаева народу о стратегическом управлении страной—важная особенность правления в Казахстана," *Казахстан-спектр* 1, (2010).
- Либман Александр Михайлович, "Децентрализация,интеграция и регионализация: взаимосвязь и взаимовляние," *Пространственная экономика* 4, (2008 ).
- Лейла Музапарова, "К 2020 Казахстан планирует войти в число 50 наиболее конкурентоспособных стран мира," *Central Asia's Affairs* 1, (2010).
- Марат Нарибаев, "Сотрудничество Казахстана и Шанхайской организацией сотрудничества как фактор развития внешнеэкономической деятельности сегодня," *Central Asia's Affairs* 1, (2010).
- Марат Шайхутдинов, "Казахстан и стратегические интересы глобальных игроков в Центральной Азии," *Central Asia's Affairs* 3, (2009).
- Мурат Лаумулин, "Казахстан и Россия: взаимоотношения как часть Центрально- Азиатской стратегии РоссииАзии," *Central Asia's Affairs* 4, (2008).
- Р. Гуан Тянь, "Синьцзян-Уйгурский автономный район Китая и его роль в системе регионального эгономического сотродничества большой Центральной Азии," *Центральная Азия и Кавказ* 1, (2009).
- Сартакова Л., "Внешняя незаконная миграция в Казахстан в контексте вопросов безопасности," *Analytic* 6, (2010).

- Сауле Сагандыкова, “Обзор прямых иностранных инвестиций в Казахстан,” *Central Asia's Affair* 3, (2009).
- Ф. Толипов, “Теория и практика региональной интеграции в Центральной Азии,” *ЦЕНТРАЛЬНАЯ АЗИЯ И КАВКАЗ* 2, (2002).
- Ф. Толипов, “Центральная Азия: региональный ответ на глобальный вызов,” *Центральная Азия и Кавказ* 4-5, (2009).
- Э. Фридман, Р. Шэйфер, С. Антонова, “ Два десятилетия репрессий: неистребимость авторитарного контроля над средствами массовой информации в Центральной Азии,” *Центральная Азия и Кавказ* 4, (2010).
- Эльдар Габдуллин, “Центральная Азия: геополитика, безопасность, сценарии развития,” *Центральная Азия и Кавказ* 1, (2011).
- Ю. Морозов, “Сотрудничество стран ШОС в гуманитарной сфере: проблемы и возможный пути их решения,” *Центральная Азия и Кавказ* 4-5, (2009).
- Golam Mostafa, “The concept of ‘Eurasia’: Kazakhstan's Eurasian policy and Its Implications,” *Journal of Eurasian Studies*, Vol. 4, No. 2, (July 2013).
- Liu Weidong, Michael Dunford. “Inclusive Globalization: Unpacking China's Belt and Road Initiative,” *Area Development and Policy*, Vol.1, No. 3, (2016): 323-340.
- Johannes F. Linn, “China's and Russia's Interests in Central Asia: Connecting the Dots in Kazakhstan,” http://www.brookings.edu/research/opinions/2013/09/17-china-russia-interests -kazakhstan-linn.
- Rizwan Zeb, “ USA in Central Asia and the Caucasus (1992—2003),” *Regional Studies*,Vol 1, (2004).
- WH Miernyk, “ The Tools of Regional Development Policy.” *Growth & Change*, Vol.11, No.2, (2010) :2-6.

AFTERWORDS

# 后　记

时光飞逝，岁月如梭。自中亚五国先后独立以来，迄今已走过了近30年的发展历程。其间，随着中亚各国纷纷作为独立国家加入联合国登上国际舞台并越来越深入地参与到世界经济合作体系中，我也日渐深入地开展了有关中国与中亚国家合作的研究。从研究中亚，扩展到研究上海合作组织，再扩大到研究“一带一路”国际合作，我有幸见证并参与了改革开放后中国与周边国家合作不断扩大与深入的发展历程。

本著作是我主持的第三项有关中亚问题国家社科基金课题的主要研究成果。该课题名称为“我国与中亚区域经济整合研究”（项目号：12BGJ015），2019年鉴定结果为：良好。

课题研究期间，适逢习近平主席倡议和推动“一带一路”国际合作的历史性时刻。整个研究过程也由此成为一个视野不断开阔、新问题不断涌现、区域经济合作日新月异、认识也不断提高的过程。通过研究，我对“一带一路”国际合作的理解是：中国自改革开放以来，逐渐融入世界经济体系当中，与世界各国建立了良好的合作基础；“一带一路”如同美丽的项链，串起沿线各国珍珠，从点到面、从面到片构建起流向更明确、规划更合理、资源配置更高效的中国与世界区域经济合作洪流，成为助力世界经济发展、拓宽参与各国经济发展空间的重要平台。

为了更好地开展课题研究，我有幸到哈萨克斯坦（努尔苏丹、阿拉木图、克孜勒奥尔达等）、乌兹别克斯坦（塔什干、撒马尔罕、布哈拉等）、俄罗斯（圣彼得堡、莫斯科、布里亚特共和国、伊尔库茨克等）、蒙古（乌兰巴托）以及日本（东京、京都、千叶等）开展调研，并在出席众多国际会议时与各国研究中亚及斯拉夫问题的学者进行广泛交流。为此，我获得了许多宝贵的第一手研究资料，了解了各国学者对当今中亚问题的一些观点，从而使本课题研究成果更加丰富。在此，我谨向所有有关人士致以诚挚的谢意。

上述课题研究和本著作的出版均得到了来自华东师范大学国际关系与地区发展研究院及华东师范大学哈萨克斯坦研究中心的大力支持，特此表示由衷的感谢！

此外，本课题最终得以出版，离不开世界知识出版社及责任编辑曾伏华老师的鼎力相助与用心编校。非常感谢他的专业编辑与帮助！

由于形势不断变化，个人水平有限，本著作难免有不足乃至错漏之处，还望各位同人不吝赐教，批评指正。

区域经济合作是个探讨不完的话题。目前，新冠肺炎疫情仍在全球肆虐，深感区域合作的重要性和研究形势与主题的不断变化。

岁岁年年，我与中亚研究的缘分还在继续，由衷希望研究更上一层楼；也期待中国与中亚国家能不断谱写好邻居、好伙伴的交响乐，共同发展和繁荣，造福人类。

王海燕

2021 年 11 月

于丽娃河畔

**图书在版编目（CIP）数据**

中国与中亚区域经济合作路径研究 / 王海燕著 .— 北京：世界知识出版社，2021.11

ISBN 978-7-5012-6414-8

Ⅰ .①中… Ⅱ .①王… Ⅲ .①区域经济合作—国际合作—中国、中亚 Ⅳ .① F125.536

中国版本图书馆 CIP 数据核字（2021）第 189221 号

责任编辑 曾伏华
责任出版 王勇刚
责任校对 陈可望
封面设计 张 乐

| | |
|---|---|
| 书 名 | **中国与中亚区域经济合作路径研究**<br>Zhongguo yu Zhongya Quyu Jingji Hezuo Lujing Yanjiu |
| 作 者 | 王海燕 |
| 出版发行 | 世界知识出版社 |
| 地址邮编 | 北京市东城区干面胡同51号（100010） |
| 网 址 | www.ishizhi.cn |
| 电 话 | 010-65265923（发行） 010-85119023（邮购） |
| 经 销 | 新华书店 |
| 印 刷 | 北京虎彩文化传播有限公司 |
| 开本印张 | 710毫米 × 1000毫米 1/16 19½ 印张 |
| 字 数 | 296千字 |
| 版次印次 | 2021年11月第1版 2021年11月第1次印刷 |
| 标准书号 | ISBN 978-7-5012-6414-8 |
| 定 价 | 128.00 元 |